Bauwelt Fundamente 85

Herausgegeben von
Ulrich Conrads und Peter Neitzke

Beirat:
Gerd Albers
Hansmartin Bruckmann
Lucius Burckhardt
Gerhard Fehl
Herbert Hübner
Julius Posener
Thomas Sieverts

Ueli Pfammatter

Moderne und Macht

‚Razionalismo':
Italienische Architekten 1927 – 1942

Friedr. Vieweg & Sohn Braunschweig/Wiesbaden

Die Abbildungen auf Vorder- und Rückseite des Umschlags sind dem Buch von Vieri Quilici, *Adalberto Libera l'architettura come ideale*, Rom, 1981, entnommen.

Der Verlag Vieweg ist ein Unternehmen der Verlagsgruppe Bertelsmann International.

Alle Rechte vorbehalten
© Friedr) Vieweg & Sohn Verlagsgesellschaft mbH, Braunschweig 1990
Umschlagentwurf: Helmut Lortz
Satz: Satzstudio Frohberg, Freigericht
Druck und buchbinderische Verarbeitung: Lengericher Handelsdruckerei, Lengerich
Printed in Germany

ISBN 3-528-08785-4   ISSN 0522-5094

Inhalt

Einleitende Bemerkungen 7

1 Einführung 9

2 Der ‚neue Geist' der Architettura Razionale: Verständigungsbasis mit Mussolini 13

3 Die Architekten Mussolinis 23
Der kriegerische Futurismus:
Propagandist und Mobilisator der ersten Stunde 23
Die Scuola Romana: Neuer Kult ums alte Rom 29
Das Novecento: Der abgeschminkte Klassizismus 36
Der Razionalismo: Eroberung des faschistischen Darstellungsraumes 39
Casa del Fascio (Como): Prototyp und Höhepunkt
der Architettura Razionale (Exkurs) 41
Der Neo-Futurismo: Versuche zur Autonomie 51

4 Der Wettstreit der Tendenzen um die Gunst des Duce 72
Der sogenannte Pluralismus der Stile:
Manifeste, Figuren, Ausstellungen 72
Exkurs: Wie ‚modern' ist der Rationalismus? 82
Die Eroberung der Aufträge: Neustädte,
Kinder- und Jugendwerk, Stadt-Umbauten 85
Stazione ferroviaria, Florenz 1933:
Wendepunkt der rationalen Architektur 95
Die Einfluchtung der Architettura Razionale:
Palazzo Littorio (Wettbewerb 1934) 97
E'42 – E.U.R.: Das Ende des Rationalismus 104
Le Corbusiers Auftritt (Exkurs) 107

5 Die Kontinuität des Razionalismo 138

Nachbemerkungen 147

Anmerkungen 151

Bibliographie *156*

Bildquellen *162*

Anhang:
Architektur und eine neue Epoche der Klassik —
Die vier Schriften des Gruppo 7 .... *164*

Personenregister *189*

> „... daß sie sich fragen
> müsse, ob nicht die Last der
> Peinigungen, mit der das Zu-
> standekommen der Kunstwerke
> bezahlt worden war, diesen
> für alle Zeiten etwas Ab-
> stoßendes geben müsse ..."
> *Peter Weiss 1975, S. 50*

Einleitende Bemerkungen

Wir stehen heute vor der schwierigen Frage, ob den Bauten der *Architettura Razionale*, der italienischen Moderne der zwanziger und dreißiger Jahre, die, von außen und oberflächlich gesehen, einigen typischen ‚Vertretern' aus dem Kreis der übrigen europäischen Moderne ähneln, gleichermaßen ästhetische Qualitäten abzugewinnen sind, ob wir diese Bauten überhaupt als ‚schön' empfinden können. Sollen wir dem unseligen postmodernen ‚Zeitgeist' nachgeben und die unbequemen Fragen nach den Umständen, unter denen die Bauten zustande kamen und wofür die Projekte vorgesehen waren, nach den Zielvorstellungen und Leitbildern der Auftraggeber, nach den Grundlagen der Produktionsbedingungen im Bauwesen und nach den physischen und psychischen Wirkungen auf die Menschen von damals, somit nach der geschichtlichen Wirksamkeit nicht mehr stellen?

In diesem Sinne soll in der vorliegenden Schrift versucht werden, die historischen Faktoren, die im Architekturgeschehen der *Architettura Razionale* enthalten sind, zu rekonstruieren. Auch das geschichtskritisch reflektierende Denk- und Handlungsbewußtsein, das die soziale Wahrnehmung einschließt, soll aktiviert werden, um so zu einer Neubewertung der Ästhetik unter faschistischen Schaffensbedingungen und zur Klärung des Verhältnisses der Architektur, bzw. der Haltung des Architekten zur politischen und sozialen Wirklichkeit beizutragen. Der Zugang zum *Movimento Moderno* wird dadurch anders und – angesichts der verfügbaren Architekturkritik zu diesem Thema – unüblicher sein.

Wenn die hier ausgebreiteten Tatsachen und Zusammenhänge und die daraus entwickelten Gedankengänge, die jene Zeit betreffen, zu reflektiertem Schaffen in unserer Zeit anregten, so wäre ein weiteres Ziel dieses Buches erfüllt.

Ich bedanke mich bei all meinen Freunden, die mich unterstützten, ermutigten und die Arbeit aus verschiedensten fachlichen Gesichtswinkeln her kritisch prüften und auch bei den Studenten und beim Lehrkörper Professor Heinz Ronner an der Architekturabteilung der ETH Zürich, die diese Forschungsarbeit in geduldiger Weise über einige Jahre mitverfolgten und mitgestalteten. Besondere Anerkennung verdient meine Lebensgefährtin Johanna Tanner, die durch unermüdliches Hinterfragen wesentlich zu den entwickelten Gedankengängen beitrug. Die Herausforderung zu klarer Stellungnahme folgte auch aus einem längeren Gespräch mit Alberto Sartoris, das der Autor mit dem Mitbegründer des Turiner Futurismus am 12. Mai 1987 in Cossonay-Ville führte. Die Bemühungen der Firma Spaltenstein in Zürich, gute Architektur, qualitativ hochstehende Lösungen und baukulturell wertvolle Projekte zu fördern, ermöglichten die Finanzierung der Übersetzung des hier (im Anhang dieses Bandes) erstmals in deutscher Sprache ungekürzt veröffentlichten bedeutendsten Dokuments der *Architettura Razionale* und trugen so in dankenswerter Weise zur längst überfälligen Quellenerschließung jener architektonischen Epoche bei.

Zürich, im Juli 1989　　　　　　　　　　　　　　　　　　Ueli Pfammatter

1 Einführung

Wer im Jahre 1936 aus der Altstadt Comos herkommend, am Dom vorbei, oder aus den südöstlichen Arbeiter- und Industriebezirken an der alten Stadtmauer entlanggehend, die *Piazza dell' Impero* ansteuerte, weil dort die *Casa del Fascio* sich breitmachte, soeben eingeweihter Palast der örtlichen Macht, wie auch Ort der Sozialdienste, um diese in Anspruch zu nehmen, dem mußte der scharfkantig-marmorweiße Kubus des modernsten Gebäudes im Häusergewirr des damaligen Como ins Auge springen. Der verschärfte den Eindruck noch beim Näherkommen durch die rhythmisch ausgestanzten Loggien und Fensteröffnungen, durch die Kälte des geschliffenen Materials, die beim Eintreten über die wenigen Stufen, welche die erhöhte Plattform dieses Tempels bildeten, spürbar waren.

1, 4

Wer zu jener Zeit jedoch zu den ‚edlen Söhnen des großen italischen Volkes' gehörte und sich an der Kolonisierung Libyens, ein Jahr vorher schon am Überfall auf Abessinien beteiligte oder sich soeben anschickte, an der Seite Francos und Hitlers den spanischen Freiheitskampf niederzuwerfen, der vertrat das Regime der Gewalt nach außen, zählte sich zu den ‚Auserwählten' und trug den lateinischen Geist des imperialen Rom in die Welt hinaus, um dort dafür in allen Ehren zu sterben.

Eine andere Ehre und Würde des italienischen Menschen verkörperten jedoch noch andere Abwesende: die 3 500 antifaschistischen Kämpfer auf der Seite der spanischen Republik oder die freiheitlich Denkenden in Opposition und Widerstand, die kompromißlos in den Kerkern Mussolinis landeten. Sie gehörten zu denen, die später Italien vom Faschismus befreiten. Wer um diese Hintergründe weiß, mag dieselbe Gewalt erkennen, wie sie aus Struktur, Kontur und Material des Parteipalastes spricht.

Für Mussolini war der Faschismus ein Glashaus: "*Il Facismo e una casa di vetro.*" Nichts galt es zu verbergen. Die Macht lag offen da, alles war durchsichtig, die Entscheidungen wurden in aller Öffentlichkeit, meist von Mussolini selbst und direkt getroffen. So sah es nach außen aus. Giuseppe Terragni, der Architekt der *Casa del Fascio* in Como, betrachtete sein Werk als bestes und genauestes Abbild dieses Leitgedankens.

2

Wer damals noch da war und den Sozial- und Fürsorgedienst beanspruchen mußte, weil er arbeitslos oder kriegsversehrt war, durch die breite Glasfront auf der leicht erhöhten Plattform in die Innenhalle des Parteitempels trat und sich beschämt einer Warteschlage anschloß, der hatte kaum die Muße, das programmatische Glashaus zu genießen. Er konnte nicht die Sitzung des örtlichen faschistischen Komitees, welches im ersten Stock links tagte, obwohl es, infolge einer zwischen den Stützen voll verglasten Ausfachung von der Wartehalle aus gut sichtbar war, überwachen oder gar an dessen Entscheidungen teilhaben. Der Vorgang lief in umgekehrter Richtung. Wie mochte die wohlklingende Absicht des Architekten, mit „Lebendigkeit, Klarheit und Ehrlichkeit in der Konstruktion" den Vorstellungen des Condottiere Mussolini am besten gedient zu haben, auf die Betroffenen jener Zeit gewirkt haben, die Arbeitslosen, Fürsorgefälle und Kriegswitwen?

3

Die Zielvorstellung des Architekten, mit ‚römischer' Klarheit den Glanz der Antike herbeizuzaubern, wie es ein Baumeister unter Hadrian nicht besser hätte tun können, deckt sich mit der Zurschaustellung der imperialen Rolle, die der Duce sich zuschrieb und mit welcher er den Ruhm des antiken Rom restaurieren wollte; sie deckte sich aber auch mit programmatischen Verweisen Le Corbusiers, die dieser im Frühjahr 1934 jungen Architekten zu bedenken gab. Davon wird noch zu sprechen sein. Mit eigenhändiger, strengster Qualitätsprüfung jeder einzelnen Marmorplatte, die für die modulare Verkleidung des Eisenbetonskelett-Tragwerkes und dessen Ausfachung bei der *Casa del Fascio* bestimmt war, brachte Terragni die reinste Vollendung dieses Werkes zum Ausdruck; der Verzicht auf das Honorar demonstrierte seinen Dienst an der Sache des Faschismus, für die er 1943 sein Leben ließ.

Die *Casa del Fascio* in Como war und ist ein Leitbau der italienischen Moderne, Giuseppe Terragni eine ihrer Leitfiguren, die genauer als *Architettura Razionale* bezeichnet wird. Deren Promotoren verfaßten und publizierten ihr theoretisches Manifest 1926/1927 als *Gruppo 7* und leiteten 1928, zur italienischen Bewegung der rationalen Architektur erweitert, ein praxisbestimmtes Wirken ein. Es wird zu untersuchen sein, warum diese Gruppe Schritt für Schritt ihre Prinzipien aufgab und sich dem Monumentalismus der ‚Römischen Schule' von Marcello Piacentini, die gleichzeitig und schon vor den Rationalisten wirkte, anschloß. Dabei werden Elemente zum Vorschein kommen, die darauf hinweisen, daß bereits am Anfang die Bereitschaft zu diesem Weg vorgezeichnet war.

So erscheint die moderne Bewegung auch in Italien als ein Phänomen, das eigentümliche Transformationen durchmachte, die sogar weit über den Zweiten Weltkrieg hinaus und bis in die sechziger Jahre hinein wirkten, und dies bei unverändertem Personal. Mussolini trommelte kräftig voran, nahm alle, auch divergierende Strömungen mit, lud sie ein, zwang sie, je nachdem, bis alle Tendenzen der Architektur unter Leitlinie und Führung der *Scuola Romana* zwischen 1938 und 1942 gleichgeschaltet waren. Die Anpassung wurde durch die Beteiligung der *Architettura Razionale* am E.U.R.-Projekt vollendet. Dieser Prozeß der Bindung des *Movimento Moderno* an die Macht dauerte 15 Jahre.

1 *Casa del Fascio*, Como, Vision des Architekten, 1933; **2** Selbstportrait in Uniform, Terragni 1929; **3** Innenhalle der *Casa del Fascio*, Como; **4** die Nahtstelle zwischen Alt- und Neustadt mit Parteipalast und Dom

2 Der „neue Geist" der Architettura Razionale: Verständigungsbasis mit Mussolini

Frustriert von Macht und Einfluß des Akademismus in Architekturlehre und polytechnischer Ausbildung, gründeten 1926 sieben junge Architekturabsolventen in Mailand die italienische Bewegung *Architettura Razionale*: Luigi Figini, Guido Frette, Sebastiano Larco, Adalberto Libera, Gino Pollini, Carlo Enrico Rava und Giuseppe Terragni. Zusammen bildeten sie den *Gruppo 7*. Als erstes faßten sie ihre Gedanken und programmatischen Absichten über eine neue Architektur in Italien in vier Schriften zusammen (*4 note*) und veröffentlichten diese zwischen Dezember 1926 und Mai 1927 in der Zeitschrift *La Rassegna Italiana*.[1]

Ausgangspunkt ihrer Überlegungen waren Kritik und Ablehnung des Geistes des *Ottocento* — des 19. Jahrhunderts — das sowohl an den Architekturfakultäten als auch in der Architekturproduktion und in den Zeitschriftenspalten noch in den zwanziger Jahren grassierte. Neoklassizismus, Eklektizismus und der *Stile Liberty*, die italienische Variante des Jugendstils der Wiener Secession, wurden verabscheut und auf ihren Platz in der Geschichte verwiesen. Auffallend im Programm des *Gruppo 7* ist die Orientierung auf zwei für die italienische Geschichte bedeutsame Kulturepochen: Antike und Renaissance, beides Verwandte und Epochen, in welchen Italien äußerst einflußreich und kulturell expansiv in Europa und der Welt war. Daraus leiten die Promotoren der *Architettura Razionale* die Notwendigkeit ab, in Anlehnung an die Erkenntnisse und Ergebnisse der europäischen modernen Architektur und in Übereinstimmung mit wesentlichen Werten der großen Kunst italienischer Vergangenheit eine eigenständige, national orientierte, jedoch wie ehedem universal gültige Programmatik des *Movimento Moderno* im faschistischen Italien zu schaffen, dessen Doktrin sich in einem Selektionsprozeß durchzusetzen hat, dem sich alle unterwerfen müssen. Dieser im Kampf gegen den *individualismo* zum Ausdruck kommende Absolutheits- und Hegemonieanspruch verbindet sich mit der Absicht, feste Werte und gültige Normen zu definieren. Diese sollen sich letztlich in Bautypen und Konstruktionselementen niederschlagen und im Rahmen eines kollektiven nationalen Konkurrenzsystems perfektioniert werden, um so die Universalität des neu zu schaffenden Wertesystems zu vollenden.

In diesen Punkten, die unter dem Leitbegriff des neuen Geistes (*spirito nuovo*) zusammengefaßt wurden, traf sich das Programm des *Gruppo 7* mit demjenigen, auf dessen Fundament der Machtaufbau Mussolinis stand: (1) Die Verabschiedung der unmittelbar vorhergegangenen Geschichtsepoche, die als Chaos bezeichnet wurde und Mussolini zufolge der Entfaltung neuer Kräfte nur hinderlich war, vollzog dieser auf die ihm eigentümliche Art der wohlvorbereiteten Machtübernahme; (2) die Orientierung auf vergangene Glanzperioden der italienischen Geschichte bildete eine wichtige Komponente der Ideologie Mussolinis: Die Wiedererweckung der Heldentaten des antiken Rom, der Machtkult eines imperialen Condottiere und die Erinnerung an die Bedeutung Roms in der Welt forderten architektonische Darstellungsräume für den Faschismus, die den alten in keiner Weise nachstehen sollten; (3) daraus galt es Neues abzuleiten und hervorzubringen: Einen Führer, sowie ein Leitbild und ein Programm, die sich in einer einzigen Figur kristallisierten, sich abhebend vom *Ottocento* und einem politischen System, das nach Mussolinis Auffassung für die unbefriedigenden Resultate des Ersten Weltkrieges für Italien verantwortlich war, und zugleich von antikem Erinnerungswert erfüllt; diese Figur war er selbst; (4) so war auch der Absolutheitsanspruch gestellt, waren Universalität und Totalität zum Prinzip erhoben und die ideologische Hegemonialstellung programmiert.

Die Übereinstimmung programmatischer Vorstellungen der *Architettura Razionale* und des neuen Regenten erfolgte mit der Idee der *casa di vetro*: Die Verknüpfung der kristallreinen Figur der architektonischen Bauwerke mit der in strahlendem Glanz aus den Trümmern sich erhebenden *civiltà mussoliniana*.

Als der *Gruppo 7* 1926/1927 auf die politische Bühne trat und dem faschistischen Regime ein Programm neuer Architektur vortrug, war Mussolini bereits etwas mehr als vier Jahre an der Macht. Ein in aller Kürze und Unvollständigkeit skizziertes Stimmungsbild soll die Epoche darstellen, bevor und in welcher die *Architettura Razionale* zu wirken begann.[2]

Mussolini übernahm am 30. Oktober 1922 mit dem ‚Marsch auf Rom' die Staatsmacht. Vorausgegangen war seine Wendung vom Sozialisten und Führer des *Partito Socialista Italiano* (PSI) zum Faschisten, als es darum ging, für oder gegen den Kriegsbeitritt Italiens Stellung zu nehmen. Mussolini hat nach dem Krieg die Arbeiterbewegung, die in großen Teilen pazifistisch blieb, verraten und verwirrt, seine ‚Schwarzhemden' haben sie ihrer Führer und Institutionen beraubt und ein Klima von Gewalt, Terror und Unruhe geschürt. Gleichzeitig verhandelte Mussolini mit den Trägern der Macht, der Monarchie, den großen

Wirtschaftsverbänden der Industrie und Banken, dem Vatikan und den Organen der staatlichen Exekutivgewalt und verkündete ein antidemokratisches und antisozialistisches Programm. Er fand ihre Unterstützung, da sie in ihm den Retter vor der ‚roten Gefahr' sahen, die im landesweiten Aufstand der Industrie- und Landarbeiter 1919/1920 gipfelte, als ‚rotes Doppeljahr' in die Geschichte einging und eine Art italienischer Novemberrevolution auslöste. Der ‚Marsch auf Rom' kam einer republikanischen Entwicklung mit einer frühen Diktatur zuvor. Der kulturelle Experimentier- und Freiraum einer Weimarer Republik oder der ‚Ersten Österreichischen Republik' einschließlich des ‚Roten Wien' konnte sich so in Italien nicht entwickeln.

Drei Wochen nach dem Machtantritt des neuen Governatore wurde per Gesetz eine Lohnsteuer verordnet, die Unternehmerautorität auf Betriebsebene gesichert, der Achtstundentag aufgehoben und wurden die Betriebsräte abgeschafft. 1923 beeilte sich das Regime, ein mit faschistischer Unterstützung zwei Jahre zuvor geschaffenes Gesetz wieder abzuschaffen, welches enttäuschte Kriegsteilnehmer, die sich um die versprochenen Früchte ihres Kriegseinsatzes geprellt sahen, ermächtigte, unbewirtschafteten Boden der Latifundien zu besetzen und zu übernehmen; derartig angeeigneter Bodenbesitz war nun plötzlich illegal, die Betroffenen wurden vertrieben, den Großgrundbesitzern verschaffte das Dekret so unerwartet hohe Gewinne aus dem zwischenzeitlich fruchtbar gemachten Brachland; dies bedeutete deren Wiedereinsetzung in alle früheren Rechte und Privilegien. Banken und Industriebetriebe belohnte der *Duce* für die Finanzierung seines ‚Marsches auf Rom' damit, daß er drei Wochen danach die geltenden Kriegslieferungsverträge aufhob, wonach die Industriellen die Kriegsgewinne an den Staat hätten abliefern müssen; abgeschafft wurden auch die Erbschaftssteuer und die Besteuerung der Banken und Industriebetriebe, aufgehoben das staatliche Versicherungsmonopol, erhöht die Tarife der öffentlichen Dienste. Auch die Partei wurde umgebaut: Aus der Bewegung von Soldaten, Bauern und Arbeitslosen mußte eine hoffähige Partei werden, was zu Ausschlüssen und Erstickung spontaner Aktionen und Gruppen führte; der ‚Bund der revolutionären Aktion' (*Fascio d'Azione Rivoluzionario*) der ersten Stunde wurde zur festen Organisation einer Staatspartei; die soziale Basis war im Griff, Hilfsorgane, wie die Freizeit- und Jugendorganisation *Balilla*, vollendeten die Kontrolle bis in den letzten Winkel Italiens. Die Verengung der Basis wurde mit verschärftem Terror wettgemacht: Kleine bewaffnete Gruppen terrorisierten die Gegner des Regimes, die antifaschistischen Organisationen wurden ausgehoben und verboten, Sonderpolizei und Sondertribunal geschaffen, Emigranten verfolgt. Die Gewerkschaftsbewegung transformierte man von einer klassenmäßig strukturierten Organisation in ein standesmäßig und nach Berufen eingeteiltes Korporationssystem; die Korporationen befanden sich faktisch in Unternehmerhänden, oberster Herr war das Ministerium der Korporationen. Auf der einen Seite stieg die industrielle Produktion sprunghaft, Monopole bildeten sich heraus: Der Kapitalismus installierte sich in Italien, zwar verspätet, aber auf hoher Stufe im Bund mit einem militärisch organisierten Staatswesen. Auf der andern Seite sanken die Löhne, stiegen die Arbeitslosenzahlen: Von 1926 mit 114 000 bis 1927 auf 280 000 (1928: 325 000). Die Diktatur mußte mit zwei Maßnahmen gesichert werden: Die ursprünglich von den ‚Bünden' (*fasci*) geforderte Gemeindeautonomie wurde 1926 ersetzt durch das System der ‚*podestà*', der Leitung der durch königliches Dekret kontrollierten Kommunalverwaltungen in ganz Italien durch einen Statthalter; einziges Bürgerrecht für das Volk blieb das Steuerzahlen. Sodann mußte, da nun die ‚natürliche' soziale Basis des Faschismus vollends verkümmerte und, eingeschüchtert, gehorchte, ein ‚Mythos Mussolini' aufgebaut werden, dem sich alle kulturellen Einrichtungen zur Verfügung zu stellen hatten:

7, 8   Kino, Presse, Theater, bildende Künste, Musik, Schule, Kirche, Universität und die Architektur, als materielle Verkörperung und Darstellungsmöglichkeit von Mythos und Macht.

Aus diesem Stimmungsbild sind nun die wesentlichen Elemente der faschistischen Macht und der sich herausbildenden *civiltà mussoliniana* ersichtlich, wie sie sich damals, 1926–1927, als der *Gruppo 7* sein Programm schrieb, allen dargestellt haben. Unwissenheit konnte es nicht mehr geben; wer sich umsah, konnte sich über Charakter und Absichten von Partei und Staat nicht mehr täuschen. Die abschließenden Gedanken in der vierten Schrift des *Gruppo 7* verdeutlichen die nahtlose Einpassung der Programmatik der *Architettura Razionale* ins System des Mussolini-Faschismus. Es ist die formulierte Doktrin Mussolinis, angewandt auf die Architektur.

Im Kunst- und Architekturbetrieb entwickelte sich die Durchsetzung des Faschismus ebenso rasch, gezielt und wirkungsvoll wie in allen übrigen Bereichen.[3] Die Kontrolle der Architekten und Ingenieure erfolgte bereits 1923, ein Jahr nach Mussolinis Machtübernahme, über die Berufsgesetzgebung und Syndikalisierung mittels eines Gesetzes zum Schutz von Titel und Berufsausübung. Titelanspruch und Eintrag in die Berufslisten (*albi*) waren von nun an nur qualifizierten *professionisti* und Hochschulabsolventen vorbehalten. Der *albo* wurde, kontrolliert von Architekten- und Ingenieurkammern, in jeder Provinz geführt. Nur ‚Eingetragene' konnten öffentliche Aufträge ausführen und Submissionen ausschreiben. Zwei Jahre später, 1925, verschärften die

Gesetzgeber die Eintragungsbedingungen durch die neue Anforderung eines Staatsexamens. Da solche Forderungen schon lange aus dem Kreis der etablierten Architektenzunft gestellt, im Parlament jedoch nie erhört wurden, konnte Mussolini diese Schritte für sich beanspruchen, was die affirmative Haltung der alteingesessenen Architekten und Ingenieure schon früh förderte. Mit dem Staatsexamen wurde im übrigen die Trennung von Architekten und Ingenieuren in zwei grundsätzlich verschiedene Berufskategorien vollzogen; erstere hatten Arbeiten von künstlerischer und kunsthistorischer Bedeutung zu übernehmen, letztere baustatische, konstruktive und technische Probleme zu lösen. In der Folge wurden zwei Berufslisten geführt. Die offizielle Qualifizierung der Architekten als ‚Bildende Künstler' erhöhte den Wert, den sie in ihrem Selbstverständnis im Dienste der hohen Ziele der italienischen Nation verkörperten. Zur Bindung des Architektenstandes an das Regime wurde auf diese Weise die institutionelle und instrumentelle Basis geschaffen. Der Architekt Alberto Calza-Bini, damals Sekretär des Architekten-Syndikats, bestätigte Zustimmung und Begeisterung mit diesem Gesetzeswerk und qualifizierte es als „großen Schritt für die italienischen Architekten. Endlich sehen diese die Wichtigkeit ihrer Mission für das Leben des Landes anerkannt, nicht nur, aber auch wegen derjenigen ihres Titels, welcher dadurch den Wert und die Würde wiedererlangt, den er in Vergangenheit hatte und noch immer, auch im Ausland, als Zeichen von Vornehmheit und Adelsstand hat".

Die Einführung des Korporationssystems (*Legge Rocco* vom 3. April 1926), das die (klassenmäßig organisierten) Gewerkschaften in berufsständische Organisationen umbaute, an denen auch die Unternehmerschaft beteiligt wurde, was als institutionelles Instrument der Kontrolle über die Arbeiterschaft gedacht war, führte auch zur Erfassung der freien Berufe. Einer der 13 neu geschaffenen, streng hierarchisch strukturierten Dachverbände war ihnen vorbehalten; darin organisierten sich auch die Architekten. Ihre ehemaligen Berufsorganisationen waren damit aufgehoben, in die regionalen und provinziellen Syndikate übergeführt und auf nationaler Ebene im *Sindacato Nazionale degli Architetti* zusammengefaßt. Den Abschluß dieser juristischen und organisatorischen Erfassung des Architektenstandes bildete 1928 ein Dekret, das die spezifischen Bedürfnisse der Branche mit dem *Legge Rocco* in Übereinstimmung brachte; es sah vor, die regionalen Syndikate mit Richterfunktionen auszustatten (*Giunta sindacale*), um die Berufsdisziplin der Mitglieder zu überwachen, Mißbräuche des Titels zu ahnden und fallweise Maßnahmen auszusprechen, was Anzeige an staatliche Organe bedeutete; Berufstarife genehmigten, auf Vorschlag der *Giunta*, die Ministerien für öffentliche Arbeiten sowie Justiz. Zentrale

Bedeutung hatte Artikel 3 des Dekrets, der die Kontrolle der beruflichen Tätigkeit auf politische Äußerungen des ‚eingetragenen Architekten' ausdehnte und festhielt, daß von der Berufsliste gestrichen wird, „wer eine öffentliche Aktivität im Widerspruch mit den Interessen der Nation entfaltet". Die Folgen waren einschneidend: Verlust des Titels und der Möglichkeit, öffentliche Aufträge zu erhalten, da der Eintrag in die Berufsliste Bedingung der offiziellen Wettbewerbs- und Submissionsordnungen war. Die berufliche und persönliche Kontrolle von Architekten und Ingenieuren war 1928 besiegelt.

Die Verbindung von Syndikat und Staat bezweckte die Kontrolle über die Tätigkeit der Architekten, die Überwachung der Syndikate und die Bestätigung der Sekretärsposten durch das Ministerium der Korporationen; die regionalen Sekretäre wurden zusätzlich durch den Dachverband überwacht, der in jeder Provinz mit einer Amtsstelle omnipräsent war. Der Justizminister konnte darüber hinaus eine widerborstige *Giunta* absetzen. Der ‚Nationalrat der Syndikate' wie die regionalen Syndikatskongresse waren lediglich Akklamationsgremien; die Macht lag, in Absprache mit ‚Rom', in den Händen der Sekretäre. Die Syndikate kümmerten sich nicht nur um berufliche Belange, sondern verstanden sich als im Dienste des Faschismus stehend, wie dies der Nationalsekretär des faschistischen Architekten-Syndikats, Calza-Bini ausdrückte, als Mussolini 1929 seine Diktatur mit einem Plebiszit besiegeln wollte: „das ganze Land antwortet, wie es muß, mit seinem ‚Ja'; ‚Ja' zur Anerkennung des titanischen Werkes, welches das Regime vollbrachte, ‚Ja' für die künftige Größe Italiens, ‚Ja' zu Benito Mussolini." Den Syndikaten ging es darum, eine Architektur zu fördern, die den faschistischen Werten entsprach und sich als dem Kult des Führers würdig erwies. Da die Syndikate im Wettbewerbswesen, in der Auftragsvergabe und der Ausbildung entscheidend wirkten, versprach sich das Regime vom Griff auf die Syndikate die kontrollierende und disziplinierende Wirkung in die Kulturpolitik hinein.

Auch die Journalisten wurden 1926 in die korporative Ordnung integriert. Bereits ein Jahr nach dem ‚Marsch auf Rom' regelte eine Reihe von Gesetzen und Dekreten die Kontrolle von Tageszeitungen und Zeitschriften. Als Mittel wurden Beeinflussung, Vorschriften, Beschlagnahmungen und Verbote eingesetzt.

Schließlich bestand in der Auftragserteilung eine letzte Kontrolle über die Architekten. Bei Projekten mit nationaler Bedeutung trat der Staat (Ministerium der öffentlichen Arbeiten) direkt als Auftraggeber auf; bei Projekten von Gemeinden, Provinzen und Parteiinstitutionen machten die staatlichen Kulturhüter ihr Wort über die ‚Oberaufsichtsbehörde der Schönen Künste' geltend, welche mit regionalen Amtsstellen omnipräsent war; hier war das Erziehungsministerium zuständig. Darüber hinaus pflegte der Duce persönlich intensive Kontakte zur Architektenschaft, nahm an Wettbewerbsausstellungen, Bauteneinweihungen und Städteneugründungen regen Anteil und hielt dabei richtungsweisende Reden. Das ganze System von Kontrolle, Überwachung und Disziplinierung, sowie die unentrinnbare Mobilisierung der Architekten für das Werk des Faschismus wirkten sich als Selektionsprozeß aus. Wer an einem von der faschistischen Partei ausgeschriebenen Wettbewerb teilnehmen wollte, wie zum Beispiel für den *Palazzo del Littorio* in Rom, mußte, laut Ausschreibungsbedingung, sowohl in der Berufsliste als auch als Mitglied in der Partei eingeschrieben sein.

Wer sich freie Meinungsäußerung und uneingeschränkte Kritikfähigkeit vorbehalten wollte und auch sich dem stilistischen Diktat, das sich zunehmend verschräfte, nicht unterwarf, konnte nicht in Italien bleiben. Wer blieb, mußte im Dienste der Nation, das heißt im Rahmen der faschistischen Bedingungen denken, schreiben und bauen. Dennoch blieben alle. Es gibt kein italienisches Architekten-Exil.

Der *Movimento Moderno* konstituierte sich im Italien der Mussolini-Ära. Die jungen Rationalisten boten Hand, versuchten die ‚wirkliche faschistische Baukunst' zu definieren und erklärten sie Mussolini. Sie lieferten ihm die Argumente dafür, wie sie und der Condottiere sich gegenseitig akzeptieren könnten. Es wird zu zeigen sein, daß es noch andere Konzepte gab, andere Gruppen und ‚Schulen', die Mussolini ihre Vorschläge unterbreiteten. Doch der *Gruppo 7* postulierte als wesentliches Element, um in der Architektur das eklektische Chaos des *Ottocento* zu überwinden, den Rückgriff auf die bereits in der Antike gefundenen elementaren Figuren und auf die ‚ewigen' Werte der klassischen Typologie: Das Kolosseum in Rom beispielsweise bildete für die Architekten des Rationalismus eine plastische Form mit absolutem, monumentalem Wert, die weit über den Zweck hinausging, für den sie geschaffen worden war und so galt es auch in der faschistischen Zeit, so der *Gruppo 7*, vergleichbare Typen mit einprägsamer Symbolik zu schaffen und zu verwenden und weiter zu perfektionieren. Da die aktuelle Stufe der Bautechnik durch das Vorhandensein von Eisenbeton geprägt war, mußte unter Einbeziehung dieses Materials der modernen Zeit und durch Ausschöpfung der in ihm liegenden Möglichkeiten, sowie unter Voraussetzung der Anerkennung des Rückgriffs auf antike Werte (*'ricorso arcaico'*), ein neuer faschistischer Stil entwickelt werden, welcher, mit vereinheitlichender Tendenz ausgestattet, zur Grundlage einer authentischen italienischen modernen Architektur werden sollte. Theoretische Grundlegung und imperative Definition der *Architettura*

Razionale in den vier Schriften des *Gruppo 7* lassen keinen Zweifel daran, daß die *tendenza razionalista* die Anerkennung durch den Staat anstrebte. Der Ausschluß Andersdenkender war mit dem Kampf gegen den *individualismo* vorprogrammiert. Als Zielsetzung konkreter Figurbildung in der Architektur galt die Perfektionierung im Sinne des nach außen wirkenden glänzenden Kristalls, der, als Figur ebenso reich wie einfach, nach Meinung der italienischen Rationalisten die höchste Stufe der Zivilisation repräsentierte. Darüber konnte sich Mussolini nur freuen. Der Grundstein für die Verständigung war gelegt.

5 ‚Aufmarsch' vor antiker Kulisse; **6** Vereidigung der faschistischen Miliz im Kolosseum; **7** Zeichnung Terragnis zum 10. Jahrestag des Marsches auf Rom, 1932; **8** ‚Aeropittura': Peruzzi, Straßenkreuzung 1933

9 Arbeiterversammlung im besetzten Werk FIAT-Lingotto Turin, im ‚roten Doppeljahr' 1919–1920; **10** Künstler und Architekten aus Como zu Besuch bei Mussolini

3 Die Architekten Mussolinis

In der Mussolini-Ära wirkten verschiedene Tendenzen in Kunst und Architektur. Der Duce ließ sie in Konkurrenz zueinander treten. Er war sich dabei sicher, daß im Wettstreit um die großen nationalen Projekte sich ein einziger Stil entwickeln und durchsetzen sollte, der die Darstellungsbedürfnisse des Faschismus am besten abbilden würde. Bevor dieser Integrations- und Angleichungsprozeß und die vehemente Polemik unter allen Gruppen dargestellt wird, sollen hier zunächst die hauptsächlichen Strömungen anhand der sie repräsentierenden Werke und Textäußerungen vorgestellt werden. Es ist aufschlußreich, sich vorerst mit dem Futurismus der Vorkriegszeit (1909–1915) zu befassen, da dieser als Wurzel einer hier beginnenden Tradition der Beziehung des Faschismus zu Kunst und Architektur von großer Bedeutung ist.

Der kriegerische Futurismus:
Propagandist und Mobilisator der ersten Stunde

Der italienische Architekturhistoriker Bruno Zevi untersuchte in einem an das internationale Fachpublikum gerichteten Beitrag *The Italian Rationalists* die Frage, warum sich der *Gruppo 7* mit dem Faschismus und schließlich mit dem Römertum des Staatsarchitekten *Piacentinis* einigen konnte.[1] Er kam zu dem Schluß, daß das Fehlen einer eigenständigen sozialen Ideologie die Korrumpierbarkeit dieser Tendenz gefördert habe. Ein solche Ideologie hätte sich, so Zevi, auf die futuristische Bewegung, im engeren Sinne auf die Strömung um Umberto Boccioni, stützen sollen; diese wäre, im Gegensatz zum Marinetti-Futurismus, mit der europäischen Avantgardebewegung verbunden gewesen. So sei die Lektion des Kubismus am italienischen Rationalismus vorbeigegangen, der sich dagegen an der klassischen Tendenz der Moderne, an Le Corbusier und am Bauhaus unter Gropius orientiert habe. Während der Boccioni-Futurismus in den Strom der europäischen Bewegung einmündete, verharrte der Rationalismus Italiens auf einem provinziellen Nebenschauplatz. Mit dieser Hypothese wirft Zevi einerseits die Frage nach dem ‚richtigen' Futurismus auf, andererseits kommt dadurch implizit zum Ausdruck, daß die Anknüpfung an die Tendenz Boccionis ein Abgleiten der korporativen Architektur in den Staatsdienst verhindert hätte. Beides muß diskutiert werden.

Vorweg sei hier bestätigt und dokumentiert, daß der *Gruppo 7* von den Futuristen nicht sehr viel hielt: Gleich zu Beginn der ersten der vier Schriften von 1926–1927 beklagt die Autorengruppe den zweideutigen Sinn, den der Begriff der *avanguardia* in der Kunst seit dem Auftreten der Futuristen vor dem Krieg bekommen hätte. Die futuristischen Experimente bedeuteten nichts mehr als einen kleinen Luftzug, sie brachten enttäuschende Produkte und desillusionierten das Publikum, das große Resultate erwartete; das futuristische Konzept sei romantisch geblieben. Zehn Jahre später, kurz vor Eröffnung der *Casa del Fascio* in Como, schätzte Terragni, Mitinitiator des *Gruppo 7*, die Bedeutung des Futurismus der ersten Zeit und dessen Produkte politischer ein; die Epoche des Kampfes der Eroberung, des Sieges und des helfenhaften Blutzolls sei in die Stimmung der faschistischen Leidenschaft der Jahre 1919–1922 eingemündet und habe die damaligen Projekte mit mystischer Schönheit dekoriert. Nun aber hätte die Partei an der vordersten Front aller Nationen neue Aufgaben zu übernehmen, ein Sitz der faschistischen Partei könne nicht mehr Versteck, Zufluchtsort oder Festung sein, er müsse Haus, Schule und Ruhmeshalle werden.[2] In diesem Sinne würdigte zwar auch der *Gruppo 7* 1926–1927 den futuristischen Architekten Antonio Sant'Elia als revolutionären Vorläufer, war aber mit seiner Internationalität und seinem romantischen Traum von der *Città nuova* als gigantischem Kraftwerk nicht einverstanden; die traditionellen Wurzeln der *italianità* waren nicht berücksichtigt. Gleichwohl kann als *Hommage* an den Revolutionär aus Como das Gefallenendenkmal am Seeufer in Como gelten, das, nach einer Skizze von Sant'Elia, 1931–1933 durch Terragni realisiert wurde.

11, 12

Was unterscheidet den Futurismus Antonio Sant'Elias von demjenigen Umberto Boccionis? Offenkundig ist die Tatsache, daß die futuristische Architektengruppe Sant'Elia, Chiattone, Prampolini und Marchi die Unterstützung des Futuristen der ersten Stunde, Filippo Tomaso Marinetti, genoß, welcher die futuristische Bewegung Italiens mit einem Manifest entfachte, das er in der Pariser Tageszeitung *Le Figaro* am 20. Februar 1909 publizieren ließ. Boccionis Verlautbarungen dagegen wurden von Marinetti unterdrückt, deren Veröffentlichung wurde verhindert. So kam es, daß Boccionis Manifest *Architettura futurista*, obwohl bereits Anfangs 1914 verfaßt, erst 1972 an die Öffentlichkeit gelangte. Boccionis Werke gehören sicher zu den eindrücklichsten Beiträgen des frühen italienischen Futurismus und des kubistischen Experiments in Italien. Aber liegen sie so eindeutig in der Linie der europäischen Bewegung der nach der Jahrhundertwende einsetzenden Avantgarde und stehen sie deshalb im Gegensatz zu Marinetti und seiner Gruppe?

Bei Kriegsausbruch meldeten sich die Futuristen Marinetti, Sant'Elia und Boccioni freiwillig zum Armeedienst. Als Vertreter des dynamischen, aktionistischen und kämpferischen *futurismo* starteten sie mit dem Lombardischen Freiwilligen Motorrad-Bataillon in die Kampfzone im Trentino ... In der Schlacht von Monfalcone fiel Sant'Elia im Oktober 1916, zwei Monate nach Boccioni. Marinetti wurde infolge einer Operation zurückgezogen. Man sieht: Die von Zevi postulierten Gegensätze zweier Futurismen verwischen sich im Kriegstaumel. Auch inhaltlich unterscheiden sich Sant'Elia und Boccioni kaum: Die neue Stadt der Moderne wird im *Messaggio* Sant'Elias (veröffentlicht am 1. August 1914 in der Zeitschrift *Lacerba*) als ungeheure, lärmende Schiffswerft voller Aktion und Dynamik gefaßt, während Boccioni in seinem *Manifesto* (datiert auf Anfang 1914) die vollständige Umwälzung des architektonischen *Ambiente* mit hell erleuchteten unterirdischen Einkaufsgeschäften, übereinanderliegenden Tunneln der metropolitanen Verkehrsanlagen und mit in die Höhe schießenden Wolkenkratzern amerikanischen Typs postuliert. Nach Sant'Elia muß jedes Bauwerk wie eine gigantische Maschine aussehen; die Aufzüge sollen sich wie Schlangen aus Glas und Stahl an den Fassaden emporwinden. „Die Zukunft läßt die architektonischen Möglichkeiten in die Höhe und in die Tiefe fortschreiten." Diese Unermeßlichkeit und das Aufsteigen aus der Horizontalen wird in den Worten Boccionis mit dem „Tiefgang des Aufzugs und den Spiralwindungen des Flugzeugs und des Luftschiffs" erschlossen. Die Architektur ist aus Sant'Elias Sicht eine Architektur von kühner Kalkulation, Verwegenheit und Einfachheit, sie hat eine Architektur aus Eisenbeton, Stahl und Glas zu sein, Holz, Stein und Ziegelwerk zu ersetzen. Als Dekoration bleibt die rohe, blanke, stark farbige Natur des Materials; für Boccioni definiert die „Lebensnotwendigkeit" die Architektur, Konstruktion und Form, wie beim chirurgischen Instrument, beim Schiff, bei der Maschine und einem Bahnhof. Wissenschaft, Technik und Mechanik bestimmen die heutigen, sich rasend verändernden Lebensbilder und formen wie von selbst die neuen Gesetze der architektonischen Konstruktion. Die Materialien der Nützlichkeit und der Schnelligkeit sind Eisenbeton und Stahl, diejenigen der italienischen Autarkie Holz und Ziegelstein; ihre einfache Idee verbindet nach Boccioni Kalkulation, Nützlichkeit und Schnelligkeit zu einer Formel. Für Sant'Elia müssen Tradition und Antike überwunden, das Monumentale, Massive und Statische verabschiedet, das Zeitalter der Kathedralen und antiken Versammlungshallen muß durch die Epoche der Grand Hotels, der Hauptbahnhöfe und riesigen Häfen, der überdachten Markthallen und hell erleuchteten Arkadengänge und des „heilbringenden Niederreißens von Elendsvierteln" ersetzt werden; das Problem der modernen Architektur kann nicht mit Vorbildern aus China, Persien oder Japan gelöst werden, auch das Festhalten an vitruvianischen Regeln sei lächerlich – „wir müssen vielmehr unser eigenes Genie blitzen lassen", ausgerüstet mit wissenschaftlicher und technologischer Kultur, alles muß von Grund auf revolutioniert werden (Marinettis Unterstützung Sant'Elias' ist unüberhörbar!). Boccioni verstärkt noch die nationalistische Dimension: „Das einzige Land, welches infolge der Atmosphäre und des Geistes aus der modernen Architektur einen universalen Stil hervorbringen kann, ist Italien."³

„Der futuristische Geist wird offenbar in der Ablehnung der Vergangenheit, der Monumentalität und des Klassischen, in der Betonung der durch Wissenschaft und Technik bewirkten revolutionären Veränderungen im kulturellen Leben; futuristisch ist auch die leidenschaftliche Formulierung der vorgetragenen Ansichten, und futuristisch ist die Form mit den positiven und negativen Vorschlägen am Schluß." Was Reyner Banham über Sant'Elias *Messaggio* sagt, trifft in ähnlicher Form auch das Manifest von Boccioni. Die Gedankengänge sind dieselben, wenn auch geringe Abweichungen die jeweiligen Standpunkte pointieren. Manifeste, Produktion wie auch die persönliche Haltung zu den entscheidenden Fragen jener Zeit um 1914/1915 sind konvergent, die Hypothese vom ‚richtigen' und ‚falschen' Futurismus kann kaum aufrecht erhalten werden. Der Futurismus stellte sich letztlich in den Dienst des Krieges und des Nationalismus, wurde sein Propagandist und Mobilisator auf dem Gebiet seiner künstlerischen Mittel und lenkte die Aufmerksamkeit Mussolinis auf die Möglichkeiten, die Kunst für seine Ziele, Absichten und Pläne zu verwenden.

Marinetti, der einflußreichste Futurist, war glühender Nationalist. Am 20. Feburar 1909 druckte die Pariser Zeitung *Le Figaro* auf der Titelseite das erste Manifest des italienischen Futurismus ab: *Le Futurisme* von F.-T. Marinetti. Im neunten Punkt hieß es: „Wir wollen den Krieg verherrlichen – einzige Hygiene der Welt –, den Militarismus, den Patriotismus, die zerstörerische Tat der Anarchisten, die schönen Ideen, die töten und die Verachtung der Frau."⁴ Die auf dieser Grundlage produzierte Kunst paßt nicht nur zum Kriegstreiben um 1914, sondern wirkte dank der Straßenagitation, des Aktionstheaters usw. mobilisierend. Die wütenden Aktionen des Marinetti-Futurismus waren direkte Vorläufer der faschistischen Straßenschlachten; und dieser Futurismus war die Kunst derjenigen (interventionistischen) Kräfte, welche Italien in den Krieg führen wollten; zu ihnen gehörte auch Mussolini. Seine ideellen und persönlichen Beziehungen zur futuristischen Bewegung waren wichtige Faktoren, die den schnellen und deutlichen Entscheid

Mussolinis im Sommer 1914 zugunsten von Gewalt und Krieg und gegen den Pazifismus seiner Partei mitbeeinflußten. Die direkten Berührungspunkte der Futuristen mit Mussolini sind dabei klärend und aufschlußreich.

Bereits 1911 verfaßte Mussolini eine Nietzsche-Studie für die futuristische Zeitschrift *La Voce*; sie wurde von Giovanni Papini und Ardengo Soffici, die der Florentiner Futuristengruppen angehörten, herausgegeben. Mussolini verehrte Nietzsche und interpretierte dessen Gedanken in vereinfachender Weise, bis sie in seine Sicht paßten: „Wir müssen eine neue Menschenrasse von ‚freien Geistern‘ ins Auge fassen, gestählt im Krieg, in Einsamkeit und großer Gefahr (...), Geister, die ausgestattet sind mit einer Art sublimer Perversität, Geister, die uns befreien von der Liebe zu unserem Nachbarn." Mussolini publizierte in *La Voce* im selben Jahr weitere Beiträge und berichtete in einigen Nummern über den Sprachenstreit im österreichisch verwalteten Trentino, das später unter seinem Zepter romanisiert und in das faschistische System eingegliedert werden sollte. *La Voce* war die Stimme der Florentiner Futuristen, bevor sie 1912 als *Lacerba* weitergeführt wurde, ein gemeinsames Projekt von Papini und Soffici mit Marinetti, Carrà und deren Mailänder futuristischem Kreis; in diesem Jahr wurde Mussolini mit der Chefredaktion des *Avanti!*, dem Organ der Sozialisten, betraut. Von diesem Zeitpunkt an war sein Sitz ebenfalls Mailand. Am 1. Januar 1913 erschien die erste Ausgabe von *Lacerba*. Sie war die Zeitung, welche die 16 Zeichnungen über *La città nuova* von Sant'Elia in der Nummer vom 1. August 1914 zusammen mit dem Manifest der Futuristischen Architektur, dem von Marinetti und Carrà überarbeiteten *Messaggio* von Sant'Elia, publizierte. Am 12. August intervenierten Marinetti und Soffici zugunsten der Umwandlung von *Lacerba* in eine politische Zeitung mit der Absicht, das politische Klima in Italien für den Krieg gegen Österreich vorzubereiten. Drei Tage später wurde diese Kampagne bereits gestartet und in 28 Nummern fortgesetzt, bis Italien im Mai 1915 in den Krieg eintrat. Als es so weit war, wurde *Lacerba* überflüssig; die Zeitung hatte ihren Dienst getan, eines futuristischen Ziele war erfüllt: Die Vorhut, die sich den Krieg zum Programm machte und so zur negativen und destruktiven Tendenz der europäischen Avantgardebewegung wurde, feierte und triumphierte, auf ihre Weise.

Ziemlich genau um dieselbe Zeit vollzog Mussolini seinen Wandel vom Führer des pazifistisch orientierten PSI zum Kriegstreiber; die *Lacerba*-Propaganda seit Mitte August 1914 entsprach seiner eigenen Kriegstrommelei. Im Januar 1915 entfachte Marinetti mit einem ‚interventionistischen Theater‘ spalterische Aktivitäten gegenüber den (noch) nicht Kriegswilligen; es folgten große Demonstrationen der interventionistischen Bewegung in Rom, die Italiens Kriegsbeitritt forderten. Balla, einer der bekanntesten futuristischen Künstler, nahm daran teil und lancierte nach Art des futuristischen Straßenaktionismus die Kampagne für ‚antineutrale Kleider' und ein dazugehöriges Manifest. Während eines solchen Aufzugs wurde Balla zusammen mit Marinetti, Mussolini und anderen verhaftet.

In der Folgezeit gestaltete sich die Beziehung Mussolinis und Marinettis enger. Für den Krieg hatten sie sich geeinigt; vorher waren sie Konkurrenten, vor allem als Redner auf denselben allgemeinen öffentlichen Kundgebungen. Marinetti beteiligte sich am *Fascio d'Azione Rivoluzionario* sogleich nach dessen Gründung Ende 1914, die Mussolinis Ausschluß aus dem PSI folgte. Noch vor Kriegsende gründete Marinetti die Futuristische Politische Partei, trennte die futuristische Kunstbewegung von dieser ab und formulierte ein vages Programm, das syndikalistische und sozialistische, antiklerikale und antimonarchistische Elemente enthielt, ein Programm, dessen konfuse Inhalte in genügender Breite Mitglieder mobilisieren konnten, vor allem aus den Reihen der enttäuschten Kriegsheimkehrer (*arditi*), die in die Futuristische Partei alle ihre Zukunftshoffnungen setzen. Dieses politische und militante Potential war denn auch das personelle Rückgrat bei der Gründung der Faschistischen Partei am 23. März 1919 in Mailand: Die ‚Futuristischen Bünde' (*Fasci Futuristi*) gingen im *Partito del Fascismo* auf. Marinetti, der Kopf der Futuristen, wurde Mitglied des Zentralkomitees der ‚Kämpfenden Bünde' (*Fasci di Combattimento*), die für die Überfälle, Brandschatzungen und Terroranschläge im ‚roten Doppeljahr' verantwortlich waren und damit den Boden für Mussolinis ‚Marsch auf Rom' im Jahre 1922 maßgeblich vorbereiteten.

Nachdem der erste Sturm auf die Bastion der Macht erfolgreich verlaufen war, nachdem Mussolini und Marinetti die Verschmelzung von faschistischer und futuristischer Bewegung gemeinsam bewirkten, erfüllte sich im wesentlichen die Aufgabe, die sich der Futurismus von Anfang an stellte: Er konnte, ja, mußte von der politischen Bühne abtreten. Nun begann für Mussolini die Phase des Aufbaus und der Konsolidierung der errungenen Positionen: Ordnung und Gehorsam, Disziplin und Repression, Institutionalisierung und Bürokratisierung, Kompromiß und Taktik waren die Mittel der Machtausübung. Die Wege trennten sich: Marinetti war gegen die Ordnungspolizei und gegen taktische Vereinbarungen mit Monarchie und Vatikan; er machte sich vorübergehend selbständig. Da ihm Auftritte verwehrt wurden und seine ‚fliegenden Aktionen' im Stile des dynamischen, straßenkämpferischen Futurismus keinen Widerhall mehr fanden, kehrte er 1924 zurück zu seinem Freund und Mitkämpfer der ersten Stunde. Mussolini verlangte die rasche Eingliederung des Futurismus in die faschistische Organisationsstruktur. 1929 wurde Marinetti Mitglied von Mussolinis *Accademia d'Italia*, wo er die Funktion des Sekretärs der Vereinigung der faschistischen Schriftsteller ausübte. Später beteiligte er sich, an alte heroische Tage vor Kriegsausbruch erinnert, als Freiwilliger an Mussolinis Überfall auf Abessinien, 1942 am italienischen Feldzug in Rußland; 1944 starb er im faschistischen Refugio in Bellagio.

Die Geschichte des *futurismo* zeigt, daß das Zusammenspannen der *Architettura Razionale* als Avantgardetendenz der Kunstszene mit dem Mussolini-Faschismus sich auf eine gemeinsame Tradition stützen konnte. Mussolini kannte bereits die Möglichkeiten dynamischer und moderner Kunstäußerung, lange bevor er die faschistische Bewegung zu entfachen half. Seine persönlichen Beziehungen zu führenden Futuristen und seine politischen Erfahrungen und Kriegserlebnisse Seite an Seite mit ihnen verschafften ihm die Kompetenz, sich als ‚Futurist' in dem Sinne darzustellen, in dem Marinetti diesen Zusammenhang ausdrückte: Faschismus ist die Kunst des Futurismus ...

Die Scuola Romana: Neuer Kult ums alte Rom

Begradigte Gebäudefronten, überhöhte Erdgeschosse mit weitverglasten, eleganten Geschäften, die hinter Arkaden von der Straße zurückversetzt liegen und streng geometrisierte Fassaden, aus überall einheitlichem Material gestaltet, prägen unsere ersten Eindrücke, wenn wir beliebte Straßen in den Einkaufsvierteln etwa von Como, Varese, Torino, Milano, Brescia bis nach Rom und weiter aufsuchen. Kommen wir aus dem verwinkelten *centro storico* heraus auf einen der neuen, systematisierten Plätze, ist das Erlebnis noch krasser. Was Le Corbusier nicht vergönnt war, nämlich die ‚krummen Wege der Esel' zu eliminieren und aus Paris ein modernes Muster à la Chandigarh zu machen, ist in den zwanziger und dreißiger Jahren in italienischen Städten, wenn auch in kleinerem Maßstab, verwirklicht worden. Einzelne Gebäude, Häuserzeilen oder ganze Quartiere wurden niedergerissen, um den gewünschten Raum zu schaffen für Platzeinbauten, Begradigungen, Zeilen- und Hofbildungen nach einem Muster, das den Vorbildern der Stadtbaugeschichte in nichts nachstand. Mussolini benötigte nicht nur neue Plätze für Massenversammlungen und Aufmärsche, sondern auch an jedem Ort den Palast des Bürgermeisters, der *podestà* und vor allem der Partei, der den neuen, zentral werdenden Platz markant definierte mit dem Liktorien-Turm, an dem meist die Redekanzel etwa im dritten Stock, hoch über der Menge, thronte. Diesen Turm stellte man seit den Lateranverträgen von 1929, also seit dem Schulterschluß mit dem Vatikan, in einen räumlich-visuellen Bezug zum Dom: Die bislang dominierende Kirchenmacht wurde mit derjenigen des Faschismus konfrontiert. Oder war diese ‚Komposition' Ausdruck des umgekehrten Vorganges? Jedenfalls stellt sie eine komplementäre historische Tatsache dar. Eine freie Wandfläche am Rathaus oder am Parteitempel bildet in dieser architektonischen Inszenierung eine weitere räumliche Begrenzung des Platzes, und zwar im Blickwinkel des Fußvolks; sie diente als Emblemträger für das vergrößerte, stilisierte Profil Mussolinis, für die Nationalflagge, das vergrößerte Bildnis des namenlosen Soldaten und Helden oder für die Parolen Glauben – Gehorchen – Kämpfen (*credere – obbedire – combattere*). Schließlich lagen im Sichtfeld des Duce die überhöhten Kulissen der ‚bereinigten' Stadt mit unendlich wiederholten travertinumrandeten Fensterlöchern, Fassaden, die eine Mischung aus Neo-Renaissance mit ihren dreigeteilten Aufrissen und den klar konturierten Kuben sowie aus klassizistischen Gliederungskrusten darstellen. Die den Platz und die auf ihn mündenden Straßen säumenden Gebäude bilden die ‚Prothesen' des wegoperierten Altstadtbestandes, der störte und auf diese Weise der *sistemazione* geopfert wurde. Diese Gebäude beherbergten Geschäfte und Büros von Industrie-, Agrar- und Finanzgesellschaften, sowie die Filialen der faschistischen Institutionen, Korporationen, Syndikate, Ministerien usw. So ließen Mussolinis Baumeister neue Aufmarschplätze, Paradeachsen und historisierende Kulissen entstehen, vor welchen sich der neue Condottiere gebärden konnte. Ein eindrückliches und hier dokumentiertes Beispiel bildet die kleine oberitalienische Stadt Varese.

Die Architektur war das Medium, das die Ideologie der faschistischen Massenkultur räumlich definierte, materiell verfestigte und in überdauernde Erinnerung zwang. Marcello Piacentini war einer der ersten Architekten, der dies nach 1922 begriff und für Mussolini vollbrachte. Er entwickelte schon in den frühen zwanziger Jahren vor allem in Rom eine Art architektonischer Stilschule, die den Klassizismus als unumstößliche Wertäußerung des einstmals ‚großen Italien' und des ‚Geistes von Rom' ins 20. Jahrhundert fortsetzen wollte. Zusammen mit Gustavo Giovannoni gründete Piacentini 1921 die Zeitschrift *Architettura e Arti Decorative*, die 1927 unter Leitung von Alberto Calza-Bini zum offiziellen Organ des Nationalen Faschistischen Architekten-Syndikats und damit zur bedeutendsten und einflußreichsten italienischen Architekturzeitschrift wurde. Piacentini verwaltete dank seiner Nähe zum neuen Regime nicht nur die Architektenausbildung an der Universität in Rom, von wo aus auch alle übrigen Architekturschulen Italiens kontrolliert wurden, sondern auch die wichtigsten Wettbewerbsgremien, Auftragserteilungen, Ausstellungsorganisationen; so konnte er in den dreißiger Jahren zum ‚Superintendanten' des Duce und zum Kulturhüter des Faschismus in der gesamten italienischen Architekturszene aufsteigen. Als Gewinner zahlreicher Wettbewerbe und als Planungs- und Baubeauftragter errang er zunehmend Einfluß auf nationaler Ebene.

Piacentini begann seine Laufbahn mit oberflächlichem Akademismus, der in seinem Beitrag für die Pariser *Exposition Internationale des Arts Décoratifs et Industriels Modernes* im Jahre 1925 gipfelte. Dieser zeigte den typischen Zustand der Architektur im noch orientierungslosen Nachkriegs-Italien. In der Zwischenzeit setzte er sich jedoch im nicht-offiziellen Architektursektor mit der Wiener Secession auseinander, realisierte zwischen 1915 und 1922 einige Villen und vor allem das Corso-Kinotheater an der *Via del Corso* in Rom (1915–1917), was ihm sogleich den Vorwurf des *tedeschismo*, des Importeurs fremder Ideen aus dem Norden, einbrachte, da er die Elemente des Klassizismus über Bord warf und zum Wiener Dekorationsstil griff. In der Folge dieses von Piacentini verursachten ‚Skandals' mußte die Fassade ‚gesäubert' werden, und zwar auf Kosten des Architekten. Nach diesem Ereignis scheint der ‚Akademiker' die engen Grenzen seines Wirkens gespürt zu haben; jedenfalls besann er sich auf den Eklektizismus. Sein Pavillon für Paris und auch sein *Arco di Trionfo* für Genua (1924– 1940) zeugen davon. Bereits hier ist der Monumentalismus als Dimension der kommenden Regimearchitektur vorweggenommen. Um 1925– 1926 markierte Piacentini mit dem *Albergo degli Ambasciatori* in Rom seine demonstrative Rückkehr zur Ordnung und zum architektonischen Establishment. Zugleich aber bemerkte er, daß sich die Bedingungen der neuen Gesellschaft rapide veränderten, daß neue Bedürfnisse zu befriedigen waren und der Architektur neue Funktionen zugewiesen wurden. Dies forderte neue Formen; in dem von Mussolini abgesteckten Rahmen konnten sie sich nur auf der Basis der Rückbesinnung auf die traditionelle und klassische Kunst der alten Kultur entwickeln: Der Stil hatte ebenso ‚italienisch' wie ‚modern' zu sein. So repräsentierte Piacentini um 1926 die römische Variante des *Novecento:* Was Giovanni Muzio für Mailand, war Marcello Piacentini für Rom. Da letzterer ‚Hofarchitekt' war und zugleich das Monopol als Architekt in Rom innehatte, wurde diese Tendenz der *Scuola Romana* mit ihrer monumentalistischen Dimension national bestimmend. Sie reagierte auf den Ruf nach einer neuen, modernen Kunst, die sich vom eklektischen Pomp des *Ottocento* und des *Liberty* befreit und konnte so mit der damit zu verbindenden geistigen Rückbesinnung auf die authentischen

Vorbilder der klassischen Antike für den Faschismus fruchtbar gemacht werden. Ein frühes Beispiel solcher Architektur ist das *Foro Mussolini* in Rom. Enrico Del Debbio, Nummer Drei des römischen Akademismus, wurde 1927 mit Projektierung und Bau dieses Forums betraut. Auf hundert Hektar sollte eine unübertreffbar große Sportanlage errichtet werden, deren Zentrum die Faschistische Akademie der körperlichen Ertüchtigung und ein Obelisk zu Ehren Mussolinis bildeten. Bereits 1932, am zehnten Jahrestag des ‚Marsches auf Rom', konnte das Forum vom Duce eingeweiht werden. Nach Meinung Piacentinis wurde hier das Thema des antiken Gymnasiums aufgenommen und für die Zwecke des Faschismus modernisiert. Weil der Körperkultur in der Charakterbildung der neuen Generationen große Bedeutung zugemessen wurde, sollte das Forum der Umwälzung und Neuorientierung in der Erziehung der Italiener dienen. In Piacentinis Zeitschrift *Architettura* wude das *Foro Mussolini* überdies als prächtige Zelebration der unvergänglichen Jugend und *forza italica* gefeiert, als Hymne auf den Faschismus, der diese Jugend in seinem Sinne organisiert habe. Die Architektur des Forums spannte den ideologischen Rahmen weit zurück und beförderte den Bezug zur Antike ins Bewußtsein: Das Akademiegebäude steht alten Vorbildern in nichts nach, ebensowenig wie das 20 000 Zuschauer fassende, marmorweiße Stadion, ganz zu schweigen vom 350 Tonnen schweren und 18 Meter hohen Marmorobelisken, der die Inschrift MUSSOLINI DUX trägt, das Ganze für die unvergänglich gehaltene Größe der faschistischen Macht demonstrierend.[5]

Piacentini scharte in den zwanziger Jahren eine Gruppe von Getreuen um sich, die als Statthalter die Ideologie des Neo-Klassizismus und Monumentalismus in zahlreichen Wettbewerben, Planungen und Bauten zum Ausdruck brachten und mit hegemonialer Präsenz die faschistischen Selbstdarstellungsbedürfnisse zu befriedigen trachteten. Er versuchte so die Vorrangstellung der römischen Tendenz in den Ausbildungsstätten, Zeitschriftenspalten und politischen Gremien abzusichern. Zu diesem Zweck entfachte die *Scuola Romana* eine vehemente Polemik gegen alle anderen Strömungen, die sich um diese Zeit herauszubilden begannen. Es ging dabei um die Übereinkunft mit Staat und Regime, darum, den in der Massenpropaganda betriebenen Kult um das antike Rom wiederaufleben zu lassen, und vor allem im architektonisch definierten Stadtraum zur Darstellung zu bringen. Die zahlreichen Stadtumbauten und Eingriffe in die Altstadtkerne in ganz Italien gingen mehrheitlich auf das Konto solcher Überlegungen. Die Architektur lieferte die Kulisse; die Polemik unter den verschiedenen Tendenzen und ‚Schulen' war nur scheinbar eine Stil-Debatte, die sich an Fragen der Fassadengestaltung entzündete. Es ging jedoch um mehr und um tieferliegende Fragen; es zeigt sich, daß die Haltung der Architekten zur Ideologie des Faschismus letztlich die Wahl des Stils bestimmte. Da die Haltung der diversen Architektengruppen auf demselben Boden der *italianità* fußte, die in der Autorität Mussolinis verkörper war, glichen sich die Stile auch mehr und mehr an. Die von Piacentini und seiner Gruppe bekämpften Rationalisten produzierten nach zehn Jahren ebensolche Säulenordnungen, wie die von Terragni und seiner Gruppe verschmähte *Scuola Romana* zum moderaten Modernismus griff.

Im Rückblick kann gesagt werden, daß das ‚Römertum' der Piacentini, Giovannoni, Del Debbio, Aschieri, Minnucci, Sabbatini u. a. nur ein, jedoch für Mussolini unverzichtbarer und gewichtiger Zweig der faschistischen Architekturpolitik und -produktion war. Andere wollten sie noch übertreffen, wollten Idee und Geist von Rom noch schärfer interpretieren.

Um die Hintergründe von Mussolinis Leitidee der *romanità* und der Ideologie der *Scuola Romana* sowie deren Gewicht zu verstehen, ist es nützlich, in aller Kürze daran zu erinnern, wie das antike Rom funktionierte, welche Leitbilder es prägten, um daraus abzuleiten, was daran für das Italien nach dem Ersten Weltkrieg so bedeutsam werden konnte.[6]

Zunächst fällt auf, daß der ‚Mythos' vom national-römischen Ursprung der italischen Völker wieder aufgegriffen und in der Idee der *italianità, latinità* oder *romanità* auf den Begriff gebracht wurde. Damit wurde immer wieder versucht, das Bestehen älterer Kulturen zu leugnen und beispielsweise die Spuren der Etrusker zu verwischen, obwohl gerade etruskische Bauleute aufgrund ihres hohen kulturellen und technischen Standes die ersten großen römischen Bauwerke ausgeführt hatten. Dagegen begann sich die Kultur der latinischen Stämme erst zu entwickeln. Die ‚Römer' waren ein Mischvolk, ehe sie als solche auf die politische Bühne traten. ‚Rom' war nicht einfach eines Tages da, sondern entwickelte sich langsam aus einer Gentilgesellschaft von Bauern und Viehzüchtern. Mit der Ausbreitung von Eigentum und Privilegien bildeten sich allmählich politische und hierarchische Gesellschaftsstrukturen heraus. Die Begründung ‚Roms' als Staat mit Rechtsgrundlage war der Schlußpunkt auch einer langen kulturellen Entwicklung. Es folgte die Unterwerfung des Hinterlandes, um die Versorgung der Stadt zu sichern, wozu eine starke militärische Organisation geschaffen wurde. Schon früh wurde Rom von Besitz, Vorrecht, Gesetz und Militär geprägt. Die Geschlechteraufteilung im ältesten Rom mit einem Vorsteherkönig, der zugleich Hohepriester und Feldherr war und dem ein Rat der Geschlechtervorsteher zur Seite stand, bildete die Grundlage dafür, daß

Rom mit so entfalteter Machtorganisation zum Mittelpunkt aller umliegenden Territorien werden konnte. Die Weiterentwicklung der politisch-militärischen Gesellschaft nahm die Form eines Klassensystems an. Damit konnte aus dem unterworfenen Teil genügend militärische Kraft geschöpft werden, um die Herrschaft Roms auf die ganze italienische Halbinsel auszudehnen. Schon in der republikanischen Ordnung wurden die Voraussetzungen dafür geschaffen, um das Volk in der Klassenteilung zu entmachten und zu versklaven und die Möglichkeit der Diktatur einzurichten. Schließlich war es nur noch ein Schritt zum Cäsarismus, zum inneren Terror, der absoluten Gehorsam aller Untertanen forderte. Das römische Staatswesen war wesentlich von Gewalt und Versklavung geprägt. Die Machtausübung der Träger des römischen Staates und des Rechtes war berechnend und methodisch, jeder Grundsatz von Menschlichkeit und Gerechtigkeit der Staatsraison geopfert. *Dies* war der ‚Geist Roms'. Als entscheidenden Punkt kann die Zentralisation aller Macht in Rom angesehen werden; was auf dem Kapitol entschieden wurde, galt unerbittlich bis hin zum *Limes*.

Wie stand es um die ‚römische' Kulturschöpfung? Wir verstehen jetzt, daß ‚Rom', bevor es eine eigene kulturelle Leistung vollbringen konnte, auf die Kultur anderer zurückgriff, um sie dem aristokratischen und staatlichen Bedarf zugänglich zu machen. Die Methode bestand darin, Kopisten anzustellen, transportierbare Kulturgüter aus Griechenland nach Rom zu holen und zahlreiche griechische Künstler und Baumeister ins Zentrum des Imperiums zu bringen, wo sie, von einflußreichen römischen Familien bezahlt, zu Werke gehen mußten. Die bedeutendsten Bauwerke im antiken Rom sind von etruskischen und griechischen Architekten ausgeführt worden; das Pantheon, Höhepunkt ‚römischer Baukunst', wird Apollodoros von Damaskus, einem römischen Architekten syrischer Abstammung (92–130 unserer Zeitrechnung) zugeschrieben, der die Gunst des Kaisers Trajan genoß.

Ricorso arcaico – das Leitmotiv aller Architektur-Tendenzen nach dem Auftritt der Rationalisten 1926/1927 und zugleich dasjenige Mussolinis – meinte die Idee der Rückbesinnung auf den Geist Roms bzw. die charakteristischen Prinzipien des tausendjährigen römischen Reiches. Der Zauber der antiken Kulisse, beispielsweise an der *Via dell' Impero* in Rom, wo Mussolini, hoch zu Ross, die Heldentaten der ‚neuen Zivilisation' zelebrierte und massenhaft feiern ließ, verliert allerdings seinen ohnehin brüchigen Glanz, wenn man daran denkt, wer in Roms ‚goldenem Zeitalter' diese Bauwerke errichtete – und wofür.

So gesehen, versteht man besser, warum Mussolini die Freilegung der alten Kaiserforen so wichtig war. Der Startschuß fiel 1923: Die Großzone des *Foro Romano* wurde zum archäologischen Sanierungsgebiet erklärt und als erstes das Augustus-Mausoleum isoliert. Der Regent beauftragte eine Studienkommission mit der Gesamtrevision des Bebauungsplanes von 1909. Ihr gehörten unter anderen Piacentini und Giovannoni an; die Arbeit war 1925/1926 beendet. Mussolini schrieb bereits ein halbes Jahr vor dem ‚Marsch auf Rom' in seiner Zeitung *Popolo d'Italia*: „Rom ist unser Ausgangs- und Bezugspunkt, es ist unser Symbol oder, wenn man will, unser Mythos. Wir träumen vom römischen Italien, vom klugen und starken, disziplinierten und imperialen Italien. Vieles von dem, was den unsterblichen Geist von Rom ausmachte, wird im Faschismus wiederaufleben; römisch ist das Liktorienbündel, römisch ist unsere Kampforganisation und römisch ist unser Stolz und unser Mut: 'civis romanus sum'." Als der neue Regierungschef Roms 1925 in sein Amt eingesetzt wurde, hielt Mussolini im Konservatorenpalast auf dem Kapitol eine Rede, in welcher er erklärte, daß in fünf Jahren Rom für die ganze Welt in glanzvollem Licht erscheinen müsse: „weit, geordnet, kraftvoll, wie es zu den Zeiten des ersten Imperiums von Augustus war (...). Ihr macht frei und weiterum sichtbar das Augusteo, das Marcello-Theater, das Kapitol, das Pantheon (...). Die jahrtausendalten Monumente unserer Geschichte müssen als Solitäre alles überragen." Archäologen und Architekten machten sich an die Arbeit. Historisch gewachsene Stadtviertel in der Sanierungszone, aus dem Mittelalter und der Renaissance stammend, wurden niedergerissen. Als alles freigemacht war, brauchte Mussolini eine quer über alles hinwegführende Prunkstraße zwischen dem Herzen Roms, der *Piazza Venezia* und dem *Colosseo*, eine 30 Meter breite und 900 Meter lange Paradeachse aus Beton, die, zwischen antiker Kulisse verlaufend, feierlicher Ort zur Durchführung von Massenveranstaltungen und zugleich glanzvolle Selbstdarstellung des Regime werden sollte und überdies als Kernstück der Verbindungslinie zum Meer, der *via del Mare*, gedacht war. Der spätere Wettbewerb für den *Palazzo del Littorio* wird hier seinen Bauplatz haben. Auch die neue *Via dell'Impero* war das Werk der erwähnten Kommission. In sechs Monaten wurden elf Straßen beseitigt und alle Häuserzeilen dieses proletarischen Viertels mit 5 500 Wohnungen dem Erdboden gleichgemacht. Am zehnten Jahrestag der Mussolini-‚Revolution', am 28. Oktober 1932, ritt der Duce hoch zu Roß vom *Colosseo* zum *Palazzo Venezia*, um dort auf dem Balkon die neuesten Leistungen und Errungenschaften des *Impero Romano* zu verkünden.

Das Novecento: Der abgeschminkte Klassizismus

Neben der Strömung von Piacentini versuchte eine zweite Linie auf der tradtitionalistischen Seite Fuß zu fassen und die geeignete faschistische Architektur zu formulieren: Architekten und Künstler, die sich 1919, gleich nach dem Ersten Weltkrieg, um die von Giorgio de Chirico und Carlo Carrà herausgegebenen Zeitschrift *Valori Plastici* sammelten. Ihre ideologische Ausrichtung nahm bald präzisere Konturen an, in ihrem Selbstverständnis bezeichneten sie ihre Tendenz als *Novecento*, um sich vom *Ottocento*, an das sie aber auch anknüpften, abzuheben. 1923 wurde erstmals aus diesem Kreis heraus ein bauliches Manifest realisiert: Das unter der spöttischen Bezeichnung *Ca'Brütta* bekannte Wohnhaus an der *Via Moscova* in Mailand von den Architekten Muzio, Barelli und Colonnese.

40, 41

Der Bau enthüllt einen wie abgeschminkt wirkenden Klassizismus des *Ottocento* und zeigt die ‚darunterliegenden' und ‚dahinter' und bisher verborgenen grundlegenden ‚reinen' Formen und Figuren, die, ewigen Gesetzmäßigkeiten folgend, charakteristische Bauteile bilden. Mit Konturen und Profilierungen, die an alte Meisterwerke erinnern, verpflichten sie sich der traditionellen Kuläußerung. Der Sinn dieser Transformation lag darin, die Bedeutungsträger macht- oder statusrepräsentierender Bauwerke früherer Epochen hinüberzuretten, um den neuen Funktionen unter den veränderten historischen Umständen dienen zu können. Ein erster Schwerpunkt dieser traditionsverbundenen Strömung lag in Mailand, wo im Rahmen dieser sich herausbildenden *Novecento*-Schule die Architekten Muzio, Fiocchi, G. Zanini, Ponti, Novello, Cabiati, Minali, Lancia, Magistretti, Mezzannotte, der Loos-Schüler de Finetti und andere wirkten. Weitere Zentren waren Varese, Udine usw. Hier zeigt sich klar, daß die Programmatik zwischen dem nationalen Erbe, der *italianità*, und der europäischen *modernità* hin und her pendeln sollte, um so auch die Selbstdarstellung des Lebensstils und der Vorstellungen des sich entwickelnden, expandierenden, selbstbewußten, durchs neue Regime gestärkten Industrie- und Finanzkapitals, vor allem Oberitaliens, sichtbar und spürbar zum Ausdruck zu bringen. Oder anders herum: In der Vereinfachung und Modernisierung der klassischen Elemente der Architektur und deren Gestaltungsregeln zeigte sich, wie die historisch verspätet auf den Plan getretene und jetzt dominierende Kraft des modernen Kapitalismus sich die Moderne in der Architektur wünschte.

42, 43
44

Die Bezugnahme des *Novecento* auf die metaphysische Malerei de Chiricos und deren praktische Berührungen in der Zeitschrift *Valori Plastici* nach 1919 ist für das Verständnis der Bauten und der vom

Novecento ausgehenden Polemik gegen die Rationalisten von Bedeutung. Wie die Projekte der *Scuola Romana* oder die futuristische Phantasiestadt Sant'Elias, so waren auch die Bauten der *Novecento*-Tendenz Manifeste und Programme. De Chirico nahm in der Malerei schon vor dem Ersten Weltkrieg vorweg, was in der Architektur erst später, Mitte der zwanziger Jahre, etwa in Muzios *Ca'Brütta* zu materialisieren versucht wurde: Die Überwindung und Befreiung vom überschwenglichen *Liberty*, der sich an die Wiener Secession anlehnte, und vom Eklektizismus, der unter König Umberto seine Blüten trieb und im *Vittorio-Emmanuele*-Denkmal an der *Piazza Venezia* in Rom, als ‚Altar des Vaterlandes' verschrien, zum Siedepunkt gebracht wurde. De Chirico thematisiert den durch die Industrialisierung gegebenen Verlust der ursprünglichen direkten, ‚romantischen' Beziehung des Menschen zur Natur mit der Darstellung der Geschichte als Szenerie, wie sie einzig noch dem Menschen bleibt: Er ist auf sich selbst zurückgeworfen. Die Stadt, die de Chirico malt, ist das neue Habitat des Menschen; sie ist größer, weiter, idealer als er selbst — sie ist sein metaphysisches Universum. De Chirico zeigt Roh- und Urformen, Orte wie den ursprünglichen Torbogen, Straßenwinkel; seine Volumen beanspruchen Elementarität, Absolutheit, Universalität: Der Klassizismus des 20. Jahrhunderts. Stadt und Lebensraum de Chiricos sind das Gegenstück zur Stadt des Futurismus, die ein Kraftwerk, eine gewaltige und technische Maschine ist; die futuristischen Bilder zeigen Arsenale, Explosionen, Fabrikschlote, Baustellen, Verkehr, Tumulte, Krieg. Beiden gemeinsam ist die Totalität und Universalität des menschlichen Um-Raumes. Doch de Chiricos Bilder strömen Ruhe aus, sie verweisen auf die abseits des Maschinenzeitalters liegende und doch verdichtete Urbanität ausströmende Renaissance-Stadt Ferrara, wo der Maler die ersten beiden Kriegsjahre intensiv arbeitend verbrachte. Es ist die klassische, traditionsorientierte Haltung der Idealisierung realer Gegebenheiten, der metaphysische Vorschlag, wie sich der Mensch im neu gestalteten Universum definieren und begreifen könne. Die aus seinen Bildern sprechende Selbstgenügsamkeit traf ein Bedürfnis der neu aufsteigenden Klasse Italiens. Das unerbittliche Räderwerk der *città futurista* wird bei de Chirico in elementare, verständliche und begreifbare Bestandteile zergliedert und zerlegt: Türme, Arkaden, Säulen, Sockel, Plätze, Gärten, Gebäudevolumen, Materialmassen, die zusammen den urbanen Raum, den abstrakten *genius loci* definieren; die auf archaische Figuren reduzierten Volumina sind die Totems der neuen Welt, im leeren Zwischenraum werden korpulente, götterähnliche, erstarrte Wesen plaziert.[7]

36, 37

Die Architekten des *Novecento* und Erben der *metafisica* werden zu denjenigen Architekten des Regimes, die zwar mit einfachen Bogen, Säulen und elementarer Volumetrie die Klassik im neuen Jahrhundert akzeptabel machen, dies jedoch nicht in bezug auf antike Vorbilder, sondern auf programmatischer Basis im Sinne vertrauter Bilder und Figuren und dem Wunsch nach Ruhe, Einfachheit und Sorglosigkeit nachkommend, ohne auf Repräsentation und Eleganz zu verzichten.

Der Architektur- und Kunstkritiker Cesare de Seta unternimmt in seinem Buch über die Architekturkultur der Zwischenkriegszeit den Versuch, Berührungspunkte zwischen *Valori Plastici* und der holländischen *de Stijl*-Bewegung festzumachen. Anlaß dazu bietet ein Artikel von Theo van Doesburg in der italienischen Zeitschrift vom April/Mai 1919, in welchem der Holländer den architektonischen Raum thematisiert. Gerade dieses Arbeitsfeld der Moderne, das Synthetisieren von Grundriß, Schnitt und Raum, in dem die holländische Avantgardebewegung *de 8, opbouw* und *de Stijl* europäische Pionierarbeit geleistet hat und die um die Jahrhundertwende in Wissenschaft und Kunst gefundene Raum-Zeit-Verschränkung zur architektonischen ‚Transparenz', der Gleichzeitigkeit in Raumwahrnehmung und Raumerlebnis entwickelt und zu materialisieren versucht hat, findet man in der metaphysischen Architektur und Kunst jedoch nicht. Die Malerei de Chiricos konzentriert sich auf die Komposition von Figuren im leeren, perspektivisch zugespitzten Raum. In den *Novecento*-Bauten fehlen die inneren räumlichen Beziehungen der Projekte van Doesburgs und van Eesterens, und auch die Innen-/Außenraum-Verschränkung eines Rietveld wird nicht thematisiert. Im Unterschied zu den Raum-Experimenten etwa der holländischen Strömung, die immer auch eine soziale Dimension besaßen, war die italienische Moderne durch eine Staatsmacht herausgefordert, die andere Aufträge zu vergeben hatte und andere Ziele verfolgte: Nicht räumliche Qualitäten, sondern harte Volumina und wirkungsvolle Fassaden waren gefragt; nicht die innenräumlichen Beziehungen, die den sozialen und gesundheitlichen Anforderungen folgten, wie sie beispielsweise Adolf Loos (im Zusammenhang mit der Lage des Schneidergewerbes) im Haus am Michaelerplatz in Wien (1910–1911) verwirklichte, wurden zum Anliegen des Loos-Schülers de Finetti: Das klassizistisch aufgerissene Bild des moderat-modern konturierten Gebäudevolumens im Werk dieses Mailänder Architekten und Vertreters der *gruppo novecentista* war ideologisch als Manifestation wirkungsvoller als die Raumgestaltung über den Schnitt, was der Wohnqualität im Innern und den Bewohnern gedient hätte. Die *Novecento*-Architekten haben diesen Auftrag angenommen. Hier kann, in Übereinstimmung mit de Seta, festgestellt werden, daß die *Novecentisti* in erster Linie auf die Wiederherstellung des Prinzips der Ordnung in der Architektur aus waren und den ‚schlechten Geschmack' von *Liberty* und Eklektizismus bekämpften. Ihre Bauten waren Demonstrationen in der Form eines nach außen wirkenden Stils, wie er in der neuen politischen Situation erwünscht war. Sie wollten die Kontinuität der Stilmerkmale des Landes wahren, jedoch bezüglich Volumetrie und Fassadengestaltung in vereinfachter Art der Figurbildung. Das bevorzugte Arbeitsfeld war der urbane Kontext ihrer Auftraggeber, und so entwickelte sich die *Novecento*-Tendenz schließlich immer weiter weg von der entrückten Welt eines de Chirico und hinein in den faschistisch geprägten Rahmen.[8]

Der Razionalismo: Eroberung des faschistischen Darstellungsraumes

Der *Gruppo 7*, dessen Initiatoren das Wirken der *Novecento*-Tendenz in den polytechnischen Hochschulen kennenlernten, beobachtete, wie sich Mailand und Rom, aber auch Provinzstädte wie Varese, Udine usw. mit den Bauten des moderaten Neoklassizismus schmückten. Die Ablehnung dieses Stils durch die Rationalisten, seine Charakterisierung als sterile Architektur ohne Dynamik, die man nur noch mit dekorativer Applikation retten könne, wie es einleitend in der ersten Schrift des *Gruppo 7* hieß, war nicht einfach emotional begründet, sondern war genau bedacht. Wenn Mussolini sich in strahlendem Glanz aus dem chaotischen Trümmerfeld Nachkriegsitaliens erheben und sich von den Fesseln des früheren politischen System lösen sollte, das ja inmitten des *Ottocento*-Stilchaos wuchs, dann brauchte er zur Prägung seines Darstellungsraumes auch einen neuen Stil. Weder einen neu geschminkten *Stile Liberty* noch ein abgeschminktes *Novecento*, sondern grundlegend Neues, mit europäischer Dimension. Dies dem Duce vorzutragen, war die Absicht des *Gruppo 7*. Man verfaßte dazu die vier programmatischen Schriften, die im fünften Jahre nach der Machtergreifung Mussolinis, in der Wende der Jahre 1926/1927 publiziert wurden.

Die Chancen standen nicht schlecht. Denn seit 1922 waren die Bauten der *Scuola Romana* und des *Novecento* zahlreich aus dem Boden geschossen und grundlegend Neues war an ihnen nicht zu entdecken. Dagegen galt es für die Rationalisten anzutreten: „Gegen das Alte oder, schlimmer noch, das falsche Neue."[9] Die in den vier Schriften geprägte Formel vom ‚neuen Geist' umfaßte einen aufgeklärten, rationalen Stil mit kristallreiner, geometrischer, aus der Antike abgeleiteter Figurbildung, wie auch die Orientierung zur europäischen Moderne. Beides sollte auf nationalem italienischen Boden wachsen;

Italien sollte dem *spirito nuovo* zu höchster Entfaltung und zu breitester Anwendung verhelfen, um schließlich den anderen Nationen, „wie in den großen Epochen der Vergangenheit", den neuen Stil zu diktieren. Der Rückgriff auf die Klassik, wie dies die Piacentini und Muzio, je auf ihre Weise, stilistisch betrieben, genügte zwar den Bedürfnissen und dem Geschmack der Auftraggeber des städtischen Bürgertums, reichte nach Ansicht des *Gruppo 7* jedoch nicht, um die nationale Macht zur Geltung zu bringen und den ‚neuen Geist' der neuen Machthaber bis in die hintersten und tiefsten Winkel des Reiches zu tragen und den Hegemonialanspruch des Faschismus Stein werden zu lassen, womit jedermann jederzeit in Erinnerung gerufen werden sollte, welchen Zielen die Arbeit, die Freizeit, die Erziehung, die Ertüchtigung zu dienen hatte. Dazu mußte schon der direktere Bezug zu den elementaren Merkzeichen des alten Rom hergestellt werden. Kolosseum und Maxentuis-Basilika, Caracalla-Thermen und Augustus-Forum hatten, wie alle anderen Zeugen aus der großen Zeit des *Impero Romano*, nicht nur als Kulisse zu gelten; aus ihren Trümmern mußte der Geist der Erhabenheit und Überlegenheit zu neuem Leben erweckt werden. Der *ricorso arcaico* war also im Verständnis der Rationalisten nicht nur ein Rückgriff auf die Antike als Museum, als eine Frage des Stils, sondern eine Frage der Haltung: Der ‚Geist Roms' sollte wieder lebendig werden. Individualismus und Internationalismus, wie sie noch die Futuristen der ersten Stunde pflegten, mußten bekämpft werden. Universalität und Totalität wurden (auch hier!) zu neuen Werten der Architektur erhoben. Repetition, Selektion und Perfektionierung von elementaren Bautypen und Konstruktionsteilen sollten methodische Leitlinien der neuen Architektengeneration sein. Was und wer diesen Kriterien nicht genügte, schied aus. Beispielhaftes Vorbild dieses ‚Reinigungsprozesses' war für den *Gruppo 7* das Kolosseum, das mehr als nur die Ausführung des Bedürfnisses nach einem Amphitheater in der damaligen Kaiserzeit ausdrückte; dieser kraftvolle Bautyp bedeutungsvollen Inhalts wurde als Herrschaftszeichen in die Welt hinausgetragen und in seiner Einfachheit vervollkommnet, so daß es „für uns heute eine plastische Form darstellt, die vollkommen unabhängig vom Zweck, für den sie erschaffen wurde, einen absoluten monumentalen Wert besitzt".

Die Männer der *Architettura Razionale*, die sich als *Gruppo 7* und 1928 im *Movimento Italiano per l'Architettura Razionale (MIAR)* konstituierten, unternahmen mit ihrem Programm einer neuen Architektur alle Anstrengungen, um Mussolini zu einer für die Selbstdarstellung des Faschismus geeigneten Baukultur zu verhelfen — und nicht zuletzt, um Aufträge zu erhalten. Der Duce war beeindruckt, reagierte zwar mit Verzögerung erst 1931, doch war seine Haltung deutlich: Auch diese Tendenz konnte ihm nützlich sein. Im folgenden soll untersucht werden, mit welchen ideologischen und architektonischen Konzeptionen die Rationalisten antraten und arbeiteten und wo die Anknüpfungspunkte an die kulturpolitischen Leitlinien Mussolinis lagen, die schließlich dazu führten, daß die *Architettura Razionale* zum Bestandteil der faschistischen Kultur wurde. Dies soll anhand der programmatischen Texte in den *note* des *Gruppo 7* und, exemplarisch, in einem Exkurs mit einer Analyse des faschistischen Parteipalastes von Giuseppe Terragni in Como (1932–1936) versucht werden.[10]

Casa del Fascio (Como): Prototyp und Höhepunkt der Architettura Razionale

Antichità
Seit den griechischen Philosophen des fünften und vierten Jahrhunderts vor unserer Zeitrechnung gelten die elementaren Körper und Figuren Kugel, Kegel, Zylinder, Pyramide, Quader und Würfel als unumstößliche Wesenheiten harmonischer Weltgesetzlichkeit. Mathematisierung und Geometrisierung der Natur erschienen damals nicht als von Menschen ausgedacht und erklärt, sondern als gefundener Bestandteil göttlich-ewiger Wahrheit; diese war vom Menschen lediglich anzunehmen, zu reproduzieren und so zu materieller Vollendung zu bringen. Es erstaunt nicht, daß die Bauwerke der Herrscher aller Zeiten jede elementaren Grundformen aufweisen mußten: Als materialisierte Umsetzung ewiger Gesetze waren sie Bedeutungsträger vom Menschen nicht zu bemächtigender Gestaltungskräfte. Hier ist zu vergegenwärtigen, daß Bauwerke – Tempel, Basiliken, Stadien oder Paläste – durch ihre zwingende Sichtbarkeit, ihre materielle Präsenz und ihre physische Spürbarkeit, durch Lagebestimmung und Materialwahl immer auch Demonstrationsorte von Macht sind. Zweieinhalb Jahrtausende später schrieb der *Gruppo 7*, daß die Architektur, welche den Namen ‚Roms' mit Weltruhm erfüllte, auf diesen wenigen elementaren Bautypen basierte, diese wiederholte und im Selektionsprozeß perfektionierte. Terragni und seine Gruppe setzten diese Sicht direkt in ihre Arbeit um: Absolute Begrenzung der Zahl der verwendeten Bauelemente, maximale Perfektion in ihrer materiellen Ausgestaltung, abstrakte Reinheit ihrer Zusammensetzung. Was bedeutet dies nun im Hinblick auf die *Casa del Fascio* in Como? Der Bau ist nicht nur mit einer Seitenlänge von 33,20 Metern (Abweichungen: ± 5 cm) und einer Gebäudehöhe von einer halben Seitenlänge genau als halber Würfel proportioniert, sondern

auch in allen Kanten und Eckpunkten des Quaders materiell präzise definiert, also als Elementarform ablesbar. Die ausgestanzten ‚Löcher' in Fassadenfront und Dachgeschoß, aber auch im Innern folgen rhythmischen Regeln; die Gliederung des Volumens gehorcht einem horizontal und vertikal strengen und einfachen Takt. Auf diese Weise werden Teilquader geschaffen, die den Gesamtkörper ausmachen. Die dadurch entstehenden Raumzellen, seien sie umschlossen oder offen, sind wiederum durch materielle, statisch wirksame Elemente wie Stützen, Träger und Platten in ihren Kanten, Ecken und Flächen genau determiniert. Jeder Teilquader hat eine eigene Funktion: Er ist Büroraumzelle, Teil der Erschließungszone, umfaßt im Verbund mit anderen Einheiten Versammlungsräume, auch die große Innenhalle bildet den Rahmen für den Durchblick zum Dom, zur *Città murata* (*centro storico*) oder gegen den Himmel. Obwohl die Aufteilung und der Rhythmus der Grundfigur Eigengesetzlichkeiten und Asymmetrien folgen, ergeben sich im Gesamtzusammenhang wirksame reguläre Figuren in Teilbereichen, welche die Gesamtordnung widerspiegeln und variantenreich in neue Qualitäten umsetzen. Wie der Leser sicher bemerkt hat, sind wir unübersehbar den Regeln der Baukunst des alten Vitruv gefolgt, indem wir versuchten, die Interpretation des Zusammenspiels von ‚firmitas' (Festigkeit), ‚utilitas' (Zweckmäßigkeit) und ‚venustas' (Anmut) im materiellen Aufbauprinzip der *Casa del Fascio* herauszuschälen.[11] Ist dieser elementare Bautyp des halben Würfels Überbringer und *messaggio* der ägyptisch-griechisch-römischen Antike? Hat die *Casa del Fascio* eine antike Komponente? Wesentliche materielle Elemente, die den Bau konstituieren, verweisen auf die Antike und wurden von Terragni bewußt als Entwurfsfaktoren mit dieser Erinnerungsbedeutung eingesetzt.

Durch alle vier Schriften des *Gruppo 7* zieht sich die Bewunderung für die Einfachheit, Klarheit und Einheitlichkeit antiker Bauten. Gleich zu Beginn des ersten Aufsatzes reihen sich die Autoren in die Promotorengruppen umwälzender Epochen, wie des *Quattrocento*, des Beginns der Renaissance ein, als es darum ging, unmittelbar Vorausgegangenes definitiv zu verabschieden und einen neuen Stil und eine neue Lebensauffassung zu entwickeln. Genau in eine solche Situation sahen sich auch die Rationalisten unter den veränderten gesellschaftspolitischen Umständen im Italien der Nachkriegszeit gestellt: Als italienische Avantgarde des *Movimento Moderno* forderten sie eine Neuorientierung der Architektur, eine Neuformierung der Kultur, eine Reorganisation der Zivilisation. Mit diesem programmatischen Absolutheitsanspruch traten sie an — und trafen sich mit demjenigen Mussolinis. Das *Colosseo Romano* beispielsweise verkörpert in einsamer Deutlichkeit für die Rationalisten wie für Mussolini Ordnung und System schlechthin. Die Rückkehr zum Urtümlichen, zum Archaischen (*ricorso arcaico*) und zugleich die Schöpfung neuer archaischer Werte ist nach Auffassung des *Gruppo 7* die notwendige Haltung, um mit der Unordnung und Ungewißheit der Ideen, Tendenzen und Stile (Klassizismus, Eklektizismus und *Liberty*) aufzuräumen. Andererseits war das Kolosseum für Mussolini Fixpunkt einer neuen Aufmarschachse quer durch die antiken Kaiserforen, die noch von den Ärmsten Roms bewohnt waren, und zugleich historisches Symbol künftiger Massenmobilisierung. So forderte er von den Kulturschaffenden: „Es ist notwendig, das Massentheater vorzubereiten, herzurichten, das Theater, welches 15 bis 20 Tausend Personen aufnehmen kann." Er appellierte an die italienische Intelligenz, daß jede Form von Kunst und Denken sich in richtiger und tiefgreifender Interpretation der neuen Zeit, der Zeit der faschistischen Revolution, manifestieren müsse.[12] Der Bezug zu den Denkmälern der Ahnen und Zeugen des imperialen Rom war eine der Möglichkeiten, von der nach dem Ersten Weltkrieg herrschenden und vom Faschismus nicht zu beseitigenden sozialen Not und vom kollektiven Unmut abzulenken: Ein Römer, auch wenn er arbeitslos ist und seine Wohnung verliert, weil der Duce eine Prunkstraße durchs Armenviertel bauen ließ, bleibt immer noch ein Römer — stolz, edel, heldenhaft und besser als alle Nicht-Italiker. So wie einst mit Brot und Spielen die Unzufriedenheit der Untertanen kompensiert wurde, so fiel den großen nationalen Projekten und Eroberungskriegen diese Funktion zu. Die Inthronisierung des nationalen Kulturideals hatte Erfolg. Die antike Orientierung im Denken und die elementare geometrische Grundlegung, wie sie die Architektur Terragnis und der anderen Rationalisten auszeichneten, waren notwendige und für sie selbstverständliche Verbindungsglieder zum italienischen Faschismus als dem Auftraggeber und staatlichen Organisator des Kulturbetriebes.

Die *antichità* — Wahrheit, Logik, Abstraktheit und Klarheit — gehört zu den konstituierenden Merkmalen des ‚neuen Geistes' der *Architettura Razionale*. Materialisiert in Form von Architektur bedeutet der ‚*spirito nuovo*' neben Ordnung auch Unterordnung: Verwirklichung absoluter Formen, Verwendung einfachster Elemente und perfekte Ausführung gelten als Kriterien des zu vereinheitlichenden Architekturstils, der allgemeingültig und epochenunabhängig ist: „Die Architektur kann nicht mehr individuell sein. Im vereinten Bemühen, sie zu retten, sie auf die strengste Logik zurückzuführen und sie unmittelbar abzuleiten aus den Anforderungen unserer Zeit, muß die eigene Persönlichkeit geopfert werden." In diesem ‚hygienischen' Prozeß der Architekturentwicklung kommt der faschistischen Periode eine wichtige Bedeutung insofern zu, als Terragni sie in historische Epochen der Architektur einreiht, in welchen diese „über die gewohnten und verfestigten Beziehungen der Funktion und der Nützlichkeit hinausgehen kann, um sich auf diese Weise unabdingbar einer poetischen Ergriffenheit und Begeisterung über die politischen Ereignisse, die militärischen Siege oder die revolutionären Eroberungen anzuschließen".[13] Dieser ‚römische' Anspruch auf Totalität, dieser faschistische Anspruch auf Integration, den Terragni kurz vor Eröffnung der *Casa del Fascio* auch für die Architektur erhebt, mündete im Italien Mussolinis in Gewaltherrschaft nach innen und Krieg nach außen, einem Krieg, dem auch Terragni zum Opfer fiel.

Rinascità
Die elementare Geometrisierung des Volumenaufbaus der *Casa del Fascio* ist eine erste Grundlage für das Verständnis des Baus. Wir haben gesehen, daß sie zugleich unmittelbare und sichtbarste geschichtliche Komponente, sowie eines der ideologischen Verbindungsglieder zum italienischen Faschismus und weiter zum alten Rom ist. Darüber hinaus erkennen wir eine Raumbildung, die im Unterschied zur Volumenbildung nicht nach antikem Muster festgelegt ist; dort wurde der Raum mit Hilfe fester Regeln aus einer bestimmten, einem Bautyp zugeordneten Grundrißorganisation heraus abgeleitet; hier sind die raumbildenden Elemente nebst dem Grundriß die beiden Hauptschnitte. Was bedeutet das? Die antiken Regeln sind nicht mehr absolut, feststehend und unabänderlich: Die Determinanten des Raumes werden operational gemacht, jeder geometrische Ort des architektonischen Raumes wird nach eigengesetzlichen Regeln definiert, er wird als gestaltbar aufgefaßt. Wir finden diesen Qualitätssprung des räumlichen Denkens in der Renaissance, als sich das Schaffen der Architekten als Teil der Wissenschaft konstituierte und so zum Rationalismus tendierte, während es der Philosophie oblag, den — ökonomisch fundierten — Begründungszusammenhang zu liefern.[14] Als Beispiele dafür stehen der *Palazzo Farnese* in Rom und etwa das Florentiner Findelhaus. Terragni demonstriert in der *Casa del Fascio* die Operationalität des Raumes. Die Schöpfung räumlicher Einheiten aufgrund handhabbarer mathematischer Universalregeln, wie uns das die Architekten des *Rinascimento* vorführten, macht auch er zu einer Komponente des Entwurfs. Als Grundlegung der Materialisierung des Raumes führt Terragni ein dreidimensionales, statisch tragendes Stabgitter ein, welches, dem volumetrischen Aufbau der einzelnen Nutzungskörper folgend, jeden Ort des Raumes materiell definiert.

Die mathematische Erschließung des Raumes, die Schöpfung räumlicher Gesetz- und Regelmäßigkeiten sowie die Entdeckung räumlicher Möglichkeiten sind geistige Handhabung wie auch materielle Ableitungen aus einer philosophischen Anschauung, die an der Mitte des 15. Jahrhunderts neu errichteten platonischen Akademie am Hofe des Cosimo di Medici in Florenz ihren Ausgangspunkt hatte. Welches waren die ökonomisch-materiellen Grundlagen einer derart veränderten Philosophie und was haben Terragni und die anderen Rationalisten des *Gruppo 7* damit zu tun? „Das Land, worin dergleichen beginnt, ist nun mit ökonomischem Grund Italien. Es ist auch das Land, in dem die heidnische Antike, die von der mittelalterlichen Gesellschaft überwunden worden war, überall noch herumstand und nirgends ganz vergessen wurde, so daß eine Anknüpfung an die heidnische Welt, die Welt des Diesseits, am leichtesten möglich war (...)."[15] Diese von Ernst Bloch umrissene, entscheidende Wende in der Geschichte von Kultur und Denken sahen auch die Autoren des *Gruppo 7*: Sie stellen die „Männer des *Quattrocento*" überhaupt an den Ausgangspunkt ihrer Schriften und verbinden sich mit deren anfänglichem Gefühl der „Orientierungslosigkeit". Eine Anlehnung an jene Epoche des expansiven Florenz des 14. und 15. Jahrhunderts erachtet der *Gruppo 7* nicht als allzu kühnen Vergleich, „denn auch wir stehen an der Schwelle zu einer großen Epoche".

Terragni entwickelte die *Casa del Fascio* als architektonisches Einzelobjekt nicht nur auf der Grundlage abstrakten rationalen Denkens. Er erkannte die politische Tatsache des Faschismus, reihte seinen Bau in die Konfiguration der versammelten Objekte der herrschenden Mächte ein und nahm selbst auf die Figurbildung des Stadt-Umbaus in Como entscheidenden Einfluß. Ein interessanter Hinweis in der ersten Schrift des *Gruppo 7* auf Francesco de Giorgio Martini (1439–1501), dessen Architekturzeichnungen bewundert werden, führt uns auf den historischen Bezug des stadträumlichen Denkens: Auf die Geometrisierung des Stadtplans, die hierarchische Organisation und die Lage der Gebäude nach ihrer politischen und ökonomischen Bedeutung bei gleichzeitiger Anpassung an gewachsene Strukturen. Traditioneller Stadtkern und installierte Macht werden von Terragni respektiert: „Besonders bei uns existiert ein so starkes klassisches Substrat, der Geist der Tradition (nicht die Formen, das macht einen Unterschied) ist in Italien so tief verankert, daß ganz offensichtlich, und in fast mechanischer Weise die neue Architektur gar nicht anders kann, als eine für uns typische Prägung zu erhalten." Mit dieser Sicht beabsichtigten Terragni und seine Gruppe *CM8* (Bottoni, Cattaneo, Dodi, Giussani, Lingeri, Pucci, Uslenghi) im Wettbewerbsprojekt 1934 und im Raumordnungs- und Stadterweiterungsplan Comos, der 1937 daraus folgte, Como umzubauen, auszurichten und zu restrukturieren und die Bauten der geschichtlich wirksamen Mächte — wie ehedem — neu zu ordnen: Die *Casa del Fascio* als Sitz der Staatspartei, den Dom als Objekt der mit ihr institutionell verbundenen kirchlichen Macht, sowie die in der *nuova città* zusammengefaßten geplanten Paläste des industriell-finanziellen Machtkomplexes, welcher die ökonomische Grundlage des italienischen Faschismus abgab. Diese Objekte beherrschen den engeren Stadtraum an der Nahtstelle zwischen Alt- und Neustadt und umstellen die weite *Piazza dell'Impero*, die für Massenkundgebungen vorgesehen war. Zu einer solchen Konstellation lieferten die Architekten der Renaissance genügend Vorbilder. Die Paläste der herrschenden Mächte wurden gebührend paziert und stadtraumbildend eingesetzt: So prägen sie das Bild der Stadt; als Bedeutungsträger verweisen sie auf die anderen Objekte, und gemeinsam formen sie das plastische und ideologische Abbild der damaligen Zeit. Neu bei Terragni wie überhaupt bei den Stadt-Umbauten im Italien der dreißiger Jahre war die gewaltsame Manifestation der um jeden Preis Herrschaft aufbauenden Staatspartei des Faschismus, die Darstellung des Bündnisses mit der bisher dominierenden Kirchenmacht und somit die bewußte Orientierung des Parteipalastes auf den Dom, bzw. das dramaturgische Einbeziehen des Domes in den Objektrahmen der *Casa del Fascio*. Terragni umreißt die Gestaltung des Ortes und seinen situationistischen Eingriff wie folgt: „Alle typischen Gebäude des Regimes müssen um einen weiten Platz, der die logische und natürliche Fortsetzung des historischen Domplatzes ist, organisch und intelligent vereinigt werden."[16] Die Raum-Theorie und die Bilder der stadträumlichen Figursetzung erschließen uns die spezifische Raum-Organisation der *Casa del Fascio* und deren Einordnung als Objekt der Macht in den Stadtraum Comos; sie gehören zugleich zu den konstituierenden Elementen der Renaissance-Kultur.

Modernità

Wir haben behauptet, daß die *Casa del Fascio* nicht nur ein Bau der Moderne ist — aber er ist auch ein Bau der Moderne. Die Beauftragung Terragnis erfolgte 1928 durch den Sekretär der faschistischen Föderation Comos, der Terragni erklärte, daß die Architektur des neuen Gebäudes „rein modern" sein könne.[17] Dabei spielt die Zeitepoche (1932—1936), in der der Bau projektiert und realisiert wurde, eine wichtige, jedoch nicht ausschlaggebende Rolle. Es ist die Zeit der *CIAM*, der im schweizerischen Schloß La Sarraz 1928 gegründeten Internationalen Kongresse für Neues Bauen, wo auch Terragni, anläßlich des vierten Kongresses in Athen am 31. Juli 1933 seinen Auftritt mit dem *piano regolatore* von Como hatte. Andererseits ist zur selben Zeit auch traditionell gedacht und gebaut worden, in Italien im Rahmen der *Scuola Romana*, und so hätte auch eine viel ‚römischere' Manifestation entstehen können.

Was sind nun die konstituierenden Elemente der *Casa del Fascio*, die sich auf die Moderne beziehen? Die drei Nutzkörper der Büroräume, Erschließungsvolumina und der Innenhalle mit der Loggienfront schlüsseln die Funktionalität des Gebäudes auf. Sie sind dreidimensional verschränkt, so daß vielfältige räumliche Beziehungen entstehen. Die Innenhalle bezieht die um sie herum angeordneten Gänge als offene Raumschicht in ein Raumganzes mit ein; die eigentlichen Nutzungsräume (Bürozellen) sind ringsrum angeordnet und machen Innenhalle und Außenraum gleichzeitig erlebbar. Dadurch wird ein verschlüsselter Raum wirksam. Der Weg von außen nach innen und umgekehrt durchstößt verschiedene Raumschichten, die der aufmerksame Besucher erleben und nachvollziehen kann; auch die Innenhalle selbst vermittelt räumliche Verbundenheit in der Horizontalen (gegen den Dom) und in der Vertikalen (gegen den Himmel). Mit diesen Feststellungen stehen wir anscheinend schon mitten in einer ersten Thematik der europäischen Moderne. Das gleichzeitige Erleben verschiedenartiger Raumorientierungen, die räumlich gefaßte Gleichzeitigkeit, die Transparenz, war moderner Versuch, Bewegung, Zeit und Dynamik in die Architektur einzubringen und so materiell-baulich zu organisieren, was die direkten Vorläufer des Kubismus und die kubistischen Versuche von Futuristen (beispielsweise Boccioni) vorgedacht und vorgeführt hatten.

Für Terragni ist die *Casa del Fascio* ein ‚Glashaus': Die vollkommene Durchsichtigkeit gewährleistet die gegenseitige Kontrolle der faschistischen Funktionäre wie auch des Publikums: „Die Bürokratie hat hier keine Existenzberechtigung mehr." Terragni verweist in dieser Stellungnahme zur *Casa del Fascio* kurz vor der Eröffnung 1936 darüber hinaus auf eine entsprechende Deklaration Mussolinis (*"Il Fascismo è una casa di vetro"*) und folgert daraus, daß „dieser Satz im übertragenen Sinn auf die Eigenschaften des Organischen, der Klarheit und Ehrlichkeit in der Konstruktion hinweist und sie vorzeichnet".[18] Die einzelnen Nutzungskomponenten sind von außen wie auch vom Innern her direkt ablesbar; als Beispiele dafür stehen die frontalen Loggien und der rückwärtige Durchstoß der Nebentreppe. Der rudimentäre Funktionalismus demonstriert hier seine Nähe zu den in der europäischen Moderne vertretenen Stilmitteln und den dort entwickelten neuen Möglichkeiten des Bauens. Die konstruktive Ehrlichkeit, das materialisierte Abbild der Nutzungen und die manifestierte Raum-Zeitlichkeit sind also auch Merkmale des italienischen Rationalismus; sie führen uns direkt an die international gültigen Konturen der Moderne heran. In den Worten von Alfred Roth: „Die Ehrlichkeit, mit welcher alle Fragen behandelt werden, drückt sich im klaren räumlichen Aufbau, in der einheitlichen Konstruktion und in der materialgerechten Verwendung der Baustoffe aus. Räumliche und konstruktive Klarheit sind die unmittelbaren Voraussetzungen für die Schönheit eines Bauwerkes."[19]

Die Umsetzung dieser Programmatik von der Theorie der *Architettura Razionale* in die Praxis des Baus zeigt am Beispiel der *Casa del Fascio*, daß die Moderne hier dennoch nicht durchdringt; während der Eisenbeton, das Material der Moderne, statisches ‚Gerüst' bleibt, verleiht der weiße Marmor, das Material der ‚Alten', dem Gebäude den äußeren Glanz und die wirkungsvolle Fassade. Die Verkleidung des Betonkerns mit Marmorplatten hat einen ideologischen Grund, ist Programm: Programm der speziellen Ausrichtung der modernen Bewegung in Italien.

Auch Le Corbusiers *cinq points*[20] werden in den Schriften des *Gruppo 7* behandelt und als grundlegende Elemente der neuen Architektur bezeichnet. Diese Erkenntnisse sind, unabhängig von den Nationen, als Resultate des funktionalen Denkens international anwendbar und von „absolutem Wert". Neben Le Corbusiers *tendenza matematica* findet die deutsche Moderne mit Behrens, Mies, Mendelsohn und Gropius in den Schriften anerkennende Beachtung, auch die holländische Schule von Rietveld und Duiker und ebenso die architektonische Erneuerungsbestrebung um die Gebrüder Vesnin in der Sowjetunion. Der *Gruppo 7* sieht in allen diesen Strömungen den *spirito nuovo*, der sich in logischen und rationalen Lösungen analoger Probleme, die sich auf der ganzen Welt stellen, äußert und traditionsbewußte Neuerungen in Architektur, Kunst, Kultur und globaler Zivilisation umfaßt. Sind nun beispielsweise die fünf Punkte der Theorie der Moderne curbusianischer Tendenz in der *Casa del Fascio* auch konkret verwirklicht? Ein wesentlicher Punkt, die Erschließung neuer räumlicher und konstruktiver Möglichkeiten mit Hilfe der aufs statische Minimum reduzierten Lastabtragung auf Stützen aus Eisenbeton und der aufs Maximum gestreckten horizontalen Spannweite mittels Trägern aus eben diesem Material führt in der europäischen Moderne zum *plan libéré* und zur *façade libre*: Zur freien Grundrißgestaltung, zu inneren, mehrstöckigen räumlichen Beziehungen und zur vorgehängten Fassade. Die italienische Moderne, wie sie in der *Casa del Fascio* repräsentiert ist, geht nicht so weit. Sie übernimmt nur das Material und setzt seine Eigenschaften zwar ein, ist jedoch nicht bereit, die freigeschaffenen Möglichkeiten auszuschöpfen; sowohl die nichttragenden Zwischenwände, Gliederungs- und Zonierungselemente, als auch die Fassadenteile werden als Ausfachungen streng nach dem einmal festgelegten Tragwerks- und Bandraster ausgerichtet. Der Griff über das Gegebene und Bewährte, über die bisherige Raumzellenkomposition hinaus wird nicht vollzogen, die festen Werte vergangener Perioden nationaler Prägung bleiben weiterhin bestehen. Die italienische Tendenz der Moderne setzt andersgeartete Schwerpunkte. Nach Auffassung des *Gruppo 7* sind in der Moderne antike Perfektion, hellenistische Reinheit und römische Beschränkung auf das Minimum elementarer Formen von absoluter Gültigkeit als primär zu erkennen. Ordnung, Klarheit, Logik sind für ihn die konstituierenden Merkmale der Moderne und zugleich des *spirito nuovo*; Ordnung, Autorität, Gesetzlichkeit sind die ideologischen Entsprechungen, die an einer Tafel in der Innenhalle der *Casa del Fascio* durchschlagenden Ausdruck finden. Andererseits ist die Bezugnahme auf die Elementarkörper der Antike auch bei Le Corbusier Grunderlebnis und Ausgangspunkt der Architektur. Das von ihm bewunderte ‚Rom' bedeutet für ihn: „Die Geometrie, die unerbittliche Ordnung, Krieg, Organisation, Zivilisation."[21] Die grundlegenden Formen haben einer neuen Bedeutung zu genügen: Die Kristallklarheit des modernen Quaders ist für Le Corbusier wie auch für Giuseppe Terragni nicht nur Rückgriff auf die Antike, sondern Leitmotiv und Ausdruck der neuen Zeit, der neuen Architektur, des neuen Stils, des *esprit nouveau* wie des *spirito nuovo*. Hier sind die Berührungspunkte des italienischen Rationalismus mit der europäischen Moderne curbusianischer Provenienz deutlich. 74

Die Aufrichtigkeit in Konstruktion und Material und die Sichtbarkeit des Tragskeletts führte bei anderen zu einer demonstrativen Unabhängigkeit der Trenn- und Zwischenwände vom Tragwerk, zum frei gestalteten Grundriß, zu einer Fassadenhaut, die vom Traggitter unberührt ist, sowie zum erweiterten Raum der Architektur im Innern und nach außen. Was von diesen abstrakten Prinzipien der Moderne in der *Casa del Fascio* blieb, ist die Raumverschränkung im Innern und die Durchdringung von Außenraum und Innenraum. Der Zweck solcher Maßnahmen war jedoch nicht sozialer Natur, um das räumlich-funktionelle Wohlbefinden des Menschen zu steigern, sondern ideologischer und militärischer Art: Die die Innenhalle umschließenden Galerien hatten die Kontrolle des Geschehens in diesem großen Innenraum zu verbessern und die Bewachung der Amtsräume zu gewährleisten; zugleich waren sie, bei Anlässen in der Halle, innere Tribüne für die Funktionäre. Die äußeren Loggien in der frontalen Fassadenschicht bezweckten nichts anderes: Die Verschränkung des Innenraumes mit dem Stadtraum Comos hatte die Funktion eines Nutzraums für Auf- 71, 72

49

tritte der faschistischen Führungsschicht vor der unten auf der *Piazza dell'Impero* versammelten Volksmenge. Dies sind die auf die geschichtlichen Bedürfnisse des neuen Italien zugeschnittenen und reduzierten architektonischen Thesen der Moderne. Auch Volumenklarheit und Raumfassung der *Casa del Fascio* als Werte der Antike, der Renaissance wie auch der Moderne werden in der *Architettura Razionale* zu abstrakter leerer Schönheit, werden zum ideologischen Dogma geformt. Die ‚weißen Kuben der Moderne', die ‚Hygiene' der Aufbruchzeit demonstrierend, wollten Licht, Luft und Sonne einfangen und in die plastische Gestaltung miteinbeziehen. Sie wollten auch selbst Manifest sein gegen Mief, Tradition und Kriegselend. Doch der italienische Rationalismus beförderte diese Prinzipien zur vollendeten Abstraktheit weg von menschlichen Bedürfnissen, hin zur ‚strahlenden Wirkung' des Objekts im ideologischen Sinne und erhob sie auf die dem Menschen entrückte Ebene des Mythos, der den Faschismus umgab.

Es war der Mythos des völlig Neuen, mit dessen Hilfe der faschistische Staat der Aufbruchstimmung breiter Bevölkerungsschichten, die soziale Befreiung anstrebten und soziales Elend bekämpften, begegnete. Diese brachten ihren Unmut auch nach dem roten Doppeljahr 1919/1920 in einer ununterbrochenen Kette antifaschistischer Erhebungen zum Ausdruck. Mißwirtschaft, Wohnungsnot und Arbeitslosigkeit mußten durch den Faschismus verschleiert, das durch ihn nicht zu behebende gesellschaftliche Chaos verdeckt werden, damit er seinen Aufbau und Bestand sichern konnte. Die *Casa del Fascio* erfüllte diese Bedingungen mit architektonischen Mitteln. Sie drückte etwas völlig Neues aus: Den Kristall als demonstrative Klarheit gegen das Chaotische; den Aufbruch, die Reise (das Dampfermotiv*) und das Abheben (das Flugzeugmotiv) als Tendenz, von Mensch und Realität weg – dies ist das weißstrahlende, gegen Himmel und Dom geöffnete Objekt als manifester Mythos verherrlichter Macht, als Bau materialisierter ideologischer Schleier gegen den sozialen Druck, der verlangte, daß endlich die dringenden und drängenden Probleme Nachkriegsitaliens gelöst würden. So besteht die moderne Komponente der *Casa del Fascio*, historisch betrachtet, darin, ideologisches Gebrauchsobjekt für den Mussolini-Faschismus zu sein, oder, mit den Worten von Hannes Meyer ausgedrückt: „Mussolini, ebenso wie Hitler, benützte den Städtebau, die Architektur und die plastischen Künste, um seine Macht zu

---

* Vgl. dazu: Gert Kähler, Architektur als Symbolverfall. Das Dampfermotiv in der Baukunst, Bauwelt Fundamente, Bd. 59, Braunschweig/Wiesbaden 1981

stärken, um sein Ziel der Unterdrückung des Volkes zu tarnen, um seine Person und das faschistische Regime zu verherrlichen."[22]

Zwischen der Publikation der Schriften des *Gruppo 7* und dem Bau der *Casa del Fascio* verstrichen zehn Jahre. In dieser Phase vollzieht sich der eigentliche und eigenständige Aufbau der *Architettura Razionale*. Die Promotoren zeigten in Bauten, Schriften und Polemiken, was sie konnten und wollten. Sie versuchten, entlang den programmatischen Leitlinien Mussolinis, mit dem im Begriff der ‚Authentizität' gefaßten Versuch einer nationalen, italienischen Moderne, das Kulturprogramm des Duce zu beeinflussen. Sie wiesen ihm, so ihr Selbstverständnis, den Weg, den er zu gehen hatte. Doch haben sich, wie wir sahen, schon zu Beginn ihre Wege gekreuzt, bald sollten sie gemeinsam im römischen Takt marschieren. Zunächst ließ Mussolini noch den Pluralismus gelten, die verschiedenen Tendenzen miteinander streiten und in Konkurrenz zueinander treten. In seiner Konsolidierungsphase konnte ihm dies nützlich sein, schließlich würde die Tendenz siegen, welche die deutlichste Sprache pflegte, die Tendenz, die zur Integration in die *civiltà mussoliniana* bereit war und sich so zur Baukunst des Regimes formen ließ.

Der Neo-Futurismo: Versuche zur Autonomie

Eine vierte Tendenz in der Architekturszene war der *Neo-Futurismo*, Fortsetzung des Futurismus nach dem Krieg, wieder mit Marinetti als führender Figur. Doch die Vorzeichen waren anders. Jetzt ging es nicht mehr um Mobilisierung, Eroberung und um den Aufbau des ganz Neuen, sondern um die Sicherung des Eroberten, um die Etablierung der Macht, die Befestigung der Wälle, die Polierung der Fassaden und um glanzvolle Repräsentation. Man brauchte nicht mehr Straßentheater, dynamische Kunst, *aerapittura* und aktionistische Tumulte als für den Kampf mobilisierende Kunstpraxis, es war die Zeit der weißen Paläste, Triumphbogen, blank geschliffenen Marmorflächen, die Zeit der Befestigung der ideologischen Werte. Die Avantgarde kam in ein Dilemma, wenn sie Vorhut bleiben und dennoch den faschistischen Karren mitziehen helfen wollte. Doch Mussolini kam den Futuristen kenntnisreich entgegen; er war der größte Futurist: „Alle meine Sympathien gehören, auch im Bereich der Kunst, den Neuerern und den Zerstörern: den Futuristen. Mussolini"[23]

Marinetti kehrte nach einem kurzen Zerwürfnis mit Mussolini schon 1925 wieder in den Schoß des Faschismus zurück. Bereits am 24. November 1924 erinnerte er anläßlich des 1. nationalen Futuristenkongresses seinen alten Gefährten Benito daran, daß die Futuristen schon immer die ersten Interventionisten auf den Schlachtplätzen gewesen seien, zeichnete den gemeinsamen Weg der antisozialistischen, antiklerikalen und antimonarchistischen *arditi* (Kriegsheimkehrer und Sturmsoldaten, welche die Basis der ersten faschistischen Terrorbanden nach Kriegsende bildeten) und forderte ihn auf, sich den Tendenzen der Vergangenheit zu widersetzen, sich also vor dem *passatismo* zu hüten, der das größte, genialste und gerechteste Italien ersticken und vergiften wolle.[24] Diese frühe Stellungnahme verdeutlichte einerseits die Bemühungen auch dieser Tendenz um Anerkennung beim Regime, andererseits die Absicht, eine (kritische) Sonderstellung mit schöpferischem Freiraum zu behalten, wie dies auch der Avantgarderolle des Futurismus entsprach; so qualifizierten die Futuristen beispielsweise ihren Beitritt in die *Terza Biennale Romana* 1926 als *puramente polemico*, also als rein polemisch im Sinne von nicht-offiziell und unabhängig, jedoch eine Kampfstellung einnehmend. Trotz vieler Widerstände, vor allem seitens der offiziellen Kulturhüter vom Typus Piacentinis, gelang den Neo-Futuristen ebenfalls 1926 der offizielle Zutritt zur *Biennale di Venezia* auf direkte Intervention Marinettis bei Mussolini. Die Rolle, die die Futuristen zu spielen bereit waren, erschöpfte sich jedoch nicht in Manifesten und Biennale-Teilnahmen. Darüber hinaus unternahmen sie, den dynamischen Aktionismus der ersten Stunde wiederaufnehmend, Zerstörungsaktionen von alter Kunst, um den Faschismus vor Antiquierung oder eben *passatismo* zu bewahren, oder führten Protestdemonstrationen gegen lokale Kunstvereine durch.

Eine weitere neo-futuristische Tendenz bildete der *movimento futurista torinese sindicati artistici*, den Luigi Fillia bereits 1923 mit einem Manifest in Turin gegründet hatte. Fillia verstand seine lokale Gruppe als apolitisch, was allerdings mit einer Strategie Mussolinis übereinstimmte, die zum Ziel hatte, die lokalen oder regionalen Künstlersyndikate in ihrem autonomen Wirken zu beschneiden und über das Korporationssystem dem zentral kontrollierten und hierarchisch organisierten Kulturbetrieb einzugliedern und unterzuordnen. Die Turiner Gruppe war dem Regime also nicht gefährlich, um so mehr, als Fillia nach einer Protestaktion gegen den Turiner Kunstverein, der den Futuristen einen Ausstellungsraum verweigert hatte, beteuerte, daß der Futurismus mit der Anerkennung als ‚Staats-Kunst' einen definitiven Sieg davontragen wolle und sich nicht als im Widerspruch zum Faschismus stehend begreife.

In der Zeitschrift *la città futurista*, die von Fillia gegründet und in Zusammenarbeit mit Alberto Sartoris, der die Chefredaktion besorgte, herausgegeben wurde, erschien im April 1929 der Grundsatzbeitrag

Futurismo e Fascismo, in dem, wie bei Marinetti, auf die wichtige propagandistische und auch kämpferische Rolle der Futuristen der ersten Stunde, in der interventionistischen Bewegung zugunsten des Kriegsbeitritts Italiens, in den Schlachten des Krieges und in der Gründung der ersten Kampfbünde (*fasci di combattimento*) hingewiesen wurde. Fillia erläuterte in diesem Beitrag, „warum wir italienischen Futuristen die Rolle verfechten, die einzigen zu sein, die auf die Realisierung einer authentischen und orginalen faschistischen Kunst hinsteuern" und schloß: „Wir sind sicher, am Vorabend großer Projekte zu stehen, die der Faschismus notwendigerweise initiieren muß, vor allem in den ersten Jahren seines Regimes, und welche die konstruktiven Zeichen seiner aktionistischen Potenz sind."[25]

Mit solchen Äußerungen stützten sich die Turiner Futuristen auf eine konkrete und weithin beachtete Vorarbeit. Anläßlich der 1. Ausstellung der futuristischen Architektur 1928 im *Parco Valentino* in Turin wurden nicht nur Projekte vorgestellt, sondern auch Bauten realisiert, neben Sartoris' *Padiglione* etwa der *padiglione futurista* von Enrico Prampolini. Außerdem war um diese Zeit bereits ein gigantisches Industrieprojekt aus den Reihen der Turiner Gruppe weltberühmt: Das Fiat-Fabrikgebäude in Lingotto (1926–1928) des Ingenieurs Giacomo Matté-Trucco, dessen Pläne, ebenfalls 1928, auf der 1. Ausstellung der *Architettura Razionale* in Rom gezeigt wurden und dessen Modernität Le Corbusier begeisterte, der in der Anlage der Versuchsstrecke auf dem Fabrikdach eine geniale Interpretation des *toit-jardin*, des fünften Punktes über die Architektur von 1927, sah. Diese konkreten plastischen Vorleistungen, aber auch die vielverheißenden Phantasieprodukte eines Guido Fiorini, des ebenfalls von Le Corbusier bewunderten Erfinders der *tensistruttura*, der vorgespannten Wolkenkratzer-Strukturen, wie auch die avantgardistischen räumlichen Experimente des Architekten und Malers Nicola Diulgheroff oder die knochigen Projekte der expressiven Futuristen Ottorino Aloisio aus Udine und Virgilio Marchi: Dies alles konnten die Turiner in die Waagschale werfen, als es darum ging, die Aufmerksamkeit Mussolinis und seiner Kulturverwalter auf sich zu lenken und deren Gunst zu erobern.

75
76

80, 81
82
77, 78
83
79

Das Verhältnis der Futuristen zu den Rationalisten war gespalten. Auf der einen Seite warfen die Marinetti-Futuristen den Rationalisten Verbürgerlichung vor, die sowohl in den Texten des *Gruppo 7* als auch in deren Bauten für die *borghesia industriale* zum Ausdruck käme; damit begaben sie sich in eine unheilige Allianz mit den offiziellen Regime-Architekten Piacentini und Ojetti, indem auch jene der *Architettura Razionale* vorwarfen, sie seien ausländisch, bolschewistisch, jüdisch, kommunistisch, anarchistisch, kollektivistisch und anti-individualistisch und ein Produkt deutscher Architekturzellen; in ihnen sei eine Gefahr für den wirklichen italienischen Geist und die *italianità* zu sehen. Demgegenüber suchte die Turiner Futuristengruppe eine Übereinkunft mit den Rationalisten (gemeinsame Projekte von Sartoris und Terragni zeugen davon), denn beide betonten je auf ihre Weise den italienischen Geist, den nationalen Charakter und die klassischen Wurzeln ihrer Architekturauffassung sowie die europäische Verbundenheit mit der modernen Bewegung des Neuen Bauens.[26] Beiden neofuturistischen Tendenzen gelang es jedoch, Mussolinis Anerkennung zu gewinnen.

11–12 Gefallenendenkmal Como, Terragni 1931–1933, nach einer Skizze Sant'Elias; 13 Sant'Elia, Kraftwerk 1914; 14 Boccioni, Die Straße greift ins Haus hinein, 1911; 15 Boccioni, Einzigartige Formen des kontinuierlichen Raumes, 1913; 16 Boccioni, Fabriken bei Porta Romana, 1908

17 Carrà, Interventionistisches Manifest, 1914; **18** Boccioni, Schlägerei vor dem Café, 1910; **19** Carrà, Futuristische Synthese des Krieges, 1914; **20** Marinetti, Selbstportrait, 1914; **21** Sant'Elia, Boccioni und Marinetti im Krieg, 1915

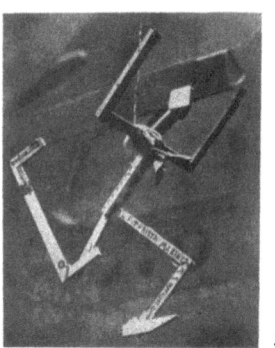

22

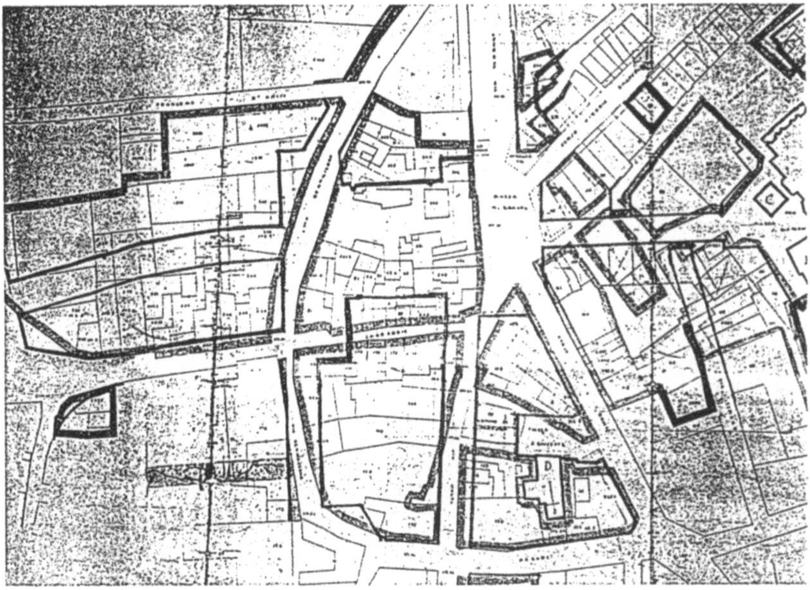

22–24 Stadtumbau Varese; *,sistemazione'* bei der ***Piazza Monte Grappa***, mit Liktorienturm und ***Palazzo dell'Economia corporativa***, Architekt: M. Loreti, 1934–1940

23

24

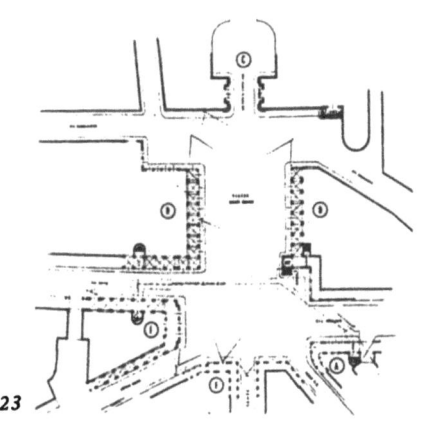

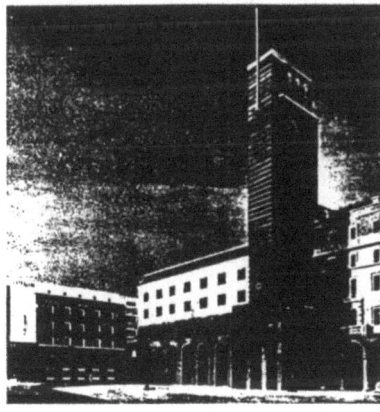

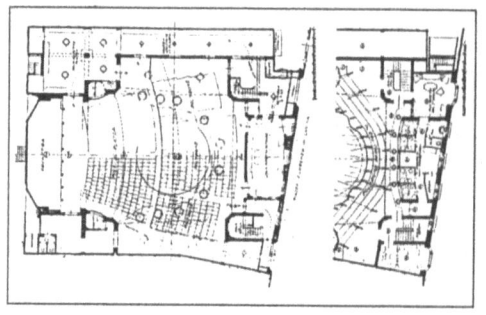

Piacentini: **25—27** *Cinema-teatro Corso* Rom, 1915—1917; **28** *Villino* an der *via G. Nicotera*, Rom 1913—1919; **29** *Casa in viale Liegi*, Rom, 1922; **30** *Piazza della Vittoria*, Genua, 1924—1940, Zustand 1938

31–32 *Foro Mussolini/Foro Italico*, Rom, Del Debbio 1927–1932, Vision und Gesamtanlage; **33** *Via dell'Impero*; **34** Haus der Kriegsblinden Rom, Aschieri 1930; **35** Gesamtplan für Rom, Wettbewerbsprojekt ‚*Gruppo La Burbera'*, 1929

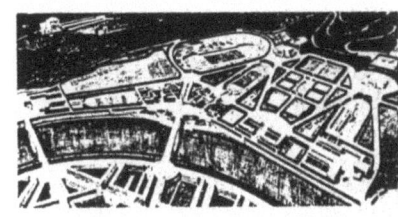

Novecento und *de Stijl*: **36—37** Giorgio de Chirico: Geheimnis und Melancholie einer Straße, 1914 und Der große Metaphysiker, ca. 1925; **38—39** Theo van Doesburg: Studie 1917 und Die elementaren Ausdrucksmittel der Architektur, 1919/1925

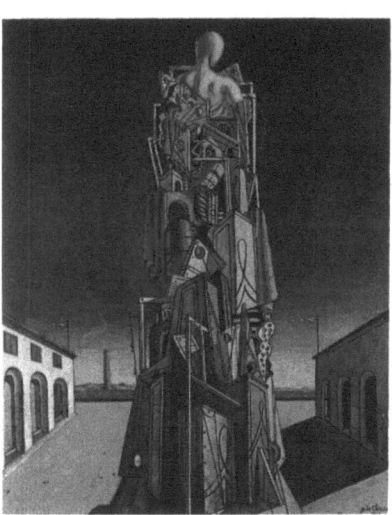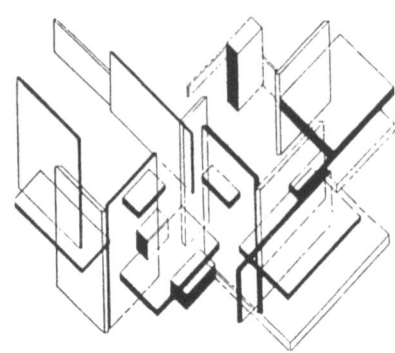

40–41 *Ca'brütta* Mailand, Muzio 1919–1923; **42** *Palazzo Gualino*, Turin, Levi Montalcini und Pagano 1928–1930; **43–44** *Casa economica ad Affori*, Mailand, G. Zanini 1926

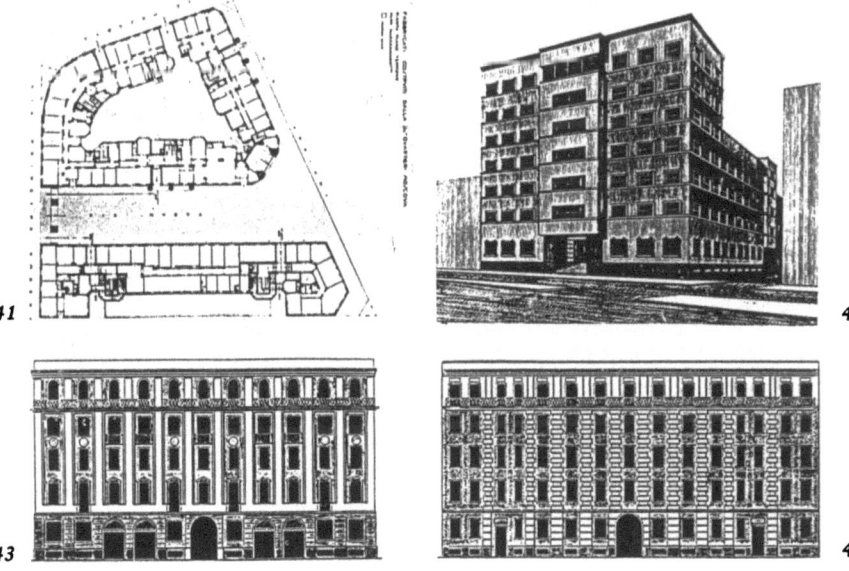

45

46

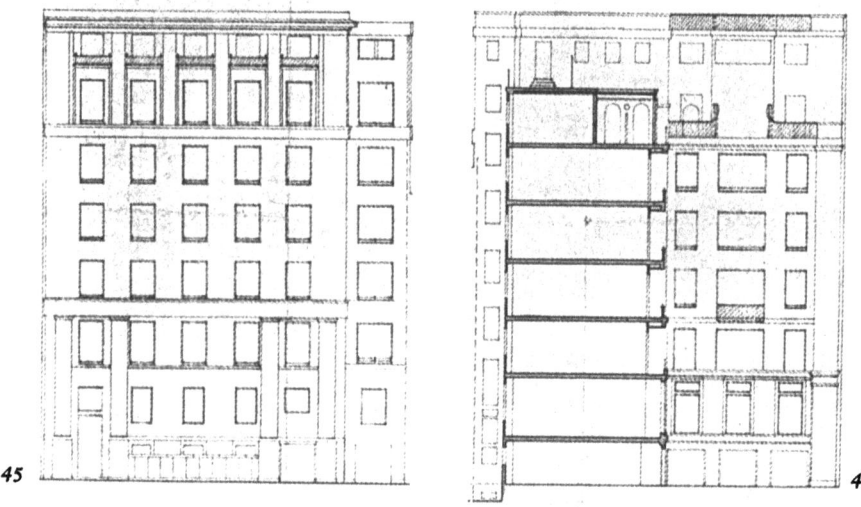

Raumqualität im Vergleich: **45–47** Miethaus in *Via S. Calimero*, Mailand des Loos-Schülers de Finetti, 1930; **48–49** Haus am Michaeler Platz Wien, Loos 1910–1911

47

48

49

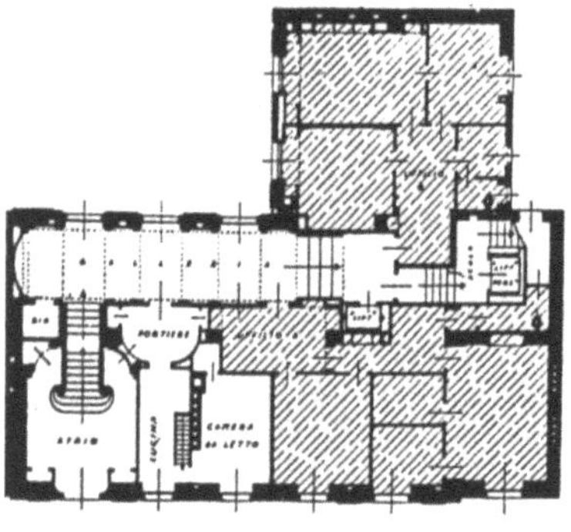

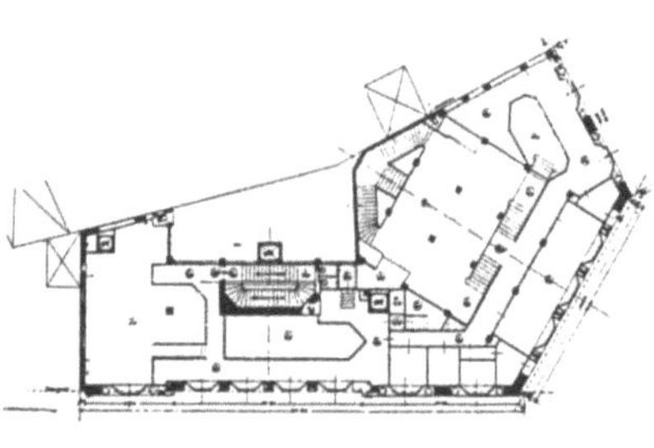

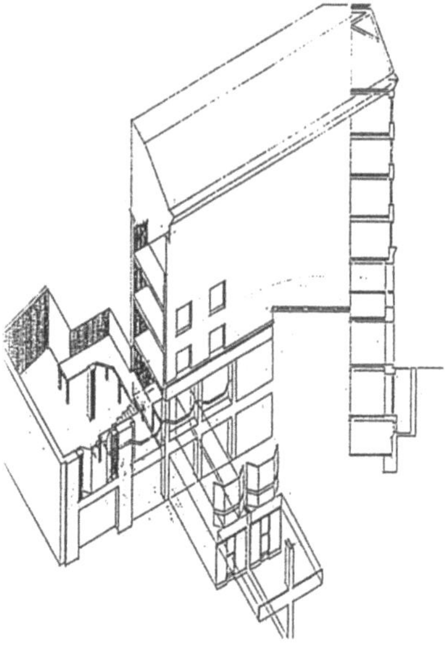

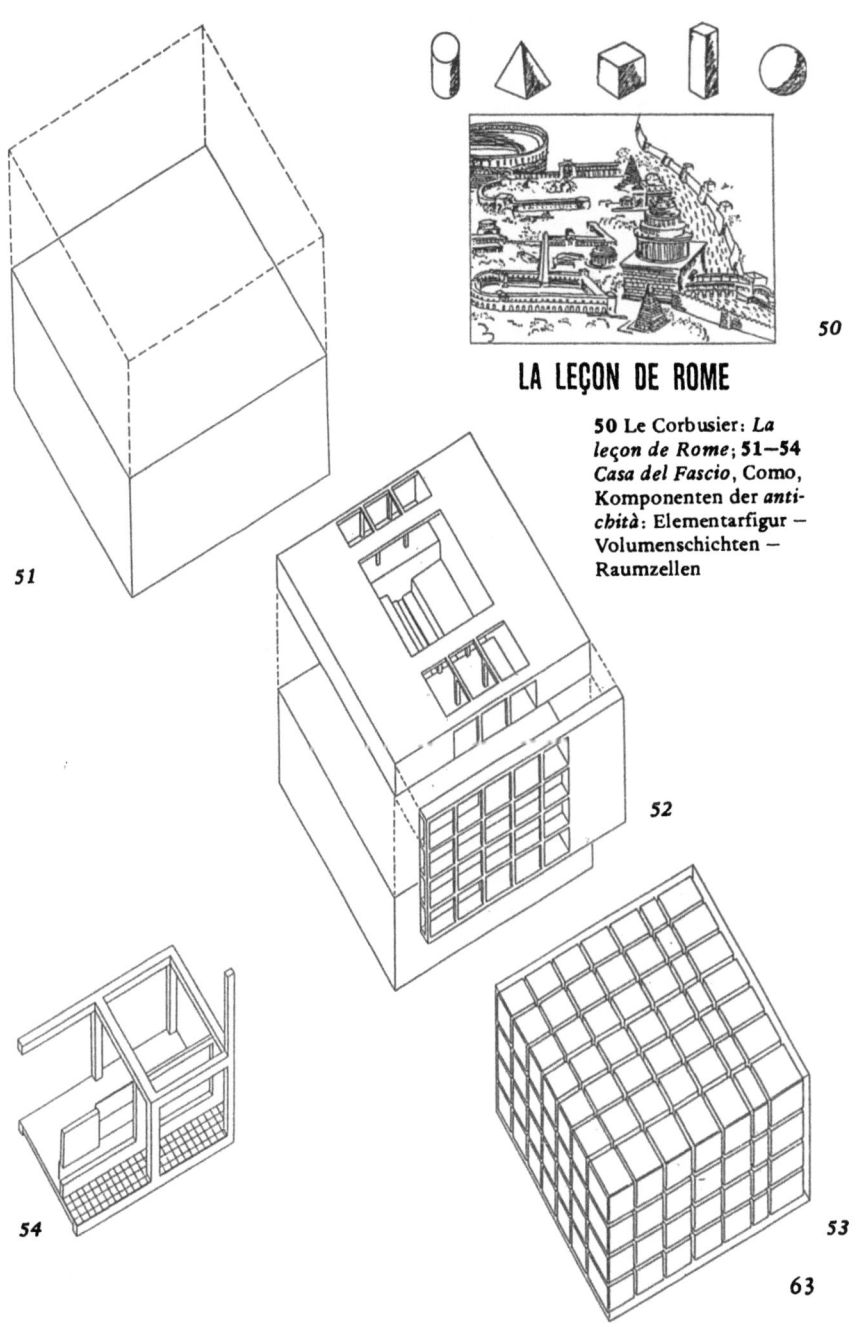

LA LEÇON DE ROME

50 Le Corbusier: *La leçon de Rome*; **51–54** *Casa del Fascio*, Como, Komponenten der *antichità*: Elementarfigur – Volumenschichten – Raumzellen

Casa del Fascio, Como, Terragni 1932–1936: **55** Hauptansicht *Piazza dell'Impero*; **56** Grundrisse Erdgeschoß, 1. Obergeschoß, Dachaufsicht, Hauptschnitte

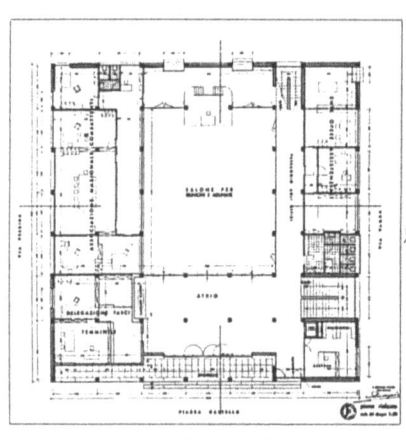

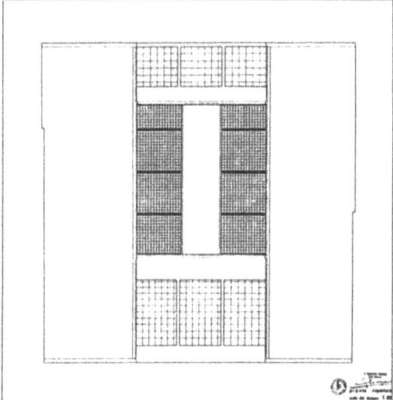
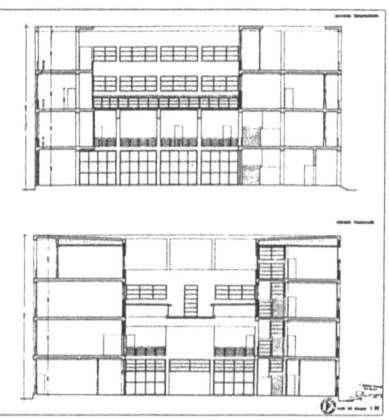

Casa del Fascio, Como: **57–58** Raumzellen und Teilquader als Rahmen für Durchblicke und ‚Bilder'; **59** Grundrisse 2. und 3. Obergeschoß, Fassaden

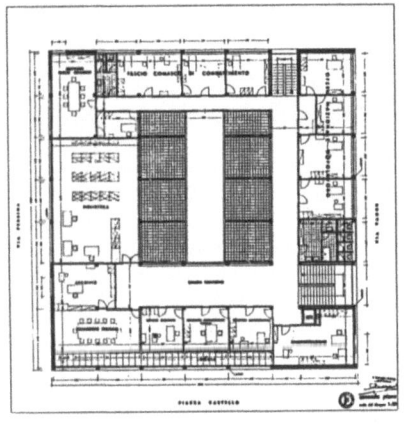 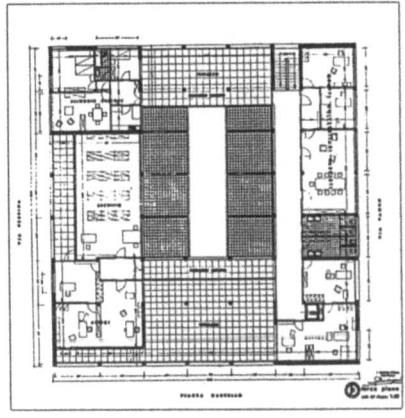

 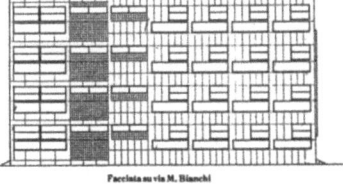

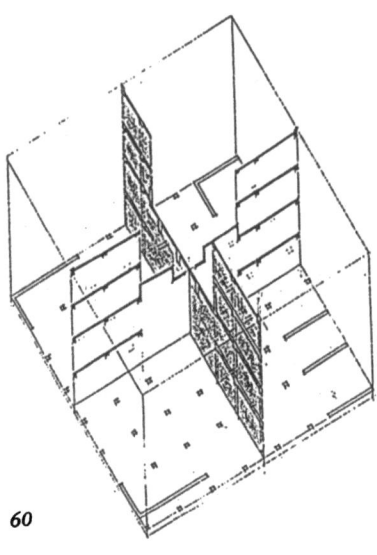

60

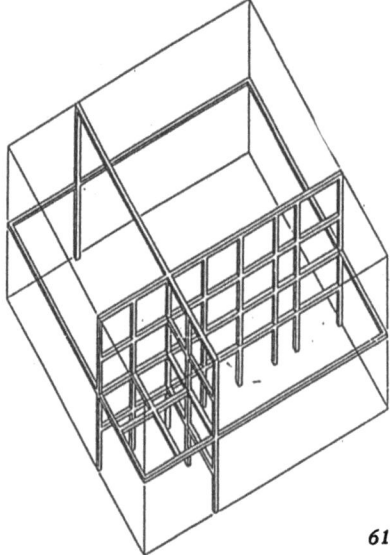

61

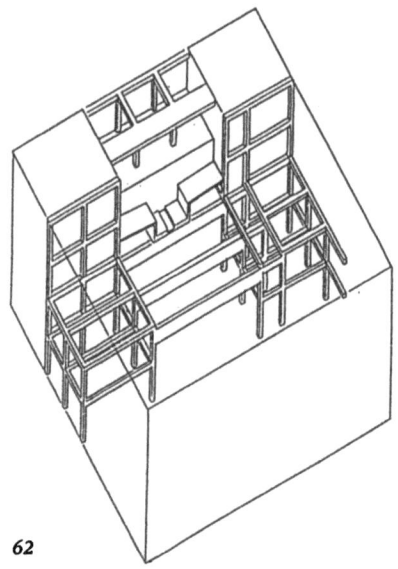

62

Casa del Fascio, Como, Komponenten der *rinascità*: **60–62** Hauptschnitte – Stabgitterstruktur – Ausschnitt der Raumdeterminanten

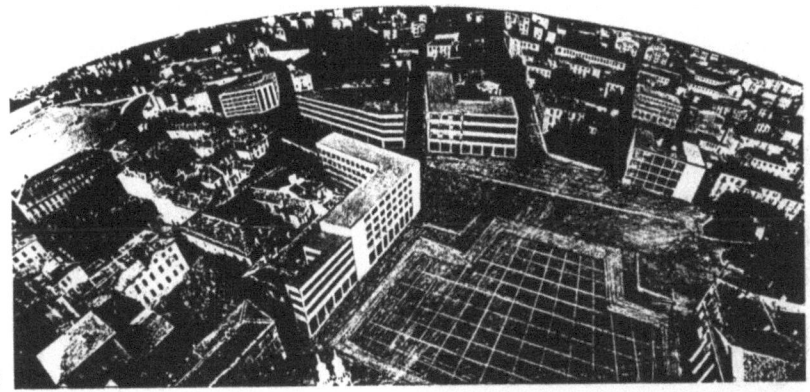

63

Stadtumbau an der Nahtstelle Alt-/Neustadt zwischen Dom und *Casa del Fascio*: **63** Montage Terragni 1937; **64–65** Durchblicke vom Dombezirk zum Parteipalast und umgekehrt, Tafel Terragni 1933

64

65

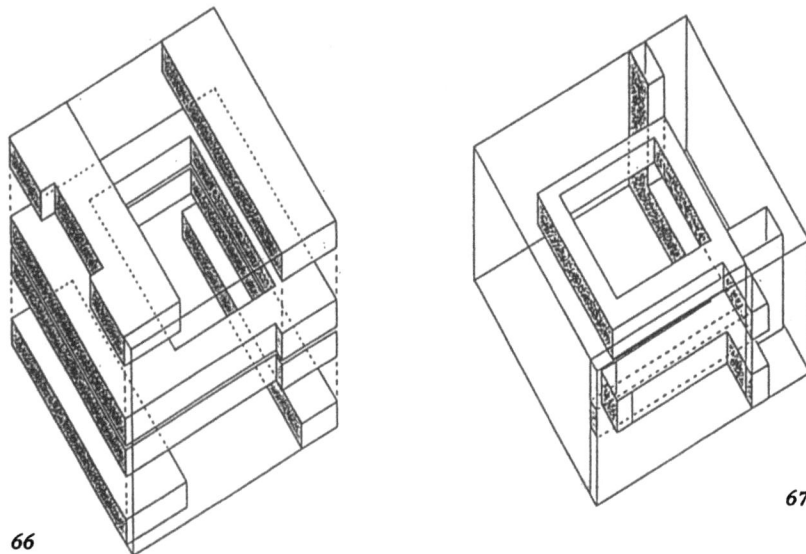

Casa del Fascio, Como, Komponenten der *modernità*: 66–68 die ‚Nutzkörper' Büroräume — Erschließungsschichten — Halle mit Loggien; 69 Raumschichten bei der Eingangspartie und beim Durchschreiten des Gebäudes

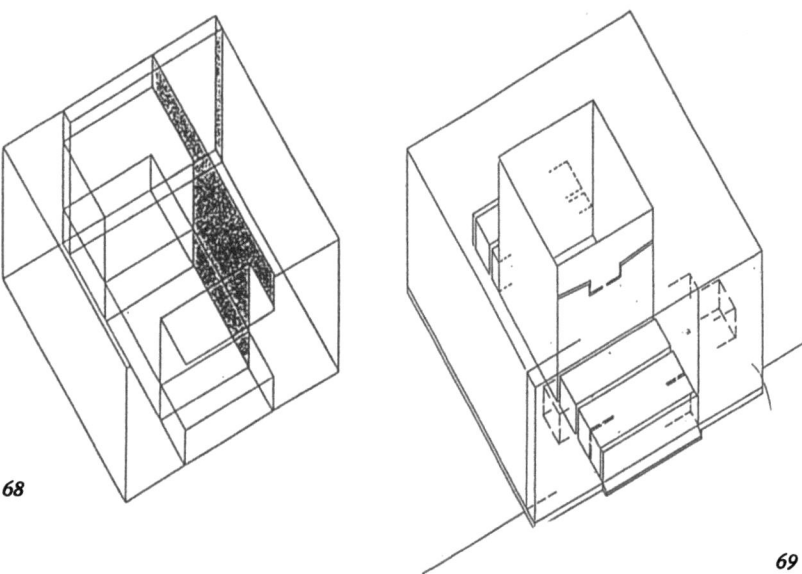

Casa del Fascio, Como, als modernes Gebrauchsobjekt: **70–72** Eingangszone – Versammlungsraum – frontale Fassadenloggien; **73** Manifestation für das Regime auf der *Piazza dell'Impero*; **74** der ‚spirito nuovo'

75 Sartoris, ‚*Padiglione*', Turin 1927–1928; 76 Prampolini, Futurismus-Pavillon, Turin 1927–1928; 77–78 Diulgheroff, *Villa in Bari*, ca. 1934; 79 Marchi, *Città futurista*, 1924

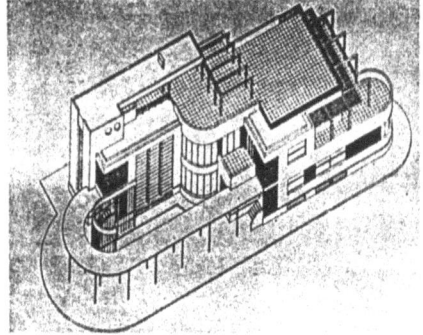

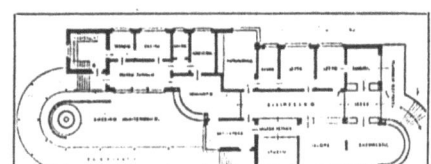

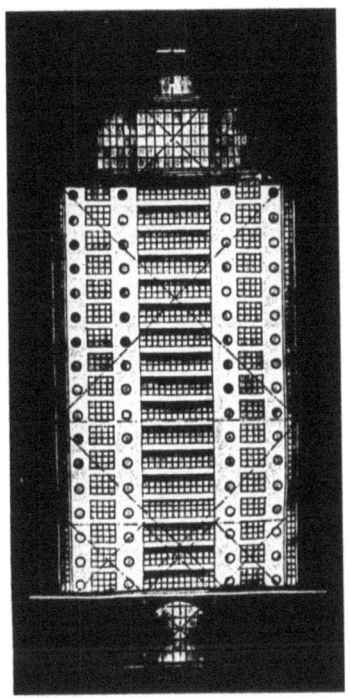
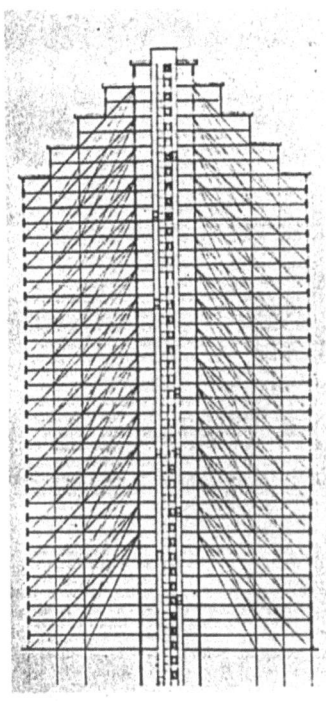

80–82 Fiorini, *Tensistruttura*, 1928–1930; **83** Aloisio, Wettbewerbsprojekt *Terme Littorie* Rom, 1926

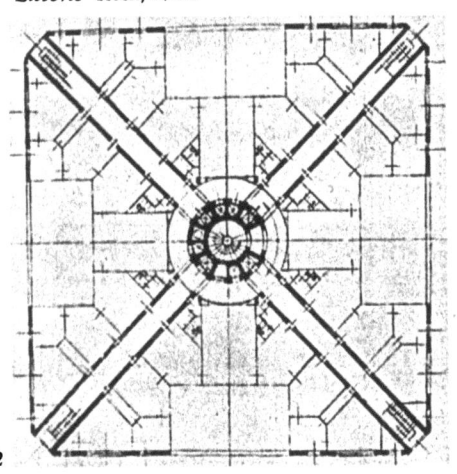

4 Der Wettstreit der Tendenzen um die Gunst des Duce

Zwischen dem Zeitpunkt des Auftritts als Avantgarde und der Gleichschaltung des *Movimento Moderno* lagen knapp zwölf Jahre. Die Integration ins politische und kulturelle System des italienischen Faschismus und die Identifizierung mit dem Programm Mussolinis erfolgte Schritt für Schritt. Beide Seiten waren gleichermaßen an diesem Prozeß beteiligt und für die Resultate verantwortlich, und zwar von allem Anfang an. In diesem Kapitel wird versucht, die Schnittpunkte dieser Entwicklung als Stationen geschriebener, projektierter und gebauter Architekturgeschichte der italienischen Moderne in der Zwischenkriegszeit nachzuzeichnen.

Der sogenannte Pluralismus der Stile:
Manifeste, Figuren, Ausstellungen

Es gibt nicht eine Geburtsstunde der modernen Architekturbewegung Italiens, des *Movimento Moderno*. Sie ‚bricht' zu verschiedenen Zeiten, in den Zentren und aus ähnlichen Gründen aus. Dennoch sind es insgesamt gesehen, die zwanziger Jahre, die sie auslösen. Wichtige Wurzeln der sie prägenden Strömungen – des *Novecento*, des *Razionalismo* und des *Futurismo* – habe ich bereits zu rekonstruieren versucht. Schließlich nun fällt die Genese der italienischen Moderne in die Epoche, in welcher der Faschismus sich konsolidiert, seine Macht absichert und sie weiter auszubreiten sich anschickt: Der Darstellungsraum von Ideologie und Macht ergreift die Städte, die Häuser der institutionalisierten Herrschaft, die Fabriken, bevor er sich in den gesamten Lebensbereich der Arbeiterschaft hineinfrißt und deren Wohn-, Sozial-, Freizeit-, Ertüchtigungs- und Vergnügungsraum erfaßt, um sich schließlich in großen nationalen Projekten ein Denkmal zu setzen.

Soweit zu sehen ist, bezogen im Zeitraum von 1926 bis 1928/1929 sowohl die Turiner Futuristen als auch die Rationalisten aus Como und Mailand die ersten Stellungen im Kampf um die Gunst des Regimes. Obwohl bereits 1923 ein futuristisches Manifest die Gründung der Turiner Futuristengruppe bekannt machte und der *Gruppo 7* ein paar Jahre später (1926/1927) seine vier grundlegenden Schriften über die Architektur veröffentlichte, realisierten beide Tendenzen erst 1928 jeweils ihren ersten Bau. Alberto Sartoris' *Padiglione* wurde anläßlich der 1. Ausstellung der futuristischen Architektur im *Parco Valentino* in Turin im Frühjahr 1928 fertiggestellt, und im selben Jahr enthüllte Giuseppe Terragni mit dem Mietshaus *Novocomum* in Como die ersten Konturen einer neuen rationalistischen Moderne auf italienischem Boden.

In diesem Jahr 1928, dem Jahr des Startschusses für den Stapellauf des weißen Dampfers der italienischen Moderne, war die neoklassizistische Karavelle des Mailänder *Novecento* schon voll in Fahrt: Muzios *Ca'Brütta* stand im fünften, Zaninis *Casa economica* im zweiten Jahr, de Finettis *Casa della meridiana* im Rohbau und der Wettbewerb um den Raumordnungs- und Stadterweiterungsplan Mailands war von der *Novecento*-Gruppe eben gewonnen worden. Gleichzeitig registrieren wir das ungebrochene Daherschlagen der Galeere der *Scuola Romana*, die, von den Jungen herausgefordert, auf volle Fahrt gebracht werden sollte; mit Sabbatinis *Albergo suburbano alla Garbatella* (Rom 1927), Del Debbios *Casa della Cooperativa ‚Nuova Prati'* (Rom 1928), Aschieris *Casa in Piazza Trento* (Rom 1929), gab diese Tendenz, noch bevor die *Gruppo Barbera* (Aschieri, Del Debbio, Giovannoni, Limongelli u. a.) mit dem Projekt des Raumordnungsplanes für Rom (1929) höhere Wellen schlug, den römischen Takt weithin bekannt, den zuvor Piacentini als *magister navis* im Stadtumbau der Zentren von Bergamo (seit 1907), Genua (seit 1924) und Brescia (seit 1927) anschlug.

Dieser erste Schnittpunkt war auch die Epoche von Le Corbusiers *cinq points*, der Stuttgarter Weißenhofsiedlung und des Genfer Völkerbundpalastwettbewerbs (1927), der *CIAM*-Gründung im Schloß La Sarraz bei Lausanne (1928), sowie des Barcelona-Pavillons von Mies van der Rohe (1929). Die *Architettura Razionale* startete also um 1926–1928, und zwar gleich mit einer dreifachen Fanfare: Die *quattro note fondamentali sull'architettura* bildeten als theoretische Grundlegung und Standortbestimmung die Ouvertüre; mit dem *Novocomum* als materiellen Beweis architektonisch-städtebaulicher Kompetenz ertönte alsdann der eigentliche Startschuß, und die *Prima Esposizione di Architettura Razionale* bedeutete schließlich den Stapellauf der italienischen Moderne mit Ideen und Projekten der versammelten Besatzung, die nun den Kurs der Architektur im Faschismus bestimmen wollte. Es läßt sich bereits erahnen, daß es den Rationalisten darum ging, das Programm der europäischen Moderne mit dem nationalen Bedarf an Ideologie zu verknüpfen.

Die erste umfassende und eigenständige Ausstellung der rationalen Architektur fand 1928 im *Palazzo delle Esposizioni* an der *Via Nazionale* in Rom statt. (Vorläufer und zugleich Generalprobe war die Be-

teiligung des *Gruppo 7* an der *Terza Triennale* 1927 in Monza mit Projektvorschlägen einer Ideal-Achitektur.) Ausgestellt wurden präzise ausgearbeitete Vorschläge für Bauten, die ihre Aufgabe im öffentlichen Bereich und mit propagandistischer Zielsetzung erfüllen sollten, so etwa
86 das Projekt für ein Freizeithaus von Figini-Pollini, ein Gaswerk von
87 Terragni, ein Arbeiterhaus als Typ für Serienproduktion von Sebastiano
88 Larco und Carlo Enrico Rava oder ein Ausstellungspavillon von Libera. Auffällig war die Vielfalt der stilistischen Neigungen. Außer diesen und den anderen Mitgliedern des *Gruppo 7* beteiligten sich noch weitere Pioniere mit Modellen, Plänen und Fotos an dieser Ausstellung, insgesamt über 40, darunter Sartoris mit einem Wohnhausprojekt für Turin, Vietti mit einem harmonischen Theater, Piccinato mit einer Eisenbahnstation und einer Kirche, Ridolfi mit einem Restaurant-Turm usw. Der Stilpluralismus zeigte sich in diesem erweiterten Kreis noch breiter gefächert. Trotz der Heterogenität verdeutlichte diese Ausstellung, daß der moderne Wille zur totalen Umwälzung des architektonischen Stils die ganze italienische Architekturszene und alle Regionen erfaßte. Gleichzeitig bot sich hier die Gelegenheit der Begegnung unter gleichgesinnten Architekten, welche nun daran gingen, den *MIAR*, die italienische Bewegung für die rationale Architektur (*Movimento Italiano per l'Architettura Razionale*) zu gründen. Das Vorwort zum Ausstellungskatalog verfaßten Minnucci(!) und Libera. Darin wurden im wesentlichen die Thesen der *4 note* von 1926/1927 wiederaufgenommen, vor allem was die Bedeutung des Funktionalismus als Quelle von Schönheit in der Architektur betrifft, aber auch im Hinblick auf die Vorrangstellung der klassischen Architektur mit ihren Werten der ewigen Ordnung, Harmonie und radikalen Substanz, die die nationalen Traditionen der italienischen Kultur prägten. Die Verschlüsselung von Funktionalität (inhaltliche Dimension), Auslöschung der dekorativen Dekadenz (kämpferischer Aspekt), Prägung des römischen und faschistischen Charakters der Architektur für das neue Italien (Ideologiebezug) und formelhafter Begriffsfassung des ganzen Erneuerungsprozesses im *spirito nuovo* (Bedarf an mythischer Entrücktheit), bildete ein kulturideologisches Programm, mit dem die jungen Architekten Italiens eine Bewegung der Moderne begründeten und Mussolini die Aufwartung machten. Mit dem Anspruch, das römische Erbe gewissermaßen als Knochengerüst und Rückgrat in der Bedeutung der konstruktiven Kraft für die Architektur fruchtbar zu machen, Festigkeit, Nützlichkeit und Schönheit als traditionelle vitruvianische Themen wiederzubeleben, um so die neue Rationalität im industriell-gesellschaftlichen Kontext des modernen Italien zu begründen, weckten sie Mussolinis Interesse: „unsere Architektur [ist] tiefgreifend rational, funktional, industriell,

sie war die innerste Eigenschaft der römischen Architektur. Unsere Bewegung hat einen einzigen höchsten Beweggrund: der Wille, Italien auf seinen Posten zu bringen, auch in der Ur-Kunst, der Architektur." Was hier Minnucci und Libera im Katalogvorwort beschworen, endete mit einem Appell an die jungen Architekten Italiens, die, wie sie mit wahrem faschistischen Geist beseelt, dieser modernen Bewegung folgen sollten, um „dafür einzutreten, daß die neue italienische Architektur wieder groß und erhaben wird".[1]

Diese erste Präsentation der *Architettura Razionale* hatte nicht die erwünschte Auswirkung auf die Kulturpolitik des Regimes. Aufträge folgten nicht. Die Reaktionen waren zwar noch gemäßigt, zeigten aber bereits Konturen späterer Auseinandersetzungen, so diejenige von Piacentini in einem Artikel unter dem Titel *Prima internazionale architettonica* (Erste Internationale der Architektur) in der Zeitschrift *Architettura e Arti Decorative*, seit 1927 offizielles Organ des nationalen faschistischen Architekten-Syndikats[2]: Darin relativierte der römische Akademiker den Anspruch des Rationalismus, den die jungen Modernen auf ihre Projekte erhoben, erweiterte den Begriff in abwertendem Sinne, indem er alles als rational charakterisierte, was nützlich ist, wie die „anonym gebauten Behausungen der Millionen armer Römer", und bekräftigte mit aller Deutlichkeit den Anspruch der großen Meister: „Architektur ist Kunst, daher Werk des Geistes."[3] Architektur ist für Piacentini also mehr als nur ein Produkt der *ratio* und der Funktionalität; Rationalismus ist nicht Kunst. Piacentini nahm in diesem Beitrag bereits die wesentlichen Elemente seiner späteren antirationalistischen Polemik vorweg: Die Absurdität der antidekorativen Haltung der Rationalisten, die gefühlskalte Absolutheit der rationalistischen Tendenz, die Anpassungsunfähigkeit ihrer Repräsentanten angesichts der Bauaufgaben innerhalb der historischen Stadtzentren. Er warf der *Architettura Razionale* technische Mängel bei den vorgeschlagenen konstruktiven Systemen vor, Verarmung der Materialvielfalt, Verwendung von nicht dauerhaften Materialien — vor allem aber kritisierte er, daß die moderne Bewegung die Essenz ihrer Architektur auf absolute Rationalität beschränke: „Überlassen wir diese metaphysische Spekulation den Männern aus dem Norden; unter unserer Sonne gab es noch nie Puritanismus und Protestantismus. Wir arbeiten mit Geste und Form."[4] Rationalismus war für Piacentini die „neue Droge der Architektur". Der Wettstreit hatte begonnen. Der römische Akademismus zog die Segel auf.

Die Rationalisten ihrerseits bemühten sich, die Konvergenzlinien zwischen ihrer eigenen Entwicklung und der Auswahl, die die faschistischen Kulturgewaltigen treffen mußten, noch schärfer zu zeichnen und machten die Möglichkeit einer Koinzidenz zum hauptsächlichen Thema ihrer zweiten Ausstellung, der *Seconda Esposizione del MIAR*, die in der Galerie von P. M. Bardi in der *Via Veneto* in Rom im Jahre 1931 stattfand: Eine offizielle Präsentation der rationalen Architektur als Tendenz und zugleich der Versuch, die widersprüchlichsten persönlichen Stile und Neigungen nun unter einen Hut zu bringen und im Schmelzstiegel der *Architettura Razionale* zu vereinigen. Das Gespann Figini-Pollini, das schon 1930 an der *IV. Triennale di Monza* mit der Casa Elettrica Aufsehen erregte[5], verkörperte dabei die klarste, reinste, zugleich schärfste Komponente, indem es vorwegnahm, was sich wenig später in ausgeführten Projekten der rationalen Tendenz des Regimes niederschlagen sollte, beispielsweise im Neubau des Hauptbahnhofs von Florenz der Gruppe um Michelucci oder in Gio Pontis Mathematikgebäude im Rahmen der neuen römischen Universität. Zugleich beeinflußte sie mit ihrer modernen Rigorosität eine Generation noch jüngerer Architekten, wie etwa die Gruppe BBPR (Belgiojoso-Banfi-Peressutti-Rogers), Ignazio Gardella, Giuseppe Samonà u. a. Figini-Pollini prägten die programmatische Linie, Libera war Propagandist, Terragni der Macher: Das war die Quadriga, die den *MIAR* ideologisch steuerte.

Diese zweite *MIAR*-Ausstellung vom Jahre 1931 wurde wirkungsvoll inszeniert. Die im Jahr zuvor in regionalen Gruppen gegründete Bewegung mit Adalberto Libera als Generalsekretär verfaßte für die Inauguration am 30. März 1931 ein Mussolini gewidmetes *Manifesto per l'architettura razionale*. Gleichzeitig veröffentlichte der *MIAR* eine Präsentation in der Form einer programmatischen Erklärung zu Organisation, Zielen und Projekten der Bewegung. Schließlich produzierte die Gruppe noch einen Eklat mit einem ‚Tisch des Schreckens' inmitten der Ausstellung. Es handelte sich um eine Fotomontage von Produkten des *Ottocento*, des Neoklassizismus und Eklektizismus, des *Stile Liberty* bis hin zur Römischen Schule des Piacentini-Akademismus: Der *Tavolo degli Orrori* war eine Versammlung von Scheußlichkeiten des schlechten Geschmackes – das Feindbild war montiert.

Die Tatsache, daß sich seit der ersten Ausstellung (1928) nichts getan hatte und das Programm der *Architettura Razionale* auch bei den offiziellen Kulturhütern unverstanden blieb, wurde im erwähnten Manifest dieser zweiten Ausstellung des *MIAR* vehement und in der Form einer Mussolini direkt unterbreiteten Petition zum Ausdruck gebracht: „(1) Mussolini will eine Kunst unserer Zeit, eine faschistische Kunst. (2) Leider vereinigen sich in der faschistischen Kunst, in der Architektur alle Widersprüche der alten Architekten, die noch Giolitti [Staatschef und Vorgänger Mussolinis] dienten (...) (3) Wir bekräftigen, daß es nur einen Faschismus gibt und daß die wiederkäuenden und vor sich hingrübelnden alten Architekten mit ihren Stilen Italien in ihr eigenes Museum umwandeln und so dem Faschismus ein wichtiges architektonisches Gepräge entziehen. (4) Die Architektur der Zeit von Mussolini muß dem Charakter von Manneskraft und Stolz auf die Revolution entsprechen. (5) Unsere Bewegung hat keine geringere moralische Aufgabe als die, in diesem harten Klima der Revolution zu dienen. Wir bitten um das Vertrauen Mussolinis, damit er uns Gelegenheit gibt, zu bauen. Wir sind 50 junge Leute, die inmitten des Unverständnisses und der systematischen Opposition jener, die Aufträge nicht abgeben wollen, in vier Jahren sechs Häuser realisiert haben. (6) Um eine architektonische Erneuerung zu vollziehen, ist es unumgänglich, zu bauen. Man glaube nicht, daß wir anfragten, um Geld zu verdienen; wir tun es, um eine faschistische Idee zum Ausdruck zu bringen. Jeder von uns ist bereit, unter denjenigen Bedingungen zu arbeiten, die viele von uns bereits in den früheren Aktivistengruppen gewohnt waren."[6]

1931 kann als besonderes Ereignis in der Konstituierung und Entwiklung des italienischen Rationalismus als einer Tendenz des *Movimento Moderno* angesehen werden. Die Inszenierung der zweiten *MIAR*-Ausstellung war die imperativ vorgetragene Forderung an Mussolini, die *Architettura Razionale* als offizielle und alleingültige Staatsbaukunst zu wählen. Mit verschiedenen Mitteln und Medien sollte dies verstärkt werden. Da war einmal das Programm. Es formulierte im historischen Rückbezug und mit ideologischer Ausrichtung den Anspruch der Architekten, wieder *costruttori* zu sein; es proklamierte eine Reihe von technischen Absichten, so etwa die Elementbauweise mittels Eisenbeton; und es forderte die Detaillierung mit edlen Materialien, wie Marmor, exotischen Hölzern usw. Da war auch der Kampf gegen alle anderen, der schon von allem Anfang an tobte und den Alleinanspruch auf Anerkennung und Legitimität stellte. Schließlich kam in dieser Bewegung und ihrem Aktionismus ein propagandistischer Aspekt zum Tragen, der auf allen Ebenen — von Manifesten und Zeitschriften- und Zeitungsartikeln über Ausstellungen und Ausstellungspavillons bis hin zu den (wenigen) realisierten Bauten — äußerst wirkungsvoll eingesetzt wurde. So wurde Mussolini endlich auf die Gruppe aufmerksam.

Um nachzuhelfen, verfaßte der in der Kunstszene einflußreiche Galerieinhaber Pietro Maria Bardi im Kontext der zweiten *MIAR*-Ausstellung einen Bericht über die Architektur an Mussolini (*Rapporto sull'architettura per Mussolini*), in welchem er in der Rolle des Mentors den Rationalismus als zeitgenössische Architektur präsentierte, dazu Le Corbusier bemühte, den er in einen Gegensatz zum ‚Irrationalisten' Piacentini stellte und als Vertreter der wahren Kunst zizierte, und schließlich eine Klärung der Rolle des nationalen faschistischen Architekten-Syndikats forderte. Er überließ es jedoch Mussolini, zwischen wahrer und falscher faschistischer Kunst zu entscheiden: „In ihrer Petition verlangen die Jungen eine Antwort von Mussolini. Was Mussolini ihnen antworten wird, wird gut sein. Denn Mussolini hat immer recht."[7] Jahre später schrieb Bardi im *Libro Verde della polemica dell'architettura italiana* rückblickend auf diese zweite Ausstellung des *MIAR*: „Wir stellten gemeinsam eine Ausstellung der architettura razionale zusammen (...), luden Mussolini ein, sie zu sehen (...) Mussolini kam. Sah. Begriff. Während einer Stunde sprachen wir mit ihm, unser Herz in den Händen und unsere Augen auf die seinen gerichtet."[8]

Mussolinis Auftritt auf dieser zweiten Ausstellung des *MIAR* hinterließ bei den beteiligten Architekten einen nachhaltigen Eindruck. Zunächst war noch ungewiß, ob der Duce seine Aufwartung machen würde. In einem Artikel mit dem Titel *Mussolini e l'Architettura*, im April 1931 in der Zeitschrift *Rassegna mensile illustrata* veröffentlicht, brachte der im rationalistischen Umfeld wirkende Architekt und Kritiker Guiseppe Pagano die Hoffnung und Erwartung der Aussteller, auch ihre Unsicherheit darüber, ob sie mit ihrer Architektur bei Mussolini ankommen würden, mit folgenden Worten zum Ausdruck: „ob wohl der Duce unsere Anstrengungen prüfen wird? (...) Wie wird es möglich sein, unsere polemische Aggressivität mit seiner so hohen und vollendeten Anerkennung in Einklang zu bringen?"[9] Pagano umschrieb die Gefühlslage der Architekten als pessimistisch, diejenige des Organisators Bardi jedoch als unerschütterlich optimistisch; Bardi war sich sicher: „Er wird kommen." Und er kam wirklich: „Man muß sich nochmals minutiös die Emotionen an diesem unvergeßlichen Morgen des 30. März vergegenwärtigen, sich die Gesten, die Ausdruckskraft und die Worte des Duce abermals in Erinnerung rufen, welche er in seiner Prüfung unserer Arbeit und unseres Avantgardeanspruchs geäußert hat; dies bedeutete für uns einen so tiefen Grund, Stolz zu sein, daß dieser Moment unvergeßlich bleiben wird." Pagano berichtete vom Ablauf des Ausstellungsbesuchs Mussolinis wie folgt: „Mussolini kam pünktlich um elf Uhr morgens vor der Galerie an, stieg aus seinem Auto mit der Leichtigkeit eines Turners und verkündete: ‚Und jetzt werden wir diese Ausstellung der rationalen Architektur sehen.' Am Eingang war ein Spruchband angebracht: ‚Wir müssen ein neues Kulturgut neben demjenigen der Antike schaffen, eine neue Kunst, eine Kunst unserer Zeit, eine faschistische Kunst.' Es waren Worte Mussolinis. Er hielt an, las und kommentierte mit lauter Stimme: ‚Das ist wahr. Doch niemand will sie in die Praxis umsetzen.' Bardi führte den Duce auf dem Rundgang und erklärte alles. Es blieben für Mussolini nur noch wenige Worte; er erfaßte sofort, mit einer erstaunlichen Schnelligkeit die Essenz der Projekte, den Wert der Darstellungen, die Vorzüge bestimmter Volumenanordnungen, den avantgardistischen und modernen Akzent, den die Zeichnungen und Fotografien besaßen. Kein Ausdruck der Überraschung auf seinem mannhaften Äußeren, doch konnte man darin die herzlichste und tiefste Zustimmung zu unserer Art zu sehen und zu fühlen lesen. Vor bestimmten wichtigeren Arbeiten verlangsamte er sein Tempo ein wenig, beobachtete (man spürte seine Vorstellungskraft arbeiten, um wirklich, im Lichte der Realität, zu ‚sehen') und bemerkte unmißverständlich: ,,Schön, sehr schön! Das gefällt mir!" Wir hörten nie von ihm auch nur ein einziges beschönigendes Wort, dessen sich die Autoritäten sonst bedienen, um sich ihrer künstlerischen Verantwortlichkeit zu entziehen, etwa mit dem Wort ‚interessant' (...)". Pagano fuhr in seinen Schilderungen des Rundgangs fort, beobachtete, daß sich Mussolini bei den Architekten genau informierte, manche Klärung verlangte und sich für die praktischen Eigenschaften der vorgeschlagenen Gebäude interessierte: ,,Als Mann, der mit überlegener Phantasie und klarer und konkreter Willensstärke ausgestattet ist, ‚sah' er mit den Augen des Architekten wie auch mit jenen des *ordinatore* des neuen Italien. In einem bestimmten Augenblick schienen wir seine Jünger zu sein und aus seinem Munde das ersehnte lobende Urteil zu hören (...). Der Rundgang ging weiter. Seine [Mussolinis] Zustimmung zum ‚Stil', der aus den zahllosen ausgestellten Werken sprach, wurde immer offensichtlicher. Er begriff, daß die klaren, gewaltsam von allem unnötigen Flitter und gefälligen Pomp gereinigten Ordnungslinien die architektonische Synthese unserer gegenwärtigen Zeit darstellen. Der Ausdruck der Schönheit folgt entschieden und unerschütterlich aus der neuen Harmonie von Volumen, Strukturen, Farben, Materialien. Die Architektur ist verständlich geworden, als soziale Kunst und Dokument von Zivilisation und Leben; klar, geradlinig, aggressiv, zeitgenössisch und daher faschistisch. Wie in Seinen Reden hat Er es nicht nötig, auf literarische Girlanden oder Arkaden-Phrasen zurückzugreifen, um die Wahrheit zu sagen, und so begriff Er, daß die Architekten von heute nicht zurückkehren können zu barockem Firlefanz, korinthischem Blattwerk und heuchlerischen Säulen, um das Zeitalter des Flugzeugs, des Radios und Mussolinis zu repräsentieren." Pagano schloß: ,,Mussolinis Besuch war beendet: ‚Es ist nötig, auszuhalten — sagte er —; man muß starrköpfig sein, um zu siegen und sich durchzusetzen!' Mit diesen Worten sind wir allen Anschuldigungen der heulenden Spießbürger und Philister enthoben und gönnen uns den Luxus, nicht nur zu bellen, sondern auch zu beißen. Was soll's, wenn wir noch in der Minderheit sind und wenn wir noch zahlreiche listige Lobbymanöver über uns ergehen lassen müssen? (...) Im Moment genügt uns dieser Sieg. Es ist das Schönste, was wir erhoffen durften. Versuchen wir, dessen würdig zu sein."

Äußerungen wie diese zeigen mit aller Deutlichkeit, daß die Tendenz der *Architettura Razionale* um 1931 bereits einen wesentlichen Grundstein für ihre spätere Gleichschaltung legte. Ihr gesamtes Streben galt von Anfang an der Anerkennung ihrer Programmatik und Architektur durch den Duce und dem Anschluß an die offizielle Kultur der *civiltà mussoliniana*. Die gemeinsame Basis war die Verknüpfung ewig gültiger Werte des antiken Rom mit dem Bedürfnis nach einem modernen Kleid nationaler Prägung. Es blieb jedoch die Schwierigkeit zu begründen, warum der moderne Stil ausgerechnet ‚italienisch‘ und ‚national‘ sein sollte. Gerade die Bezüge, die die Gründer des *MIAR* zu Le Corbusier, Gropius, zur holländischen *de Stijl*-Gruppe und zu den russischen Konstruktivisten herstellten, machte sie des ‚Internationalismus‘ verdächtig und forderte die Kritik der *Novecentisti* wie auch der *Scuola Romana* heraus. Piacentini startete, diesmal als Reaktion auf die zweite Ausstellung des *MIAR* einen weiteren Frontalangriff gegen die *Architettura Razionale*: ‚Verteidigung der italienischen Architektur‘ war der Titel einer Polemik, die die Zeitung *Il Giornale d'Italia* am 2. Mai 1931 veröffentlichte; eine Woche später schon ertönte es ähnlich aus dem Sprachrohr des nationalen faschistischen Architekten-Syndikats. Da die Veranstaltung des *MIAR* nur möglich war im Konsens mit eben dieser Organisation, die jede Veranstaltung zu genehmigen hatte, und diese sich aber durch die Darstellung und Polemik des *MIAR* angegriffen wähnte, wurden die Rationalisten beschuldigt, die herrschenden Gesetze und den versprochenen Rahmen gesprengt und in unkorrekter und ungerechtfertigter Form verletzt und vergessen zu haben, die „elementaren Normen des hierarchischen Respekts und der syndikalen Disziplin" einzuhalten. Das Direktorium behielt sich die nötigen Schritte vor, um diese „Vereinigung in die Standesorganisation zu integrieren", damit die „gemeinsamen Verteidigungsschlachten für die Kunst" geführt werden könnten, die infolge der „jugendlichen Zügellosigkeit", die von Affekten geleitet sei und mit Architektur und den ihr verbundenen Interessen nichts gemein habe, gegenwärtig zu führen noch unmöglich sei — soweit Alberto Calza-Bini, Sekretär des nationalen faschistischen Architekten-Syndikats.[10]

Piacentini griff die Rationalisten vor allem an, weil sie beanspruchten, die wahre faschistische Baukunst begründet zu haben. Was er der *Architettura Razionale* inhaltlich vorwarf, kam schon in seiner Stellungnahme zu deren erster Ausstellung 1928 zum Ausdruck. 1930 griff er diese Polemik in seinem Buch ‚Architektur heute‘ (*Architettura d'Oggi*) erneut auf; in seiner Schrift ‚Verteidigung der italienischen Architektur' wird er noch schärfer: Es gelte, die rationalistische Bewegung als internationalistisch und bolschewistisch zu entlarven und gegen das reglementierende System des bolschewistischen Katechismus zu kämpfen: „Der Rationalismus — besser gesagt, der rationale Stil — ist heute ein geschlossenes Spiel mit wenigen Regeln, die verbieten, sich von ihnen zu entfernen: eine wirkliche Freimaurerei."[11] Piacentinis Kritik enthält die Summe aller gegen die *Architettura Razionale* vorgetragenen Vorbehalte; sie forderte dazu auf, eine authentische nationale Front der *professionisti* als Opposition gegen die moderne Architektur zu konstituieren. Das Grundargument war von neuem die Betonung der Bedeutung und Notwendigkeit, sich auf den italienischen Geist der Tradition zu besinnen, in dem sich moderne Formen wiederfinden müßten — also Unterordnung des Neuen unter das Alte. Piacentini schloß seinen Artikel mit der Beschwörung des ‚anderen' *spirito nuovo*: „Der italienische Genius allein wird — davon sind wir überzeugt, weil wir uns ihm am nächsten fühlen — die reine und abgeklärte Form zu finden wissen, die in einer Architektur der modernsten Art unseren besonderen Geist und unsere neue Seele widerspiegelt."[12] War dies auch als Fingerzeig für Mussolini gedacht, der der *MIAR*-Gruppe gerade eine wohlwollende Aufwartung bereitet hatte?

Trotz dieser scharfen und autoritären Kritik seitens des offiziellen Regime-Baumeisters und des Architekten-Syndikats war die *Architettura Razionale* in der Zeit ihres zweiten Auftritts um 1931 in der Frage der ‚europäischen Dimension' und des Internationalismus noch nicht kompromißbereit und blieb intransingent: Sowohl die römische Gruppe der Rationalisten als auch der *Gruppo Comasco* aus Oberitalien wiesen Piacentinis Kritik sofort zurück und verteidigten ihre Tendenz und deren europäischen und internationalen Charakter. Am 8. Mai schmetterten die Rationalisten aus Rom Piacentini den Artikel ‚Verteidigung des Rationalismus' als Antwort entgegen (*Il Giornale d'Italia*); am 12. Mai folgte die entsprechende Lektion in derselben Zeitung aus Como (*Gruppo degli architetti razionalisti di Como*). Was Mussolini, im Unterschied zu Piacentini und zum Syndikat der Architekten ‚begriff', wie Bardi schrieb, war die von den Rationalisten erschlossene Möglichkeit der Orientierung des Neuen auf das Alte, der Wiederbelebung des Alten mit dem Neuen: Die primäre, elementare Setzung bestimmter Figuren mit hohem Erinnerungswert an das *Impero Romano*, ergänzt durch das übergestülpte moderne Kleid der *Casa di vetro*, des weißstrahlenden Kristalls, das bezogen wurde aus dem Katalog der europäischen Moderne.

Exkurs: Wie ‚modern' ist der Rationalismus?
Betrachtet man die Projektvorschläge und Bauten der italienischen Rationalisten genauer, so reduziert sich die ‚europäische Dimension', von welcher die *4 note* des *Gruppo 7* betont sprachen und die auch in den zwei *MIAR*-Ausstellungen hervorgehoben wurde, auf eine bloß äußerliche Verwandtschaft in der volumetrischen Gestaltung, im Fassadenbild und bezüglich der corbusianischen Punkte des *maison sur pilotis* und des *toit jardin*. Edoardo Persico, seit 1933 Redakteur in Paganos Zeitschrift *Casabella*, beklagte als ‚Kritiker von links' um 1933 sogar überhaupt den Tod des Rationalismus in Italien: Mit dem Abweichen von der ursprünglich europäischen Orientierung und der schrittweise erfolgten Hinwendung zur *mediterraneità* verleugne der Razionalismo für immer seine fundamentalen Positionen und Zielsetzungen; seit den Anfängen um 1928 würden nur noch wenige die archaische Reinheit heraufbeschwören, wovon beispielswiese die *Casa elettrica* (Figini e Pollini) oder die *Villa sul lago* (Terragni, Lingeri, Giussani u. a.) noch zeugten. Inzwischen wissen wir, daß im auslösenden Dokument des *Gruppo 7* die Tendenz zur *mediterraneità, romanità* und somit zur neoklassizistischen Monumentalität einbezogen war.[13] Die Grundriß- und Schnittgestaltung der Projekte der *Architettura Razionale* berücksichtigten — wie wir das bereits beim *Novecento* festgestellt haben — nicht die raum-zeitlichen Erkenntnisse, die sich um die Jahrhundertwende in Naturwissenschaft und Kunst vollzogen und in der Architektur Eingang fanden; es fehlte ihr das Experiment von Raumverschränkung und Raumkontinuum. Die Tendenz zur ‚römischen' Art der Raumdefinition verhinderte die Annäherung oder den Nachvollzug etwa der holländischen Errungenschaften, aber auch derjenigen der übrigen Moderne Europas. Was aufgrund der neuen Sicht und Theorie des Raum-Kontinuums eines Theo van Doesburg und Cornelius van Eesteren im Schroeder-Haus von Gerrit Rietveld Architektur werden konnte, was sich aus der Theorie der raum-zeitlichen Verschränkung in den Grundrissen und Schnitten der Rotterdamer *opbouw*-Gruppe (Brinkmann/Maaskant/van der Vlugt/van Tijen/Mart Stam) u. a. niederschlug, was die russischen Pioniere oder diejenigen im Bauhaus zu konkretisieren versuchten, dies alles blieb in der italienischen Moderne unbearbeitet, unerprobt, nicht realisiert. Der Bezug verkümmerte bestenfalls zum verbalen Verweis. Rietvelds Schroeder-Haus stellte nach Meinung des *Gruppo 7* (*nota 2*) lediglich ein ‚Bühnenbild für ein Puppenballett' dar. Der Grund der Distanzierung lag im Arrangement mit einem Regime, dessen Ziele jenseits des sozialen Auftrags lagen und das folglich mit der Sichtweise derjenigen Architekturtendenzen der europäischen Moderne nichts gemein haben wollte, die sozial (und pazi-

fistisch) orientiert waren. Zwei Beispiele sollen, gerade weil sie das Gegenteil zu beweisen scheinen, zum Vergleich dienen. In der *Casa del Fascio* (Como 1932–1936), die in derselben Zeit wie die Rotterdamer Wohnhausprojekte realisiert wurde, kann sowohl in der Innenhalle als auch der Hauptfassade, von einer Innen-/Außenraumverschränkung gesprochen werden. In seinem dem zugrunde liegenden Leitbild bezog sich der Architekt Terragni jedoch nicht auf die soziale Komponente der neuen Sicht-, Wahrnehmungs- und Erlebnisweise, die der Mensch in seiner kulturgeschichtlichen Entwicklung in diesem Jahrhundert als neue Möglichkeit der ‚Eroberung des Raumes' beanspruchte; seine Leitlinie war diejenige seiner Auftraggeber: Die ideologischen und die davon abgeleiteten funktionalen Bedürfnisse der hierarchischen Ordnung zu erfüllen. Im Anschluß an die *Casa del Fascio* entwarf Terragni das *Asilo infantile Sant'Elia* (Como 1936–1937), welches in der Architekturkritik gelegentlich als Bau von Giuseppe Terragnis „poetischer Übergangsphase" oder als abseits von rasenden Polemiken, harten Kämpfen und der „diktatorischen Anmaßung" anzusiedelndes und als „sein spontanstes und erfreulich heiteres Produkt" beschrieben wird.[14] Nimmt man auch dieses Objekt unter die Lupe, so entdeckt man wie anderswo im Rationalismus, den ebenso strengen Stützentakt, der hier den überdimensionierten Rahmen für die kahle Innenhalle bildet, für die kühle Gestaltung der Gruppenräume und deren monumentalistische Außenzone, sowie für die abstrakte Komposition der inneren und äußeren Erschließungszonen und Korridore; eiskalter Schauer auch im Refektorium und in der Massentoilette: Kein unkontrollierter Ort, keine Nische zum Verstecken, keine weichen Zonen für Unvorhergesehenes. Nichts kann darüber hinwegtäuschen, daß es in den Vorstellungen des Architekten um die Realisierung eines kleinen Monuments oder eines Monuments für die Kleinen ging, mit der Endfigur eines Quadrats im Grundriß und der Wirkung des kontrollierten Takts auch auf kleinster Stufe. Aus Kinderperspektive gesehen und erlebt, wurde so das Heim zum monumentalen Ort der ersten sozialen Integration des Kindes, der unerbittlichen Ordnung und Kontrolle jedes Schrittes. Der ‚Schaukäfig' neben dem Haupteingang, in dem sich die Kleinsten aufzustellen hatten, wenn mal hoher Besuch vorbeikam, demonstriert auch hier die architektonische Verarbeitung diktatorischer Anmaßung.[15]

Es läßt sich also zeigen, daß – trotz theoretischer Kenntnis und publizistischer Würdigung – die Errungenschaften der europäischen Moderne im italienischen Rationalismus nicht in architektonische Praxis umgesetzt worden sind. Sogar Gustavo Giovannoni, Direktor der römischen Architekturfakultät, illustriert seinen Artikel über die Architektur in der Italienischen Enzyklopädie (1929–1937) mit dem

Grundriß eines englischen Landhaustyps des auslaufenden 19. Jahrhunderts.[16] Dieser war sowohl Vorläufer der modernen Raumkomposition in Europa nach der Jahrhundertwende (Henry van de Velde, Adolf Loos) als auch praktischer Versuche mit kontinuierlichem Raum (holländische Avantgarde); weder Theorie noch Praxis dieser neuen Raumauffassung der Moderne fanden jedoch einen Niederschlag in der italienischen Architekturszene. Nicht einmal Guiseppe de Finetti, Schüler von Loos (1913–1915), versuchte es mit dem ‚Raumplan'; er übernahm von ihm die klassische Haltung und formale Gestalt, schloß sich dem Mailänder *Novecento* an und glitt in der Folge zu einem verspäteten ‚*de-Chirichismo*' ab, der bis in die fünfziger Jahre hinein wirkte. Der Bezug zu Loos und zur Moderne blieb auch hier verbal.[17] War die Moderne nur als Kleid des antik regenerierten Knochengerüsts und der römischen Raum-Ordnung gedacht?

Vom ersten Auftritt des *Gruppo 7* und der Ersten Ausstellung der *Architettura Razionale* 1928, als die unmittelbare politische Aufbauphase des Faschismus abgeschlossen war, bis zum Beginn der Konsolidierung und Massenmobilisierung um 1931 wurde Italien von einer schweren Wirtschaftskrise erfaßt, die ihre Ursache im Faschismus selbst hatte und infolge der New Yorker Ereignisse vom 24. Oktober 1929 noch verschärft auftrat. Nach 1931, im zweiten Jahrfünft nach Mussolinis ‚Marsch auf Rom', mußte sich der faschistische Staat seine wesentlichen institutionellen Grundlagen und politischen Instrumente schaffen, um seine Macht aufrechterhalten zu können: Die Zusammenfassung der Arbeitersyndikate zu berufsständischen Korporationen im Arbeitsgesetz *Legge Rocco* (1926), ein neues Wahlgesetz, das den ‚Großen Faschistischen Rat', den *Gran Consiglio* der 400 ‚Auserwählten' ermöglichte (1928), schließlich die Lateranverträge (11. Februar 1929), ein Konkordat zwischen dem italienischen Staat und dem Vatikan zwecks Anerkennung der *Città del Vaticano* als souveräner Staat des Papstes, das das Religionsmonopol in Staat, Schule und Eherecht festschrieb und den alten Kirchenstaat in seinen territorialen Rechten als Latifundisten restaurierte.[18]

Neben dem neuen Arbeitsgesetz, von dessen Folgen für die Architekten bereits die Rede war, kam den Lateranverträgen auch insofern weitreichende Bedeutung zu, als ihr politisch-ideologischer Gehalt sich in Leitlinien des Entwerfens in Architektur und Stadtplanung niederschlug. Wie wir im nächsten Abschnitt dieses Kapitels genauer sehen werden, folgten die Stadtumbauten, beziehungsweise ihre baulichen Komponenten, dem Bedürfnis, das Programm der Verbindung von Staat und Kirche zu dramatischem Ausdruck zu bringen. So ergab die wechselseitige Orientierung des alten Turms von Kirche oder Dom — als Träger des traditionellen und nun restaurierten Kirchenspiels — mit dem neuen Turm der politischen Macht von Staat oder Partei die virtuell wahrnehmbare ideologische Achse als Gestaltungskriterium der Architekten und Stadtplaner. Dasselbe galt in den neu gegründeten Städten, wo die ‚Tempel‘ der klerikalen und der politischen Macht gleichzeitig neu errichtet wurden. Als einer der Höhepunkte solcher Maßnahmen kann die ‚Konzilsstraße‘ (*Via della Conciliazione*) im Herzen Roms angesehen werden, die die Hauptachse des Petersdoms prunkvoll und symmetrisch fortsetzt und mit Engelsburg, Zitadelle und Grabmal Hadrians verbindet, wofür einige Wohnviertel der ärmsten Einwohner Roms abgerissen wurden[19]: Auch ein Werk Piacentinis beziehungsweise des römischen Akademismus; *Novecento* und *Architettura Razionale* standen dem in nichts nach. Schließlich wurde der Geist der Lateranverträge in drei Losungen der vereinigten obersten Autoritäten zum Zwecke der Massenmobilisierung auf den Begriff gebracht: Glauben — gehorchen — kämpfen. Sie fanden sowohl in Architekturzeichnungen wie bei Wettbewerben Eingang, wurden als Signets an eigens dafür vorgesehenen Gebäudeflächen plaziert oder in der Form von Skulpturen in die Architektur integriert. Die staatliche Autorität entdeckte die ikonographische Bedeutung der architektonischen und stadtgestalterischen Elemente. Im Zusammenspiel mit dem Vatikan verstärkte sich noch die Wucht der Symbole der Hierarchie: Der Symmetrieachsen, der Türme, der zentralen Parolen der Macht.

Im Kontext des Jahres 1931 bezog die *Architettura Razionale* politisch zum ersten Mal Position; zugleich proklamierte sie sich gegenüber Mussolini als die kommende, faschistische Staatsbaukunst.

Die Eroberung der Aufträge:
Neustädte, Kinder- und Jugendwerk, Stadt-Umbauten

Nach der historischen Begegnung der *MIAR*-Gruppe mit Mussolini in der *Galleria Bardi* in Rom im Jahre 1931 ergab sich ein Jahr später, anläßlich des 10. Jahrestages des ‚Marsches auf Rom‘ und der Machtinstallation Mussolinis, eine erste Gelegenheit zur Zusammenarbeit der *Architettura Razionale* mit dem Regime. Das Gespann Libera-De Renzi realisierte die Haupteingangsfront zum Ausstellungsgebäude der faschistischen ‚Revolutionsfeier‘, die 1932 in Rom über die Bühne ging, sowie in einem Pavillon den Raum für den ‚Schrein‘, den Hüter des innersten Heiligtums und tiefsten Geheimnisses des Faschismus ... Terragni gestaltete in einem anderen Pavillon den ‚Saal des Jahres

99 Null' (*Sala del '22*), einen Darstellungsraum der faschistischen Gewalt im Sinne einer *Collage* aus *objets trouvés* des Alltags von Kampf, Eroberung, Gleichschaltung und Hegemonialpolitik.

Jetzt waren es nicht mehr die verschiedenen Tendenzen der Architekturszene, welche sich um Mussolini bemühten und ihm programmatische Angebote vorlegten, es war Mussolini selbst, der die bunte Mischung aus Futuristen und Rationalisten, die die Ausstellung vorbereiteten, nutzte, um mit deren spezifischen Möglichkeiten und dynamischer Darstellungskunst das aufrüttelnde Moment faschistischer Mobilisierungskraft zu verstärken und als erzieherisches Instrument wirksam werden zu lassen.[20]

Die aktive und engagierte Teilnahme gerade der prominentesten Vertreter der *Architettura Razionale* an einer Selbstdarstellung des Regimes hatte zu jenem Zeitpunkt noch eine besondere Bedeutung und Brisanz, befand sich doch Italien infolge der schweren wirtschaftlichen Krise am Rande eines Abgrundes. In drei für Architekten bedeutsamen Bereichen hatte die Krise Auswirkungen: Im Industrie-, im Finanz- und im Agrarsektor. Die wesentlichen Aufträge des Staates an die Architekten des *Movimento Moderno* folgten den Maßnahmen des Krisenmanagements.

Um 1931 standen einige der größten italienischen Banken vor dem Zusammenbruch. Vorhergegangen war ein massiver Rückgang der Industrieproduktion der kapitalistischen Länder; in Italien betrug er zwischen 1924 und 1929 etwa 30 Prozent. Von 1929 bis 1933 verdreifachte sich die Zahl der Arbeitslosen auf über eine Million, davon rund drei Viertel in der Industrie.[21] 1929 folgte der Bausektor dem Niedergang der Industrieproduktion, fiel jedoch weniger stark und ein Jahr später als diese (1931) unter den Wert von 1928. 1932 war das Jahr der Kehrtwendung und des kometenhaften Anstiegs der Produktion, im Bausektor noch wesentlich stärker als in der Industrie (vgl. Tabl. I, II S. 111).[22] Die Entwicklungsindikatoren des Bauwesens — Verzögerung während der Abwärtsphase, Beschleunigung im Aufwärtstrend — weisen auf die Bedeutung des Bedarfs an baulicher Befestigung und Repräsentanz des krisenerschütterten Regimes hin. Der Produktionsanstieg um 1932 ist als direkte Folge der Aktivität des neu gegründeten ‚Instituts für den Wiederaufbau der Industrie' (*Istituto per la Ricostruzione dell'Industria, I.R.I.*) durch die Regierung zu verstehen, das als Sofortmaßnahme elf Milliarden Lire aufwandte, um die Krisenverluste der großen Industriemonopole auszugleichen und ihnen wieder auf die Beine zu helfen. Von dieser Maßnahme profitierten weder die Arbeiterschaft noch die Tagelöhner: Ihre Beschäftigung blieb noch 1934 weit unter den Werten von 1929 (vgl. Tab. III). Folge der Krise und Resultat der staatlichen Intervention durch den *I.R.I.* war die monopolistische Verknüpfung von Staat, Großindustrie und Banken zu einem allumfassenden System; dies löste eine verstärkte Bautätigkeit auf neuerschlossenen Gebieten des faschistischen Darstellungsraumes aus: der Neustädte, des Kinder- und Jugendwerkes und der Stadt-Umbauten.

Eine unmittelbar der Krise von 1929 folgende ‚Getreideschlacht' mit dem Ziel, von Einfuhren unabhängig zu werden und die Außenhandelsbilanz zu verbessern, zu welcher die Getreideimporte bis dahin etwa zur Hälfte beitrugen, führte bis 1933 dank unerbittlicher Mobilisierung der Landarbeiterschaft und der Bauern zu erheblichem Anstieg der Getreideproduktion und Hektarerträge. Die Gewinnung zusätzlicher landwirtschaftlicher Nutzfläche sowie die Konzentration der Landarbeiterschaft in zentralen, lagerähnlichen Siedlungen standen somit auf dem Programm. Wichtigstes Projekt von nationaler Bedeutung war die Trockenlegung der malariaverseuchten Gebiete der Pontinischen Sümpfe zwischen Rom und Terracina in der Zeit zwischen 1931 und 1934, sowie, damit verbunden, die Stadtgründungen in der römischen *Campagna* des *Agro Pontino*.

Neu-Städte
Das Projekt der Trockenlegung der Pontinischen Sümpfe sollte den Charakter eines territorialen Feldzuges bekommen, den Mussolini persönlich kommandierte. Fünf Kleinstädte wurden zwischen 1932 und 1936 im *Agro Pontino* gegründet: Pomezia, Pontinia, Aprilia, Littoria (heute Latina) und Sabaudia. Sie waren die ersten Übungsplätze der *Architettura Razionale*, wie Sabaudia und Aprilia zeigen, die hier exemplarisch herausgegriffen seien.[23] Die Raumordnungspläne (*piani regolatori*) verdeutlichen die Absicht der Planer in der römischen Zentrale, im Kontrast zur bisherigen unkontrollierten, ‚chaotischen' Entwicklung der Bebauung in ländlichen Gebieten und Vorstädten, ein Leitbild zu realisieren. Es bestand in erster Linie darin, das Problem Zentrum-Peripherie in hierarchischer Weise zu lösen und in den Griff zu bekommen. Als simples und bewährtes ‚römisches' Instrument diente die Anlegung eines Zentralreviers (*castrum*), worin die öffentlichen Gebäude der herrschenden Mächte (Parteipalast, Rathaus, Kirche, Polizeistation, Geschäfte, Banken, Haus der Korporationen, Schule usw.) um den Schnittpunkt des Achsensystems der von Norden nach Süden verlaufenden Hauptstraße (*cardo*) mit dem von Westen nach Osten verlaufenden *decumanum* angelegt waren.

Am Beispiel von Sabaudia, wofür ein Wettbewerb ausgeschrieben wurde, läßt sich nachvollziehen, wie die Architekten der italienischen Moderne mit den vom Regime gesetzten hierarchischen Kriterien arbeiteten. Die Aufreihung bedeutungsträchtiger Gebäude entlang der Hauptachsen und die Konzentrierung an deren Kreuzungen, ähnlich der Organisation einer altrömischen Stadt, sowie das Aufeinanderbeziehen der Türme von Rathaus, Parteigebäude und Kirche sind Entwurfs- und Gestaltungselemente der rationalistischen Architektengruppe und Wettbewerbsgewinner Cancellotti, Montuori, Piccinato und Scalpelli geworden. Sie zeigen, wie weit der Identifikationsprozeß des *Movimento Moderno* Anfang der dreißiger Jahre bereits gediehen war. Die Einweihung der Stadt durch Mussolini stellte einen Höhepunkt und zugleich weiterer Antrieb dieses Prozesses dar: Der militärische Aufmarsch war in Stadtplan und Architekturkulisse Programm.

Ähnliche Projekte wurden sowohl seitens der faschistischen Syndikalisten Calza-Bini und Nicolosi als auch aus dem Lager der Rationalisten, beispielsweise von Libera für die Neustadt Aprilia (1936), ausgearbeitet. Diese pontinischen Städte, die im Eiltempo realisiert wurden, waren Vorbilder für zahlreiche weitere Städteplanungen und Stadtgründungen der zweiten Hälfte der dreißiger Jahre und ebenfalls Gegenstand architektonischer Konkurrenz. Die Vertreter des *Movimento Moderno* — vor allem der *Architettura Razionale*, aber auch des Mailänder *Novecento* — taten sich dabei stark hervor, wie die Projekte im touristischen Gebiet für Aosta (Banfi, Belgiojoso, Peressutti, Rogers, 1936) oder im sardischen Bergbaugebiet für Carbonia (Guidi, Montuori, Valle, 1938) zeigen. Neben realisierten Neustädten wurde eine Reihe von Idealstädten lediglich geplant oder gezeichnet, die nicht minder, ja, teilweise noch deutlicher zeigen, wie sich die *Architettura Razionale* in die sich abzeichnende nationale Architektur integrierte. Ein Beispiel ist Ivrea, die Stadt des *ordine industriale*, vom Team Figini-Pollini 1934 erarbeitet; realisiert wurde nur die Olivetti-Fabrik in zwei Schüben (1934/1935, 1939/1940). Ein weiteres — gebautes — Beispiel ist das Außenquartier *Sempione fiera* in Mailand als *città razionalista*, gezeichnet unter anderem von Gardella, Pagano (*Milano verde*, 1938). Und schließlich sei noch die Satellitenstadt Rebbio bei Como erwähnt, die von Terragni und Sartoris als reinste Stadt des Rationalismus konzipiert war (1938). Nicht unbeachtet soll Torviscosa bleiben, die einzige *città-fabbrica*, die von agro-chemischer Produktion und von der Landwirtschaft lebte (Giuseppe de Min, 1937/1938).

Unter den zwölf Neustadtgründungen, die während des Faschismus in Italien innerhalb von zehn Jahren realisiert wurden — Aprilia, Arsia, Carbonia, Fertilia, Guidonia, Littoria, Mussolinia, Pomezia, Pontinia, Pozzo Littorio, Sabaudia und Torviscosa — nahm letztere eine Sonderstellung ein.[24] Als einzige Fabrikstadt lehnte sie sich in ihrem Konzept an Industrie- und Fabrikstädte des 19. Jahrhunderts etwa Englands oder Frankreichs an. Jedoch kam zum alten feudalen Prinzip der Ansiedlung der Arbeiter um die Fabrik in Werkswohnungen mit der Fortsetzung des paternalistischen Arbeitsverhältnisses unter faschistischen Vorzeichen noch eine Dimension dazu, die über die rein existenzielle Abhängigkeit hinauswies und die Bedeutung der vollendeten Ideologisierung, des Meinungszwangs und der Unterstützungspflicht für die Forderungen der Partei einnahm. Mit einem flammenden Gedicht verlieh F. T. Marinetti dieser Gründungsstadt noch futuristische Dramatik. Torviscosa spiegelte die Agrarpolitik Mussolinis, der das Feudalsystem der Latifundien bereits 1923, ein Jahr nach seiner Machtübernahme, wieder installierte. Der Stadtgründung lag eine Vereinbarung des Großgrundbesitzers und Wirtschaftsspekulanten Franco Marinotti mit Mussolini zugrunde. Marinotti veräußerte rund 5 000 Hektar seines Territoriums an die *Società Nazionale Industria Applicazioni Viscosa* (*S.N.I.A.*), eine agro-chemische Industriegesellschaft, deren Generaldiektor er selbst war. Auf diesem Grundstück — im Schnittpunkt der Verbindungen von Venedig nach Triest und von Palmanova nach Aquileia — sollten die neue Stadt und ihr engeres Einzugsgebiet entstehen. Marinotti übernahm Anfang der dreißiger Jahre die noch im Ersten Weltkrieg (1917) gegründete Importgesellschaft *Società di Navigazione Italo Americano*, lancierte die neuen Textilfasern *fiocco* (1933) und *lanital* (1935), für die Kaseïn, Eiweißbestandteil der Milch, benötigt wurde: Grundlagen für die Verbindung von agrarischer und industrieller Produktion für die Zellulose- und Viscose-Herstellung und zugleich Anlaß zur Gründung des agro-chemischen Komplexes von Torviscosa. Die umliegenden landwirtschaftlichen Gebiete wurden einschließlich der Dörfer einbezogen, deren Produktion auf die Bedürfnisse der *S.N.I.A.* (Milch- und Holzwirtschaft) abgestimmt, die Bevölkerung in neuen urbanen Orten zentralisiert. Franco Marinotti beauftragte den *Novecento*-Architekten Guiseppe de Min mit Planung und Realisierung der *città-fabbrica*. Das Bild, das dem Architekten vorschwebte, erinnert an die *pittura metafisica* Giorgio de Chiricos. Ebenso abstrakt, *107, 108* wie der entleerte Raum zwischen den entrückten Architekturobjekten wirkte, sollten nach den Vorstellungen des Architekten auch die Gestaltungslinien der neuen Stadtanlage sein. Die ersten Striche auf de Mins Zeichentisch galten dem klassischen Achsensystem, das, unter Einbeziehung der bestehenden Kirche, ein Netz über das Ganze legte. Die *109* erste, von Norden nach Süden verlaufende Hauptachse ist die Primärerschließung von Torviscosa. Sie kreuzt die erste West-Ost-Achse an der Piazza Marinotti vor den Fabriktoren. Definiert wird diese Kreuzung durch das Direktionsgebäude auf der einen Seite, gegenüber den Fabriktoren durch die Mensa (*Ristoro*) und das Freizeithaus (*Teatro*), die in ‚Empfangsstellung' den heimkehrenden Arbeiter erwarteten. Die erste West-Ost-Achse — die Fabrikachse — wurde als Straße ausgebildet und bis zum Stadion außerhalb des Zentrums fortgesetzt. Eine zweite, virtuelle West-Ost-Achse definierte sich durch den Turm der Kirche und den Liktorienturm des Rathauses zur ideologischen Achse. Zwischen beiden Türmen liegt das überdimensionierte, durch Säulen flankierte Hauptportal der Grundschule, wo sich der Versammlungsplatz bis hin zum Rathaus anschließt. Eine zweite Nord-Süd-Achse kreuzt hier; sie bildet die tangentiale Verbindung des politischen Zentrums zu den südlichen Wohnquartieren. Diese ordnete de Min hierarchisch an: Um den Versammlungsplatz und über den Geschäften und Büros lagen die Wohnungen der Techniker und der Ingenieure der Fabrik; je weiter man sich vom zentralen Platz entfernte, desto niedriger war der funktionale Status der dort wohnenden Arbeiter, und entsprechend einfacher wurden die Wohnhäuser. Während im ‚zweiten Glied' ein Portal den Hofeingang markiert und die Häuserreihen mit zweistöckigen Arkaden gesäumt sind und sich so ein ‚Mikro-Monumentalismus' ergibt, bilden die Wohnhäuser des ‚dritten Gliedes' nur noch kasernenartig aneinandergereihte Containerblöcke jenseits jeder baukulturellen Tradition und klimabedingten plastischen Volumenanordnung; dennoch erinnern gerade hier noch einige Säulen und im Putz ausgesparte römische Bogenfragmente im Bereich der Kopfbauten an der dem Zentrum zugewandten Seite an die ideologische Verkettung des ‚Lebensraumes'. Eine dritte, mittlere Nord-Süd-Achse wird von Brunnenmonument, Schwimmbad- und Stadtparkanlage bestimmt und endet an der Familienmensa, die die Wohnquartiere abschließt. Die Gesamtanlage wurde im Herbst 1937 begonnen, nach 320 Tagen, am 21. September 1938, durch Mussolini persönlich eingeweiht und bis 1942 vollendet. Die zentrale Losung für Torviscosa hieß *autarchia*. Wirtschaftspolitisch ging es den Gründern darum, zu demonstrieren, daß Italien selbst Zellulose herstellen konnte, ohne auf Importe angewiesen zu sein. Autark sollte Torviscosa in bezug auf die Bereitstellung der nötigen Primärstoffe sein, bei der Anpflanzung von Pappelwäldern über die Herstellung von Soda und Chlor bis zur Sicherung der hydroelektrischen Energie. Mit der Errichtung der *città-fabbrica* verfolgte man auf politischer und ideologischer Ebene den Plan, das arbeitslose Industrie- und Landarbeiterproletariat des unteren Friaul in einem urbanen Kern zu konzentrieren. Mit der hierarchisch geordneten Anlage der Bauten für Arbeit, Freizeit und Wohnen sollte die hegemoniale Kontrolle des Regimes realisiert werden. Hierzu griff der Architekt überdies, wie beispielsweise bei den zwei Fabriktürmen, zu Symbolen, deren Äußeres er mit Rippen aus Klinkern so gestaltete, daß sie von weitem wie gigantische

Liktorienbündel (*fasci*) wirkten; Torviscosa ist — noch heute — eine Lektion zum Thema Faschismus.

Das Kinder- und Jugendsozialwerk Balilla

Während die Neustädte Übungsfeld vor allem der rationalen Architekten waren, begann sich für diese bereits vor der und bis in die erste Hälfte der dreißiger Jahre ein weiteres Arbeitsfeld zu entwickeln: Die *Colonie*. Eine landesweite Organisation des nationalen Jugendsozialwerks *O.N.B.* (*Opera Nazionale Balilla*) wurde eigens geschaffen, um Kinder und Schüler in ihrer Erholungs- und Ferienzeit ideologisch weiter zu erziehen. ‚Wer die Jugend hat, der hat die Zukunft' — diese Erfahrung hat sich auch Mussolini zu eigen gemacht. Die Kinder ganz Italiens gruppierte man schon in der Frühzeit des Aufbaus des faschistischen Staates auf der Grundlage ärztlicher Einstufungen zu solchen, die eine körperliche Erholung auf Meereshöhe, zu anderen, die ein Sonnen- und Luftbad im Hinterland der Industriestädte zu absolvieren hatten, schließlich zu jenen, die in Alpensanatorien zur Prophylaxe und Genesung fahren sollten. Die Eingruppierung erfolgte durch den Schularzt, der Aufenthalt war meist kostenlos; nur vermögende Eltern mußten ein ihrem Einkommen entsprechendes Tagesgeld entrichten, für medizinische Betreuung und Ernährungsplanung gab es Fachpersonal.

Die Erholungsanlagen des *O.N.B.* erfüllten nicht nur einen, dem Kinde förderlichen Zweck, sondern führten auch hier jedem vor Augen, in wessen Dienst er zu stehen hatte. Plan und Gestalt der entsprechenden Anlagen stützten die vorgegebene ideologische ‚Figur'. Die Kinder sollten die Omnipotenz der Macht und der Ideologie noch am entlegensten Ort fühlen und deutlich erleben; auf solche Wirkung waren Symmetrieachsen, hierarchische Gliederung, überdimensionierte Hallen, Monumentalismus und in Architektur und Skulptur umgesetzte Symbole angelegt. Ein prägnantes Beispiel dazu bildet die *Colonia Marina '28 Ottobre'* in Cattolica/Forli, benannt nach dem Tag von Mussolinis ‚Marsch auf Rom' und genau zehn Jahre danach, 1932, eröffnet (Architekt: Clemente Busiri Vici). Der Architekturkritiker Enrico Mantero bezeichnet den Bau als Beispiel des nicht-linearen Prozesses der Konsensfindung der Rationalisten mit dem Regime und ‚entlastet' den Architekten, indem er ihm Ignoranz attestiert, was die wahren Absichten der Staatsbaukunst und seine eigene Rolle darin betrifft.[25] Der damit gemeinte architektonische ‚Freiraum', der, Mantero zufolge, noch vor den großen staatlichen Wettbewerben und Projekten nach Mitte der dreißiger Jahre durch bestimmte Architekten des Rationalismus genutzt wurde, gab es in Wirklichkeit jedoch nicht. Es waren ja gerade die Architekten des *Movimento Moderno*, die nach offizieller

Anerkennung suchten und dem Duce Vorschläge für eine ‚wahre faschistische Kunst' unterbreiteten, die jeden Freiraum ausschloß. Es waren die Gralshüter der mussolinianischen Kulturpolitik, die dafür sorgten, daß mit Gesetz, Syndikat, Berufsliste, Auftragsvergabe und Wettbewerbsordnung jede Abweichung unerbittlich geahndet werden konnte, und Abweichung kam dem Berufsverbot gleich. Schließlich entsprachen die Projekte, auch die ausgeführten *O.N.B.*-Bauten — ob gewollt oder nicht — genau den Leitlinien des Regimes. Dies gilt auch für das Kinderheim in Cattolica: Axialsymmetrie, zentrale Rotunde, hierarchischer Aufbau, Wiederholung gleicher Elemente sind die formalen Konstanten. Die Organisation der Bettentrakte, des Refektoriums und des Außenraumes machte die lückenlose Erfassung von 1 100 Kindern möglich und produzierte ein ‚soziales' Erlebnis bei den Kindern, das die ideologischen Parolen ‚glauben — gehorchen — kämpfen' spiegelte, die Ohnmacht verfestigte und die Abhängigkeit von der Autorität als gegeben und unabänderlich erscheinen ließ.

In dem Bautenkatalog des *O.N.B.*-Projekts gehören auch die über 200 Meter lange ‚Erholungsfabrik' des Turiner Rationalisten Ettore Sottsass für 2 000 Kinder in Marina di Massa (1938), die Monumentalanlage des Udineser *Novecento*-Architekten Pietro Zanini in Lignano (1935), sowie zahlreiche weitere Kindererholungsheime. Unter den Architekten der *Colonie d'Italia* finden wir die Rationalisten Levi-Montalcini, Daneri, Vaccaro, E. Rossi, die Gruppe BBPR und viele andere.[26]

Stadt-Umbau
Der dritte Sektor, den die Rationalisten in dieser Phase zu besetzen versuchten und innerhalb dessen sich Schlachten unter den konkurrierenden Tendenzen abspielten, waren die Stadt-Umbauten. Nach den Vorstellungen des faschistischen Staates und seines Führers sollte vor allem im Zentrum, im innersten Kern, im *centro storico* der italienischen Städte alte Bausubstanz ausgeräumt und Raum für die Selbstdarstellung des Regimes geschaffen werden. Es ging um die Markierung physischer Präsenz mit symbolträchtigen Bauten, welche, um neu geschaffene Plätze angeordnet, die geeignete Kulisse für Aufmärsche und Versammlungen bilden sollten. Das römische Forum sollte wiedererweckt werden; der Liktorienturm mit Redekanzel hatte deshalb diesen Platz zu prägen, so daß der Duce hier in wirkungsvollem Rahmen seine Parolen für Krieg, Produktionsschlachten, Kulturkampf und ewige Werte verkünden konnte.

Ein anschauliches Beispiel für den Kampf der Tendenzen um Aufträge bei Stadt-Umbauten bietet der Bereich der *Via Roma nuova* in

Turin. Herausgefordert durch das Bekanntwerden der restaurativen Absichten von Grundstücksspekulanten in diesem Stadtviertel, die einen neo-klassizistischen Totalumbau beabsichtigten, publizierte die Turiner *MIAR*-Gruppe Pagano, Cuzzi, Levi-Montalcini, Aloisio und Sottsass in der Zeitschrift *La Casa Bella* 1931 ein modernes Gegenprojekt: Klare, scharfkantige und expressiv gegliederte Kuben, horizontale und repetitive Figuren, Verabschiedung des Ornaments waren die Elemente, die das moderne Programm der Turiner Tendenz des Rationalismus nach außen hin signalisierten; die durchgängige Arkadenbildung und die Hervorhebung des Mezzanin verdeutlichen schon die pragmatisch gewordene Haltung der *Architettura Razionale*; schließlich bot noch das mit einem Turm versehene Mündungsstück der *Via Roma nuova* mit seiner Monumentalität ein Argument für die Akzeptanz seitens der potentiellen Auftraggeber. Und dennoch kam es anders. Obwohl die Gruppe mit ihrem Vorgehen 1933 eine Wettbewerbsausschreibung erwirkte und sich auch (mit etwas anderer Besetzung) daran beteiligte, gewann sie den Wettbewerb nicht. Piacentinis Wirken im Hintergrund hatte 1935 eine Umkehr zur Folge; das Projekt aus seinem Büro wurde schließlich realisiert. Eine Beauftragung war den Rationalisten trotz ihrer Kompromißbereitschaft nicht gelungen. Doch bleibt Projekt und Name der Gruppe mit der Architekturgeschichte der italienischen Moderne eng verbunden.

Die nahezu hegemoniale Stellung der *Scuola Romana* in Wettbewerbsgremien und staatlich dirigierten Kommunalverwaltungen als ausschreibenden Behörden erlaubten Piacentini und seinen Leuten, fast sämtliche Stadtumbauten zu realisieren. Meist handelte es sich um bedeutende Objekte, wie bei der *Via della Conciliazione*. Piacentini dominierte auch in Genua, was den Rationalisten Daneri ins Hintertreffen brachte. Auch die Stadtumbauten von Bergamo, Brescia, Bolzano und Trieste erfolgten unter Piacentinis Regie.[27] In Varese sollte, nach der 1927 erfolgten Deklaration zum Verwaltungs- und Wirtschaftszentrum im Rahmen der Bildung neuer Provinzen ein Ableger des römischen Akademismus entstehen und für die Leitvorstellungen des Regimes, wie sie bei den kommenden Stadtumbauten gelten sollten, ein Exempel statuiert werden (Architekt: M. Loreti, Umbaujahre: 1932, 1935, 1940). Ein Beispiel für die beginnende Annäherung der Positionen der verschiedenen Gruppen und Tendenzen ist der Umbau der *Piazza del Duomo* in Mailand. Der Beitrag des Rationalisten Gardella (1934) verdeutlicht die Aneignung der städtebaulichen Leitlinien, welche vorsahen, im Herzen der alten Stadtkerne eine Reihe von Referenzbauten des Regimes gegenüber dem Dom zu errichten und so mittels einer Neukonzeption (*sistemazione*) den Altstadtgrundriß auf den neuen Bezugspunkt hin zu orientieren. Der Beitrag der *Novecento*-Gruppe (Muzio, Portaluppi, Griffini, Magistretti) im Wettbewerb 1937/1938 sah ein römisches Forum vor dem Dom vor; im Selbstverständnis der Architekten sollte dieses Projekt den hegemonialen Zugriff Piacentinis eindämmen. Die *Architettura Razionale* kämpfte verbissen um die Eroberung so bedeutender Aufträge, nahm an zahllosen Wettbewerben teil und trat mit Projekten für Stadt-Eingriffe an die Öffentlichkeit, realisierte jedoch nur vereinzelte Bauten innerhalb eines Kontextes, den andere hergestellt hatten.

Einzig Como bildete ein Wirkungsfeld der Rationalisten. Hier konnten Terragni und der *Gruppo Comasco* sich dem römischen Einfluß entziehen und beinahe uneingeschränkt aktiv werden. Como war ein Sonderfall. Diese Stadt wurde nicht wie Varese oder Bergamo zum Nebenzentrum im Hinterland von Mailand erklärt; sie blieb deshalb abseits des nationalen Interesses und somit von einer monumentalistischen Prägung verschont. Die Heimatstadt des Futuristen Antonio Sant'Elia blieb Experimentierfeld der Comasker Rationalisten. Bevor noch der Wettbewerb für den *piano regolatore* 1934 ausgeschrieben war, setzten sie bereits erste Markteine: 1928 das Miethaus *Novocomum*, 1931 ein Gefangenendenkmal (beide von Giuseppe Terragni), 1932—1933 die *O.N.B.*-Anlage für Jugend und Freizeit sowie ein Stadion (Gianni Mantero), schließlich die *Casa del Fascio* (Giuseppe Terragni, 1932—1936). Der Stadtplan-Wettbewerb von 1934 wurde vom *Gruppo CM 8* gewonnen; er basierte auf der Musteranalyse von Como, die am *CIAM*-Kongreß 1933 von Giuseppe Terragni und Piero Bottoni vorgestellt wurde. Acht Architekten aus Como gehörten zum *Gruppo CM8*: Bottoni, Cattaneo, Dodi, Giussani, Lingeri, Pucci, Terragni, Uslenghi. Ihr Projekt zog die Entwicklungslinien des Regionalzentrums Como und formulierte Richtlinien für künftige Erweiterungen, Umbauten und Eingriffe; es brachte den *compromesso storico* des *Movimento Moderno* mit der Tradition, dem ummauerten *centro storico*, zu Papier. Ausdruck dieser Haltung und Demonstration der Eigenwilligkeit des *Gruppo Comasco* sind das *Asilo infantile Sant'Elia* von Terragni (1935—1937), das als strahlend weißes Objekt inmitten eines alten Arbeiter- und Gewerbeviertels mit ‚chaotischer' Bausubstanz, aber außerhalb der Stadtmauern ‚abgesetzt' wurde sowie die Planung der Satellitenstadt Rebbio durch Terragni und Sartoris (1938). Die Arbeiterstadt Rebbio weist in ihrer gezeichneten Version zwar nicht die Schwere der monumentalen Piacentini-Schöpfungen auf, zeigt aber das obligatorische Achsensystem und die konform plazierten Zentrumsbauten, sie war nach den Leitlinien der vorgezeichneten Stadtplanung rigide schematisiert. Die Parallelen zu den Arbeiten des Regime-Baumeisters sind evident, das Personal gehörte noch nicht zum Stab. Die Umstrukturierung des zentral gelegenen *Cortesella*-Quartiers von Como im Altstadtbereich zwischen *Piazza Cavour* und *Piazza Duomo* wurde 1940 unter Terragnis Regie in Angriff genommen. Diese *sistemazione* paßte ins Konzept der axialen Verbindung des mit moderat-modernen Gebäuden neu bestückten Geschäftsviertels um die *Piazzo Cavour* mit der anderen Achse, die durch die Gegenüberstellung von Parteipalast und Dom entstand; der Schnittpunkt wird dabei durch den Dom selbst sowie durch den *Palazzo della Commerciale* flankiert. Auch hier wurde ein Wohnquartiert dem Erdboden gleichgemacht.

138

139

Stadt-Umbau bedeutete in den meisten italienischen Städten Zerstörung; wichtiger als der historisch gewachsene Raum oft der Ärmsten war dem Regime die stadträumliche Erzeugung von römischer Größe und faschistischer Unentrinnbarkeit. Der dazu nötig gewordene ‚Eingriff' klärt darüber auf, was mit *sistemazione* gemeint war: ‚Typologische Umstrukturierung' oder Liquidation von Straßen und Wohnquartieren zwecks Einsetzung des neuen Bautyps, Freilegung neuer Bezugsachsen unter den Referenzbauten der Macht (Kirche, Partei, Staat, Wirtschaft, Institutionen), Verfestigung eines erinnerungsträchtigen Kontextes materialisierter und symbolischer Ideologieträger, genannt *ambientamento*. Hier trafen sich alle Tendenzen der Architektur: Die Modernen mit den Traditionalisten.

Stazione ferroviaria, Florenz 1933:
Wendepunkt der rationalen Architektur

Der Wettbewerb für den Hauptbahnhof von Florenz im Jahre 1933 hatte eine Signalwirkung auf den weiteren Verlauf der Entwurfsleitlinien einer Architekturrichtung, die sich — noch — im Spannungsfeld zwischen *modernità* als Abgrenzung und *romanità* als Integration sah. Im Prozeß der Auftragseroberung hatten die Rationalisten bereits entscheidende Elemente des römischen Akademismus übernommen, um den Bedürfnissen des Regimes zu entsprechen. Bereits fünf Jahre nach ihren ersten programmatischen Bauten standen sie an einem Wendepunkt, der schon das Ende der modernen Architekturbewegung Italiens ankündigte: Florenz, 1933.

Der erste Preis für das Bahnhofsprojekt wurde dem *Gruppo Toscano* um Giovanni Michelucci (Mitarbeiter: Nello Baroni, Pier Nicolò Berardi, Italo Gamberini, Sarre Guarnieri, Leonardo Lusanna) für ihr modernes, funktionales, undekoriertes, im Sinne eines industriell organisierten Schemas gestaltetes Projekt verliehen. In seiner

140–142

143 Klarheit und verblüffenden Einfachheit hob es sich nicht nur scharf von anderen prominenten Vorschlägen ab, sondern erinnerte auch an die Rigidität des Figini-Pollini-Rationalismus der ersten Stunde. Die Folge der Vergabe des ersten Preises an die Rationalisten-Gruppe um Michelucci war nun aber nicht, daß die *Architettura Razionale* als Tendenz gestärkt oder mit der Anerkennung ihrer jüngsten Leistung wieder auf die Stufe ihrer ‚Reinheit' zurückbefördert wurde; das Gegenteil trat ein: Gerade durch dieses neue Projekt der italienischen Moderne fühlten sich deren Gegner herausgefordert. Der Sturm der Empörung im Lager der Traditionalisten war es wohl, der allen modernen Experimenten ein Ende setzte.

Während in Piacentinis Zeitschrift *Architettura* im April 1933, unmittelbar nach Veröffentlichung des Wettbewerbsergebnisses, dem mit dem 1. Preis ausgezeichneten Projekt differenzierte Volumengliederung und Profilierung, sensible Horizontalität im Hinblick auf die, dem Bahnhof gegenüberliegende, in ihrer Dominanz nicht angetastete Kirche *Santa Maria Novella* sowie verantwortungsvolles Traditionsbewußtsein in der im Sinne der alten Florentiner Meister erfolgten Wahl des Steinmaterials für die Wände attestiert wurde, verletzte das Projekt in den Augen der Neo-Klassizisten und anderen Akademisten mit eben diesen Elementen die Würde des Ortes an dieser exponierten städtebaulichen Lage gegenüber der Kirche.

Es stellt sich die Frage, warum um 1933 die sechsköpfige akademisch orientierte Jury (Piacentini, Ojetti, Marinetti u. a.) eine funktionalistische Tendenz, oder, wie Pagano sich in seiner Zeitschrift *Casabella* ausdrückte, „ein Projekt, welches eine avantgardistische Unterschrift trägt", bevorzugte.[28] Pagano würdigte Mut und Verantwortungsbewußtsein bei den Auslobern, wie sie die Architekten der Moderne schon lange erwartet und nun mit Zufriedenheit zur Kenntnis genommen hätten. Der landesweite Protest gegen die Wettbewerbsentscheidung hatte eine Verunsicherung der Jury zur Folge; die Entscheidung wurde zwar nicht revidiert, der Bahnhof im Jahre 1935 gebaut, jedoch getraute sich keine nachfolgende Jury mehr, sich die moderne Position zu eigen zu machen. Gerade dieser ‚Ausrutscher' zugunsten eines bedeutenden Projekts der *Architettura Razionale* gab den konservativsten Kritikern Auftrieb und ließ sie weithin verkünden: So nicht! Niemals wieder einen Bahnhof Florenz! Ein Signal an die Adresse des *Movimento Moderno*, jede weitere Hoffnungen zu begraben, jemals wieder in staatlichem Rahmen funktionalistisch oder avantgardistisch im Sinne der *Nuova Stazione di Firenze* wirken zu können. Das Wehklagen eines Pagano verstummte angesichts der Entwicklungstendenzen des Regimes, das vor sozialen und ökonomischen Notstandsmaßnahmen stand; um die Zügel fester anzuziehen, mußten auch die divergierenden Strömungen gleichgeschaltet werden, um sie für die großen nationalen Projekte einsetzen zu können. Schon wurde für den Überfall auf Abessinien gerüstet und mobilisiert. Der neue Bahnhof von Florenz wurde so 1935 zu einem geradezu exotischen Gebilde, zu einer späten Frucht des avantgardistischen Rationalismus, zu einem *faux pas* der offiziellen Jury, aber mit dem Effekt, daß der Bau die Rolle eines abschreckenden Beispiels für die kommende Staatsbaukunst übernahm.

Die Einfluchtung der Architettura Razionale: Palazzo Littorio (Wettbewerb 1934)

Mussolini hatte stets die Hegemonie im Mittelmeerraum angestrebt. Die Idee des *mare nostro* sollte der Orientierungspunkt einer Mobilisierung aller Kräfte des italienischen Volkes sein. 1934 verstärkte Italien deswegen den Dreierpakt mit Österreich und Ungarn, was in den ‚Römischen Protokollen' niedergelegt wurde. Um dies zu erreichen, mußte zunächst das ‚Rote Wien', Herzstück der ersten Republik Österreich, dann diese selbst zu Fall gebracht werden.

Ein Zusammenspiel des italienischen Diktators mit dem österreichischen Bundeskanzler Dollfuss[29] hatte die Folge, daß mit maßgeblicher Hilfe Mussolinis ein Experiment liquidiert wurde, welches für die moderne Architektur der zwanziger und dreißiger Jahre äußerst wichtig war — man denke etwa an die Wiener Wohnhöfe in den Arbeiterbezirken, an die dazugehörigen Infrastrukturanlagen (Schwimmbäder, Schulhäuser, Volkshäuser, Bibliotheken usw.), oder an die internationale Werkbundsiedlung 1932. Derselbe Mussolini sichert sich die Mitarbeit der italienischen modernen Architekten, indem er sie zu den nun größer werdenden nationalen Projekten einladen ließ und sie nicht zuletzt für die Vorgänge nördlich der Alpen blind machte.

Der für Mussolini erfolgreiche Sturz der sozialistischen Hochburg Wien im Februar 1934 und der Wandel Österreichs zu seinem Bündnispartner durch die ‚Römischen Protokolle' vom 17. März 1934 stärkten den Duce auf internationalem Parkett. Der Machtzuwachs durch die ‚Römischen Protokolle' rief nach einer wesentlich größer dimensionierten Architektur und Stadtplanung; die Zeit der großen staatlichen Wettbewerbe hatte begonnen. Die beabsichtigten Prunkbauten an der *Via dell'Impero* in Rom (*Palazzo Littorio*) und an deren Fortsetzung, der *Via del Mare* (*E'42/E.U.R.*), aber auch die neugeplante *Città dell' Università di Roma* und weitere Projekte sollten die gewachsene Macht demonstrieren, Arbeitslosigkeit, Not und Unterdrückung überdecken und der Verherrlichung des Regimes dienen. Der materielle Rahmen für die künftigen Triumphzüge des Duce mußte frühzeitig vorbereitet, der weit bemessene Stadtraum dafür bereitgestellt und die geeignete architektonische Kulisse im Konkurrenzverfahren unter den Architekten schon jetzt bestimmt werden.

Es war die Zeit der beginnenden Kriege. Nach den österreichischen Ereignissen und dem Pakt mit Österreich und Ungarn (1934) fiel als nächstes im Oktober 1935 die italienische Armee unter Marschall de Bono in Abessinien ein, das ein Jahr später annektiert wurde; 1936 griff Italien gemeinsam mit Deutschland auf Seiten Francos in den spanischen Bürgerkrieg ein, eine weitere Vorbereitung des Bündnispaktes zwischen Mussolini und Hitler; schließlich wurde 1939, am Vorabend des Zweiten Weltkrieges, Albanien erobert und Italien eingegliedert. In den dreißiger Jahren verstärkte sich zudem der Kolonialismus Italiens in Libyen, welches bereits 1911 erobert, ab 1918 strategisch besetzt und 1922, nach der Machtergreifung Mussolinis, systematisch kolonisiert wurde, wobei der antikoloniale Widerstand unerbittlich liquidiert wurde und Blutbäder, Terroranschläge und Massenmorde auf der Tagesordnung standen. Die Schreckensherrschaft Grazianis, des Vizegouverneurs der Kyrenaika, führte zur physischen Vernichtung des Freiheitskampfes und zur Ermordung von dessen Führer und Mentor Umar al-Muchtar, der öffentlich gehenkt wurde. Bis 1934 wurde ein Drittel des Volkes ausgerottet, die Stämme der Wüstensteppe verloren 80 Prozent ihrer Herden. Lybien wurde systematisch kolonisiert; zwischen 1930 und 1940 wurden 100 000 Italiener im Lande angesiedelt[30], wozu im Dienste der Besatzungs-, Kolonisierungs- und Repräsentationsbedürfnisse eine ganze Infrastruktur aufgebaut wurde. Zahlreiche Kleinstädte und Siedlungszentren wurden aus dem Boden gestampft, und einige italienische Architekten erhielten die Gelegenheit, im Sinne der städtebaulich-architektonischen Leitlinien zu wirken, wie sie beispielsweise in der Neustadt Sabaudia manifest wurden. Die ideologisch geprägten Muster von *castrum, cardo, decumanum, forum* usw. standen dem römischen Vorbild in nichts nach; sie wurden über das ganze Kolonialreich, wozu nach 1936 auch Abessinien gehörte, verbreitet. Das einheitliche Bild, das diese Projekte nicht nur in Italien, sondern auch in den Kolonien prägt, war die Folge des Konvergenzprozesses der architektonischen Tendenzen. Im Bereich des Städtebaus erreichte diese Entwicklung 1936 ihren Höhepunkt, als der Chef der römischen Architekturfakultät und *Academico d'Italia*, Giovannoni, zu einem Kongreß des *Istituto nazionale di urbanistica (I.N.U.)* einlud und alle Teilnehmer auf die gültigen Leitlinien verpflichtete. Dazu brauchte es fast keine Anstrengungen mehr, denn die Mehrzahl der 150 eingereichten und vorgestellten Projekte stammten von den Rationalisten.³¹ Während die Mailänder *Novecento*-Gruppe Novello, Cabiati und Ferrazza 1931 den Stadtentwicklungsplan für Tripolis entwarfen, widmeten sich beispielsweise einer der Initiatoren des *Gruppo 7*, Carlo Enrico Rava (Sohn des Vizegouverneurs von ‚Tripolitanien'), dann Luigi Piccinato (ein weiterer Rationalist und Mitverfasser von Sabaudia), sowie Giovanni Pellegrini (Autor eines 1936 erschienenen ‚Manifests der Kolonialarchitektur') der Entwicklung des kolonialen Haustyps für die anzusiedelnden Bauern und Pächter. So wurde der ideologische Boden eingeebnet, wurden die rationalen Muster des kolonialen Darstellungsraumes bis an die Grenzen des Regimes unendlich wiederholt und perfektioniert, wie dies der *Gruppo 7* in seinen vier Schriften zehn Jahre zuvor gefordert hatte; der *Movimento Moderno* merkte nicht, daß er längst im römischen Takt marschierte.

144

Die bedeutenden nationalen Wettbewerbsprojekte, die der faschistische Staat in der Epoche nach 1933 vorhatte, sollten ein Prüfstein im Auswahlprozeß der verschiedenen Architekturtendenzen, vor allem aber für die Integration der *Architettura Razionale* sein. Es war jedoch keineswegs so, daß für alle Vorhaben Wettbewerbe ausgeschrieben wurden. Im Zusammenhang mit dem *piano regolatore* für Brescia zum Beispiel, der 1928 die Kette der nationalen Interventionen im Stadtumbau einleitete, kam es zur Annullierung des Wettbewerbs, da Piacentini, der das Vorhaben der *sistemazione* mit seinem eigenen Büro verwirklichen wollte, in der Jury saß. Bis 1933 blieb die *Scuola Romana* bei diesen städtebaulichen Eingriffen dominierend und ihrem streng neoklassizistisch-monumentalistischen Stil verpflichtet. Die Rationalisten realisierten, wie im letzten Abschnitt dargestellt, einige Projekte, ihr Wehklagen an der zweiten *MIAR*-Ausstellung von 1931 wurde gehört; verglichen mit der Bautätigkeit der Piacentini-Schule war jedoch die Produktion der *Architettura Razionale* im öffentlichen Sektor und im ersten Drittel der dreißiger Jahre bescheiden und dennoch von großer Bedeutung. Im privaten Bereich realisierten allerdings die Akteure des Rationalismus zahlreiche Objekte, wie Villen und Mietshäuser.

Im Florentiner Bahnhof-Wettbewerb (1933) erstaunte vorerst die zustimmende Haltung Piacentinis zum Funktionalismus der Michelucci-Gruppe; nach Danesi/Patetta zeigte sich hier der Altmeister aus Rom „in der Weste des Verteidigers der *Architettura Razionale*"³². Die ‚erstaunliche' Haltung Piacentinis bedeutete aber nichts anderes, als daß dieser von der Akzeptanz, welche der Rationalismus seitens Mussolinis in den ersten Jahren seines Wirkens erfuhr, sich einiges versprach; die Worte des Duce: „Wir müssen ein neues Kulturgut neben demjenigen der Antike schaffen, eine neue Kunst, eine Kunst unserer Zeit, eine faschistische Kunst", erreichten, verspätet, auch Piacentini. In der sich 1933 entfachenden Polemik um ‚Säulen und Strebebögen', die im Kreis der *Scuola Romana* ausgetragen wurde, nahm Piacentini gegenüber dem anderen *Academico*, Ojetti, die Position ein, nun auf den klassischen Monumentalismus zu verzichten und entwickelte im Sinne eines Kompromisses mit der Architektur der jüngeren Generation die Formel der ‚vereinfachten und modernisierten Klassik'.[33]

Città dell'Università di Roma

Die Polemik um ‚Säulen und Strebebögen' war innerhalb der *Scuola Romana* aufgebrochen, als Piacentinis Vorstellungen und Pläne für das neue Universitätsviertel in Rom bekannt wurden (1932). Auch hier verzichtete Piacentini auf einen Wettbewerb. Ihm oblag die Planung und Durchführung dieser neuen Universitätsanlage; einige Architekten der jüngeren Generation und der rationalistischen Tendenz, vor allem aber aus dem Kreis des (auch aus Rom rekrutierten) *Novecento*, wie Giuseppe Pagano und Eugenio Montuori, Gaetano Minnucci, Gio Ponti u. a. wurden hinzugezogen. Hier demonstrierte Piacentini die stilistische ‚Transformation', für die ihn Ojetti 1935, nachdem die Konturen der ‚moderaten Klassik' klarer hervortraten und Piacentini damit das römische *Novecento* stärkte, scharf, grundsätzlich und moralisch kritisierte: „Lieber Marcello, gehört es sich, Abschied zu nehmen von dem, was für zwei oder zweieinhalb Jahrtausende die Merkzeichens Roms bis an die Grenzen seines Imperiums in Afrika und Asien waren? Ist es heute in der Architektur wichtig, einfach neu und modern, statt in allererster Linie römisch und italienisch zu sein?" (Diese Polemik erschien in der Hauszeitschrift Ojettis, *Pegaso*, im Februar 1933.[34]) Die Bauten Piacentinis bezeichnete Ojetti als ‚Schandmäler', die infolge des Verzichts auf Bogen und Säulen altersschwach und hinfällig wirkten; wenn es irgendwo nur zwei Säulen gäbe, selbst wenn ihnen Basis und Kapitell fehlten, so wäre Piacentini bereits wieder ein ‚Römer'. Ojetti beklagte sich über die Huldigung an den rechten Winkel und die nackten Mauern im Universitätskomplex, bei welchem weder Säulen noch Bögen vorgesehen waren. Tausende von Studenten würden hier studieren, ohne sich in Rom zu fühlen: „Wird der Faschismus von 1933 ausgerechnet in Rom den Verzicht auf dieses Rom akzeptieren?" Ojettis Artikel rühmte dann die bewährten Zeichen des imperialen Rom, Bögen, Gewölbe und Säulen: „Macht, Ordnung und römische Justiz konnten kein klareres und leichter lesbares Symbol haben." Säulen brauchte man, „da der Mensch sich daran zu gewöhnen hat, nach oben zu schauen". Die Säule war für Ojetti die Blüte der römischen Kunst: Sie vereinige die drei

Prinzipien der vitruvianischen Baulehre; unter Berufung auf Vitruv applierte er an Piacentini, sich auf diese lateinische Sprache, die die Zivilisation überall prägte, zu besinnen und belehrte ihn im Sinne der Klassik: Überlasse die nackten Maurern den Ingenieuren — die Architektur hat eine Kunst zu sein! Piacentini antwortete sofort und öffentlich (*La Tribuna*, 2. Februar 1933). Er habe nie endgültig auf Bögen und Säulen verzichtet, wie andere Bauten von ihm beweisen würden, und auf römische ‚Aufmachung' verzichte man besser, wenn sie nur leblose Materie bedeute und von ‚Stümpern' verwendet würde. Warum schreibe und spreche Ojetti nicht in lateinischer Sprache und bekleide sich nicht mit einer Toga? So ging die Polemik weiter. Ojetti antwortete, und beide belehrten einander eine zeitlang mit Vorlesungen über Bögen, Gewölbe und Säulen. Die Polemik zwischen den beiden Gladiatoren der römischen Schule beschränkte sich anscheinend nur auf äußerliche Stilelemente, und dennoch hatte Ojettis Mahnung ihre Wirkung nicht verfehlt. Zum einen mußte sich Piacentini verteidigen und rechtfertigen, zum anderen war dieser Paukenschlag — über Piacentini hinaus — an die Adresse des Regimes und ebenso an die Rationalisten gerichtet.

Piacentini selbst hatte nichts zu befürchten. Seine Stellung um diese Zeit war unerschütterbar: Er war Mitglied der Italienischen Akademie, Vorsitzender des Obersten Rats der Öffentlichen Bauten, Berufsverbandspräsident, Chef der Obersten Kommission der Schönen Künste, Direktor der Architektur- und Ingenieurfakultät der Universität Rom, Chefredakteur der größten italienischen Fachzeitschrift *Architettura*, und seine Position als Schiedsrichter für die wichtigsten Bauaufgaben von nationaler Bedeutung erlaubte ihm die Vermittlung von Aufträgen und die Erreichung von Kompromissen seitens fast aller rationalistischen Architekten, die er zur Mitarbeit verpflichten konnte. Gegenüber den Rationalisten nahm Piacentini, seit er mit ihnen in seinem Artikel *Difesa dell'architettura italiana* (1935), abgerechnet hatte, in welchem er auf die zweite *MIAR*-Ausstellung reagierte, und seit dem Fall Florenz eine offenere Position ein: Er wirkte darauf hin, daß der Wettbewerb für den *Palazzo del Littorio* an der *Via dell'Impero* in Rom (1933/1934) für alle Architekten offen war; damit forderte er alle heraus.

Palazzo del Littorio
Der Wettbewerb für die neue Zentrale der faschistischen Partei im Herzen Roms wurde zu einer großen öffentlichen Angelegenheit gemacht. Die bisher eher in privatem oder fachlichem Rahmen geäußerten Polemiken verwandelten sich in öffentliche Konfrontationen; die Szene der Berufspraktiker, der Architektur- und Kunstkritik und der

faschistischen Bürokratie wurde gezwungen, ihre Dispute in aller Öffentlichkeit auszutragen: Tageszeitungen schalteten sich ein, die Deputiertenkammer befaßte sich mit den Wettbewerbsergebnissen. Für die Architekten lockten Aufträge, für die jüngeren unter ihnen professionelle Arbeit in größerem Maßstab: Der *Palazzo del Littorio* war eine Herausforderung. Das Ergebnis des Wettbewerbs zeigte nun mit aller Deutlichkeit die Einfluchtung der Gruppen auf die leitenden Ideen und Richtlinien des Regimes. Staat und Partei brauchten in der Zeit der beginnenden territorialen Expansion glanzvolle Bauten mit monumentalem Wert. Die Polemiken um Architekturstile, um Bögen und Säulen, wichen einer Debatte um die *architettura nazionale* und die Staatsbaukunst (*architettura di stato*). Betrachtet man die Wettbewerbsbeiträge, so fällt auf, daß es sich bei allen um Versuche der verschiedenen Tendenzen, Schulen, Gruppen und Einzelpersönlichkeiten handelte, für die offizielle Linie die bestmögliche Interpretation zu liefern.

In den Wettbewerbsvorschlägen für den *Palazzo del Littorio* kamen ohne Ausnahme bei allen Teilnehmern drei gemeinsame Merkmale zum Ausdruck: Die Ehrerbietung an das antike Rom, indem die Neubauten in ihrer Anlage, Volumengestaltung und Ausrichtung auf das Kolosseum und die Maxentius-Basilika am Rande des *Foro Romano* bezogen sind. Sodann trug man der Bauaufgabe des zentralen nationalen Parteipalastes in dem Sinne Rechnung, daß für die Auftritte der Parteiführung und für deren Repräsentationsbedürfnisse der geeignete bauliche Rahmen mit Tribüne, Forum, Redekanzel usw. symbolisch bereitgestellt wurde. Schließlich wurde die *Via dell'Impero*, die Mussolini schon früher quer durch die Kaiserforen legen ließ und die beim *Colosseo* endete und so zwischen wirkungsvollen Kulissen aus großer Zeit verlief, in die Wettbewerbsprojekte einbezogen; als Triumphstraße für Massenaufmärsche, militärische Auftritte und als Schneise für Tiefflüge der Luftwaffe sollte sie Größe, Stärke und Heldentum evozieren. In den präsentierten Plänen und Modellen fanden die militärische Dimension ebenso wie der geforderte Monumentalismus dramatischen Niederschlag.

Deutlichstes Beispiel für die Verschlüsselung der drei genannten Merkmale war das Projekt der Gruppe Figini-Pollini-BBPR-Danusso. Die Gruppe Terragni-Lingeri (u. a.) fokussierte eher auf den Nahbereich der Kaiserforen und befaßte sich mit dem Zusammenspiel von antiker Kulisse, Massentribüne und Redekanzel für den Duce; die innere Halle sollte wie ein ‚rationalisierter' Piranesi (*Carcere*) wirken. Einzelne Teilnehmer, wie die Gruppe Levi-Montalcini (u. a.), die den Duce hoch zu Roß vor dem Liktorienturm abbildete, gingen in der Huldigung des Führers weiter. Noch deutlicher in der propagandistischen Dimension ist das Projekt Libera, der aus dem stilisierten Profil Mussolinis dessen eigene Redekanzel formte und darum herum in weitgeschwungener expressiver Figur den Palast so anlegte, daß die sonst übliche lineare Ausrichtung auf das Kolosseum ‚unterwegs' abgebrochen und auf das Gebäude der politischen Macht konzentriert wurde. Alle Projekte *159* der *Architettura Razionale* — sowohl die hier skizzierten als auch weitere, wie etwa der Sabaudia-Erbauer Montuori-Piccinato, der Gruppe Ridolfi (u. a.), Nordio, Aloisio (mit Tedesco Rocca), von Cosenza, *160* Pica oder Samonà — übernahmen Elemente des römisch-monumenta- *161* listischen Baustils und dramatisierten die Wirkung noch, wie das Projekt Ponti zeigt, das den rationalistischen Katalog abschließen soll. Die Wett- *162, 163* bewerbsbeiträge sind eindrückliche Zeugnisse für die Anpassung der Rationalisten an die offiziell erwartete Bauproduktion — nicht nach äußerlichen Stilelementen, sondern inhaltlich: In der baulichen Organisation des antiken Bezugsortes, in der Bereitstellung geeigneter ‚Träger' für Partei- und Staatsauftritte und im Akzeptieren von Militarisierung und Monumentalismus als Entwurfsdimensionen. Alle Bemühungen der Rationalisten fruchteten jedoch nicht, und es kam anders: Der erste Preis ging an die noch konsequenteren Monumentalisten, den Traditionalisten Del Debbio, der zusammen mit Foschini und Morpurgo den Kaiserforen noch ein weiteres Denkmal hinzufügte, das in der abweisenden Art einer Kaserne und im harten Schema des römischen Takts die Aufmarschachse zum *Colosseo* konzipierte. Dieser *164, 165* erste Preis hatte die Selbstanpassung der *Architettura Razionale* nicht belohnt, er war eine Lektion für den *Movimento Moderno* und dafür, wie es weitergehen sollte — doch der *Razionalismo* strengte sich noch mehr an, bis er endgültig gleichgeschaltet werden sollte.

Der Sieg Del Debbios hatte politische Hintergründe, die mit dem erfolgreichen Michelucci-Projekt für Florenz und mit der Flexibilität Piacentinis, von dem sich die Modernen viel erhofften, zusammenhingen. Mit einem offiziellen Communiqué vom 10. Juni 1934 gab Mussolini bekannt, daß er die fünf Architekten der *Stazione ferroviaria di Firenze* sowie die vier Architekten der Neustadt Sabaudia empfangen hatte: „Den Einen wie den Anderen brachte der Regierungschef Seine Genugtuung und Seine begeisterte Zustimmung zum Ausdruck, die Er ausgedehnt sehen möchte auf alle die Jungen, welche versuchen, in der Architektur oder auf anderen Feldern eine Kunst zu realisieren, die die Empfindung und das Bedürfnis unserer faschistischen Zeit widerspiegeln."[35] Damit waren, so Pagano, die italienischen Architekten offiziell eingeladen, die Devise des Duce anzunehmen, ‚keine Angst vor dem Mut' zu haben. Die moderne Szene erhoffte sich von diesem Signal, das Mussolini nun ein zweites Mal — nach seinem Auftritt auf der zweiten

MIAR-Ausstellung 1931 — und erst kurz vor der *Palazzo del Littorio*-Entscheidung gezielt setzte, weitere Anerkennung und damit offizielle Legitimierung. Pagano richtete sich in einem *Casabella*-Artikel[36] einerseits an die Jury und warnte sie vor mittelmäßigen, kompromißlerischen und oberflächlichen Entscheidungen: „Die italienischen Architekten und Ingenieure erwarten eine exemplarische Bestätigung und einen Akt des Mutes." Große Erwartungen adressierte Pagano an Piacentini, der „von allen Architekten Italiens als der Mann empfunden wird, der eine unvergleichbar große und hochherzige Verantwortlichkeit trägt". Andererseits wandte sich Pagano an die Architekten, denn nun gelte es, erfolgreich zu sein, das Geheimnis des Ortes an dieser „prächtigen, würdevollen Straße" zu lösen, das heutige Leben in die Geschichte einzufügen, klare und einfache Ideen zu entwickeln, auf Prunk und Prahlsucht zu verzichten, denn das Ziel sei die „Wahrung jener Italianität, derer man sich nicht schämen muß, wenn man von sich aus zeitgenössisch ist". Die modernen italienischen Architekten waren also, Pagano zufolge, offiziell zu einer großen historischen Verantwortung herausgefordert. Und sie nahmen sie wahr. Dennoch kam es anders. Am 20. Mai 1934, drei Wochen vor Mussolinis Verlautbarung, befaßte sich die römische Deputiertenkammer mit dem Wettbewerb. Anfang und Schluß der Sitzung prägte der Leitsatz des Abgeordneten Giunta: „Wir wollen keine *Stazione di Firenze* an der *Via dell'Impero*". Damit waren die Würfel gefallen; „An der *Via dell'Impero* muß äußerst vorsichtig vorgegangen werden, denn hier ging die ganze Geschichte und Zivilisation Roms hindurch." Und: „Um eine geeignete *Casa Littoria* zu bauen, genügt es, in unser Herz zu schauen." Giunta schloß seine oft von langdauerndem Applaus unterbrochene Rede mit einer nochmaligen Warnung vor dem ‚Fall Florenz'.[37] Die Entscheidung für Del Debbios Projekt war politisch gefällt worden. Die darauffolgende Verlautbarung des Duce hatte also die Funktion, die Rationalisten weiter zu ködern, damit sie nicht aufgaben, denn man brauchte sie noch für den letzten Paukenschlag des Regimes, für die *E'42*.

E'42 — E.U.R.:
Das Ende des Rationalismus

Rückblickend kann versucht werden, die Ereignisse um 1933—1934, die wir in der Formel ‚Einfluchtung der *Architettura Razionale*' faßten, noch genauer einzuordnen. Im wesentlichen handelte es sich um drei Projekte, welche die Architekturentwicklung bestimmten: Die *Stazione ferroviaria* (Florenz), die *Città universitaria* und der *Palazzo del Littorio* (beide in Rom). Der rasende Übergang von der funktionalistischen Moderne des Florentiner Projekts Micheluccis über den Stil der vereinfachten und modernisierten Klassik der römischen Universitätsbauten Piacentinis, Paganos, Pontis u. a. bis zum restaurierten Monumentalismus des Siegerprojekts Del Debbios für den Parteipalast im Herzen Roms kann nicht nur Piacentini angelastet werden, der überall ein gewichtiges Wort mitzureden hatte. Der *Academico d'Italia* hatte seine Meinung kontinuierlich weiterentwickelt: Zuerst gegen die *MIAR*-Bewegung 1931, dann akzeptierte er die moderate Modernisierung (Florenz 1933), die er sich selbst aneignete (Universität Rom 1934), um sich schließlich doch hinter den geforderten Monumentalismus zu stellen, der im Projekt für die Weltausstellung 1942 in Rom (*Esposizione Universale del 1942, E'42*, heute *E.U.R.*) noch einen letzten Höhepunkt feiern sollte. Auch Piacentini paßte sich an. Er war ein getreuer Diener Mussolinis. Auch Pagano, ein Wortführer der rationalistischen Bewegung, glaubte den Worten des Duce, der die *Architettura Razionale* lobte und zu ermutigen schien. Während Pagano in den frühen dreißiger Jahren ein Beobachter und Förderer der rationalistischen Tendenz war und selbst als Architekt im Sinne des Rationalismus arbeitete, neigte er in der Zeit des römischen Universitätsprojekts und des *Palazzo del Littorio* dem offiziellen Baustil zu und kommentierte zum Beispiel Mussolinis Zustimmung zu Sabaudia und Florenz mit der Artikelüberschrift in seiner Zeitschrift *Casabella*, „Mussolini rettet die italienische Architektur"[38]. Pagano beteiligte sich als Architekt an der Planung für das Universitätsviertel in Rom mit dem Physik-Institut (1932—1935) und anschließend, gemeinsam mit Piacentini und anderen, an der Ausarbeitung des gigantischen Projekts für die *E'42* (1937—1942). So kann man auch besser verstehen, warum er alle Hoffnungen auf Piacentini setzte, als es um den *Palazzo del Littorio* ging, längst arbeitete er mit ihm an der *Città universitaria* zusammen; auch seine neutralistische Position und sein Schweigen angesichts Del Debbios preisgekröntem Projekt wird verständlich.

Aus all dem kann gefolgert werden, daß der Duce die Zügel fest in die Hand genommen hatte, daß er es war, der den Weg markierte, dem alle Architekten folgen sollten. Und sie taten es. Wie schon am Anfang, so war es auch um diese Zeit das Bedürfnis des Faschismus, sowohl das neue, moderne Italien in Glanz und kristallklaren Konturen darstellen als auch die Werte des antiken Imperiums wiederaufleben zu lassen: „Richter und oberster Organisator von Begünstigungen und Konzessionen wurde mehr und mehr der Staat; für ihn und die herrschende politische Klasse (...) war es klar und notwendig, auf politische Unterstützung zurückzugreifen, um das Beste zu erreichen, und er favorisierte deshalb einen Wettstreit unter den verschiedenen Strömungen, damit die besten Interpreten der Mussolini-Ära daraus hervorgehen konnten. Die Straße für die Kunst des Regimes war so freigemacht. Wer das Risiko nicht eingehen wollte, im Streit umzukommen, dem blieb nur, auf List und Zweideutigkeit zu setzen."[39] Doch aus dieser Wettbewerbssituation ging nur ein Sieger hervor: Mussolini selbst. Aber er war nicht alleine. In den zwölf Jahren seit der faschistischen Machtergreifung (1922) gelang es ihm, als Führer im staatlichen Verbund von Industrie, Agrarwirtschaft und Finanzwesen fast die gesamte Nation auf seinen Kurs zu bringen; die Widersacher waren tot oder im Kerker, wie Antonio Gramsci, einige wirkten im Exil, wie Ignazio Silone[40] — doch die Kulturszene als Ganzes blieb, von einigen Ausnahmen abgesehen, im Italien des Duce, arbeitete weiter und schloß sich ihm an. Dies war die eine Seite. Auf der anderen stand die arbeitende Bevölkerung. Sie wurde in Korporationen erfaßt, unter staatlichen ‚Schutz' gestellt und auf diese Weise diszipliniert. Ihre Lebenshaltungskosten sanken zwischen 1927 und 1932 um 16 Prozent, die Arbeiterlöhne zwischen 1928 und 1934 um 25–33 Prozent. Der Nahrungsmittelverbrauch lag weit unter den europäisch vergleichbaren Werten (beispielsweise lag der Fleischverbrauch in Italien 1933 pro Jahr und Kopf bei 40 Prozent desjenigen in Deutschland, der Zuckerkonsum 1930/1931 bei einem Drittel usw.) Auch der Absatz von Industrieprodukten verschlechterte sich; die Arbeitslosigkeit nahm kontinuierlich zu: Von 1926 bis 1928 um das Dreifache, die nächsten fünf Jahre nochmals um 300 Prozent, so daß um 1933 über eine Million Italiener arbeitslos waren, darunter etwa 30 Prozent in der Landwirtschaft. Schließlich verringerten sich auch die Geldüberweisungen der Emigranten zwischen 1920 und 1928 auf ein Drittel (Banco di Napoli) bis ein Sechstel (Postsparkassen); die Tourismuseinnahmen sanken im selben Zeitraum um 40 Prozent[41] — exemplarische Zahlen, die die Lebensbedingungen des italienischen Volkes verdeutlichen. Arbeiteraufstände, Betriebsstreiks und immer wieder aufflackernde Arbeitslosendemonstrationen wurden durch Miliz, Schwarzhemdenbataillone und Sondereinheiten im Keim erstickt. In dieser kritischen Situation brachte Mussolini die Losung der italienischen Nation aufs Tapet und formte daraus ein ‚gemeinsames Interesse', von den Aktiengesellschaften bis zu den Arbeitslosen. In einer Rede vom 23. März 1932 in Rom appellierte er an sie alle: „Das Losungswort lautet unverändert: ‚Durchhalten!' Durchalten bis zum Sieg. Durchhalten über den Sieg hinaus, für die Zukunft und für die Macht der Nation!"[42]

Die Parallelbetrachtung von Architektur-, Sozial- und Wirtschaftsgeschichte lenkt den Blick auf einen denkwürdigen Zusammenhang:

Während die staatliche Finanzierung der krisenerschütterten Großindustrie und Hochfinanz mit Ersparnissen, Versicherungsprämien und Massensteuern bewerkstelligt wurde, und die Kolonisierung in Übersee mit Hilfe der Nationalen Sozial- sowie der Arbeitslosenversicherung[43], veranstalteten Partei und Staat imposante Wettbewerbe mit kolossalen Bauvolumen und ließen zahlreiche Repräsentations- und Monumentalbauten errichten; das *Foro Mussolini* machte den Anfang, es folgten große römische Postämter (Wettbewerb für vier Quartierfilialen, 1932– 1933), deren drei von den Rationalisten Ridolfi, Libera-Renzi und Samonà realisiert wurden, und mit dem *Palazzo del Littorio* sollte ein glanzvoller Markstein an der römischen Prachtstraße gesetzt werden. Von der Kulmination der Zurschaustellung der Macht im Rahmen der *E'42* wird abschließend noch zu berichten sein.

166–168

Le Corbusiers Auftritt
In diesem Klima der Ausklammerung sozialer Belange begann nun auch die Debatte über die *architettura nazionale* oder *architettura di stato*. Um 1934 befand sich die italienische Moderne schon längst auf dem Kurs der neo-klassizistisch-monumentalistischen Tendenz der *Scuola Romana*. Der Bahnhof Florenz wurde zwar gebaut und 1935 eröffnet. Doch die *Palazzo del Littorio*-Entscheidung hatte die letzten Reste der *Architettura Razionale* getilgt. Le Corbusier trat genau zu diesem Zeitpunkt in Rom auf den Plan. Im Frühjahr 1934 bestritt er auf Einladung von P. M. Bardis Zeitschrift *Quadrante* drei Konferenzen vor der italienischen Architektenschaft. Mit seiner Stellungnahme und seiner Aufforderung an alle Architekten, ihre großen Pläne und Vorstellungen zusammen mit ihrem Führer zu verwirklichen, unterstützte er den letzten Schritt der *Architettura Razionale* in die Reihen der Monumentalisten. Seine Worte hatten Gewicht, denn der *Movimento Moderno* hatte sich von Anfang an auf ihn bezogen; das bedeutendste aller staatlichen Projekte — das die faschistische Machtdemonstration besiegelnde architektonische Element — war noch zu realisieren: Die Anlage für die *E'42*, wo das mussolinianische Rom aller Welt ein neues Cäsarenreich verkünden sollte. „Was ist Rom?", fragte Le Corbusier sein Publikum: „Zu allen Zeiten blieb Rom Ursprung der Geisteskraft (...). Rom war immer, auch wenn es manchmal zu schlafen schien, *poste de commandement*. Welches ist die Rolle, die Rom in der aufgewühlten Gegenwart obliegt? Rom ist das am weitesten entwickelte Potential der lateinischen und griechisch-lateinischen Kultur (...). Rom ist noch heute, inmitten des allgemeinen Aufruhrs, auf dem Posten, den eine Autorität erobert hat, eine Autorität, die imstande ist, ihr Wort vor aller Welt zu verkünden." Die neue ‚Lektion von Rom' beinhaltete für Le Corbusier

die gegenüber anderen europäischen Ländern vorteilhafte Tatsache, daß Italien eine *autorité* hat, deren Meisterwerke Le Corbusier während der Konferenz, Bardi zufolge, mehrmals rühmte und als ‚*merveilleuses*' bezeichnete. Seine eigene Anwesenheit in Rom begründete er am Schluß der letzten Konferenz damit, daß die Baukultur technisch so weit entwickelt und vorbereitet sei, daß die Postulate des herangereiften, Maschinenzeitalters nur noch der Verwirklichung harrten: „Deren Wurzeln reichen so tief, daß einer prächtigen und hervorragenden Architektur und Städteplanung, die erfüllt ist von Größe und Milde für das menschliche Herz, der Weg geebnet wird durch das wunderbare Zeichen der Entscheidung und der Tat, die einzig durch die Autorität vollbracht werden kann — die Autorität, diese väterliche Kraft."[44] Die Teilnahme der Rationalisten am *E'42*-Wettbewerb sowie dessen Ergebnisse müssen auch auf diesem Hintergrund verstanden werden.

Wettbewerb und Ausführung der Projekte für die *E'42* zwischen 1937 und 1942 fielen in die letzte Phase des italienischen Faschismus; zugleich mit der Teilnahme am Wettbewerb meldeten sich die Architekten als Kriegsfreiwillige. Für sie war der Zusammenhang klar: Für die Staatsautorität in ihrem Metier zu arbeiten und ihm zugleich im Kampf für höhere Ideale an der Front als Soldaten zu dienen. Pagano und Terragni stehen als erschütternde Beispiele für diese Haltung. Giuseppe Pagano beteiligte sich am italienisch-deutschen Überfall auf Griechenland (1940/1941), besann sich dann aber anders, nahm 1943 gegen das faschistische Regime Stellung und wirkte im Aufbau der *Resistenza*, bis er von nationalsozialistischen Truppen gefangen genommen wurde; im Konzentrationslager Mauthausen verschied er 1945 an einer Lungenentzündung. Giuseppe Terragni kämpfte, ebenfalls als Freiwilliger, in der Don-Schlacht gegen Rußland (1941/1943) und starb ein paar Tage nach dem Rücktransport nach Italien an schwerer Erschöpfung, nachdem die italienische Armee am Don Mitte Januar 1943 eine Niederlage einstecken mußte.[45]

Die *E'42* war der Paukenschlag für den letzten Auftritt der *Architettura Razionale*. Mussolinis Idee für die *E'42* entstand während des Abessinien-Krieges. Auf der Verbindungsstraße zwischen dem antiken Rom und dem archäologischen Park von *Ostia antica* beim Meer sollte ein nationales Monument als Symbol von Macht und kommenden Siegen entstehen. Der Duce ließ eine Ausstellungsstadt mit festen Bauten planen, die alle bisherigen internationalen Ausstellungen übertreffen sollte. Die *E'42* sollte die Verwirklichung einer Vision sein: Die „Empfindung der wiederbelebten italienischen Seele", die *civiltà romana* und die Fortsetzung des ‚Geistes von Rom' in seiner ganzen

Monumentalität.⁴⁶ Diese *Olimpiade della Civiltà* umfaßte rund 200 Hektar Bauland mit Erweiterungsmöglichkeiten. Sie basierte auf dem römischen Stadtplan-Schema. Der politische Startschuß fiel mit der Einsetzung einer Aufsichtskommission im Juni des Jahres 1936; der Planungsauftrag wurde im Januar 1937 erteilt, der Baubeginn am 28. April 1937 von Mussolini, der einen symbolischen Baum pflanzte, zelebriert. Die Architektengruppe, die nach knapp vier Monaten ein fertiges Projekt mit Modellen, Plänen und perspektivischen Darstellungen ablieferte, bestand aus Marcello Piacentini, Giuseppe Pagano, Luigi Piccinato, Ettore Rossi und Luigi Vietti: Vier Rationalisten, die mit Piacentini zusammenarbeiteten, wobei Piacentini einen Blankoscheck zur Gestaltung der personellen und fachlichen Bearbeitung von Seiten der Kommission erhielt. Am 28. April 1937 wurde auch das Projekt vorgestellt. Mussolini gefiel es, die Vorstellungen fanden seine begeisterte Anerkennung. Die Fünfergruppe funktionierte gut: „Das Einvernehmen zwischen den fünf Architekten, die Übereinstimmung ihrer Absichten und die verbindende Begeisterung stellte sich von ihren ersten Kontakten an ein."⁴⁷ Die Zusammenarbeit war nicht mehr ein ‚historischer Kompromiß' divergierender Strömungen, sie war von der Überzeugung geprägt, sich total und wirkungsvoll der gestellten Aufgabe hinzugeben; in der „herzlichen Atmosphäre gegenseitiger Sympathie" trat das Individuum hinter der „großen gemeinsamen Idee zurück"; die Rationalisten waren nun ‚fähig' geworden, der Autorität und dem Nationalismus zu dienen.⁴⁸

170, 171

Nach der Planungsphase ging es um die Ausführung der Bauten, für die 1941 ein Wettbewerb ausgeschrieben wurde. Die junge Generation der Architekten war aufgerufen, das Gesicht der neuen Ausstellungsstadt zu gestalten; sie sollte mit ihren Leistungen dazu beitragen, in die kommenden Jahrhunderte hineinzuwirken und der Nachwelt Größe und Macht des ‚wiederhergestellten' Italien zu überliefern. Piacentini sah diese Chance. Er ging daran, die „Ernte der lebendigsten Kräfte der italienischen Kunst, die dazu drängte, die Ästhetik der Großen Epoche auszudrücken", einzubringen, ja, er sprach von einer neuen *rinascità*.⁴⁹ Von den Rationalisten erwartete er, daß gerade sie die besten Kräfte aufbieten würden, um das Neue auf traditionellem Boden wirkungsvoll zu errichten. In der nun folgenden Konkurrenz von mehr als 100 Architekten der jungen Generation gaben diese ihr Bestes für die architektonische Selbstdarstellung des Faschismus und verdeutlichten so ihre Einordnung: Auch sie griffen zu Axialsymmetrien, Monumentalismus und Marmor für das höhere Ziel der *italianità*, im Sinne der Leitidee des Mussolini-Imperiums. Ihre Projekte paßten; sie wußten, was man von ihnen erwartete. Piacentini gab es ihnen zu verstehen und wachte über ihr Gewissen. Sie opferten alles. Wer Eisenbeton verwendete, wurde der *anti-italianità* angeklagt. Zumindest durfte man dieses moderne Material nicht nach außen zeigen; alles sicht- und spürbare Material hatte ‚italienisch' zu sein, Stein, Marmor und Ziegel waren die Materialien der *autarchia*. Eisen und Stahl benötigte man für den Krieg. Produziert wurden Säulen, Bögen und Gewölbe — tonnen- und kubikmeterweise; der Prophet der Entwicklung dieses symbolgeladenen Gigantismus war Ojetti.

Die *civiltà mussoliniana* und ihr materieller Niederschlag in der *E'42* standen dem Cäsarismus und seinen Ablagerungen und Nachfolgern in nichts nach. Die Rationalisten der ersten Stunde paßten sich seit dem imperativen Entscheid gegen sie im *Palazzo del Littorio*-Wettbewerb den Darstellungswünschen des Regimes ganz an und produzierten die gewünschten Achsenmuster, überproportionierten Volumen und unendlichen Säulen- und Bogenordnungen, so daß man ihre Projekte in den wesentlichen substantiellen kompositorischen Elementen nicht mehr von Produkten der traditionellen neoklassizistischen Schule unterscheiden konnte; als Beispiele seien hier die Vorschläge der Sabaudia-Gruppe Cancellotti-Montuori (u. a.) für den zentralen

172 Platz, der Gruppe BBPR für den *Palazzo della Civiltà Italiana* und den Postpalast (ausgeführt), das Projekt des Kongreßpalastes der Gruppe
173–175 Terragni-Lingeri-Cattaneo und dasselbe Thema von Libera (ausgeführt) genannt. Die Haltung dieser Architektur gegenüber dem Menschen war eine Demonstration der Macht, die Ohnmacht bewirken sollte. Im Großen mit kolossalen Volumen und Achsen, im Detail mit der Wahl ‚ewiger' Materialien, auf nicht-materieller Ebene mit eindringenden Symbolen. Libera, Propagandist des Ur-Rationalismus, kam diesem Geist am nächsten; als Beispiel vergleiche man seine Portikusausbildung
177, 149 am Kongreßpalast für die *E'42* mit dem Rektoratsportal in der *Città universitaria* von Piacentini, seinem ehemaligen Widersacher, den er jetzt sogar noch übertraf. Wenn wir den Kongreßpalast mit früheren
176, 178 Arbeiten Liberas — den Wohnhäusern in Ostia (1933) und der Villa auf
179 Capri (1938) — vergleichen oder uns an seine Beiträge für die *mostra della rivoluzione fascista* (1932), den *Palazzo del Littorio* (1933) und die Neustadt Aprilia (1936) erinnern, so bemerken wir einen kontinuierlichen Monumentalismus und eine durchgängige propagandistische Dimension. Vergleichen wir sodann ein paar frühe Mietshäuser von
180–182 Terragni-Lingeri (Mailand 1933/1935) mit deren *E'42*-Kongreßpalast, blieb zwar die achsensymmetrische Haltung als Konstante, doch die Metamorphose verstärkte sich, die Anpassung Terragnis, vorgezeichnet schon in der *Casa del Fascio*, wurde präziser, die Abkehr vom ersten Anfang deutlicher: Die Zwischenstation hieß *Palazzo del Littorio*

(1933), die Endstation der totalitären Architektur zeigte Terragni im Projekt für das Danteum an der *Via dell'Impero* (1938). Schließlich bleibt noch Cattaneo, der in der Lage war, fast zur selben Zeit sein Mietshaus in Cernobbio bei Como (1938/1939) unter einen Hut zu bringen mit dem *E'42*-Kongreßpalast, den er gemeinsam mit Terragni und Lingeri entwarf (1941).
Das war die Tendenz des Rationalismus, die Mussolini verstanden und ‚begriffen' hatte. Das war zugleich ihr Ende. Aus der *Architettura Razionale* war die *architettura nazionale* geworden.

Tabelle I: Produktion in der Bauindustrie (1928 = 100)
— Allg. Index der Industrieproduktion
--- Index der öffentlichen Bauten
..... Index der Bauten in den hauptsächlichsten Städten

Tabelle II: Produktion in der Bauindustrie im Verhältnis zur allgemeinen Industrieproduktion
— 1928 = 100
--- Index der Industrieproduktion
— Index der Produktion in der Bauindustrie

Tabelle III: Beschäftigung in der Industrie
— 1929 = 100
--- tägliches Mittel der beschäftigten Arbeiter
..... Arbeitsstunden im halbjährlichen Durchschnitt

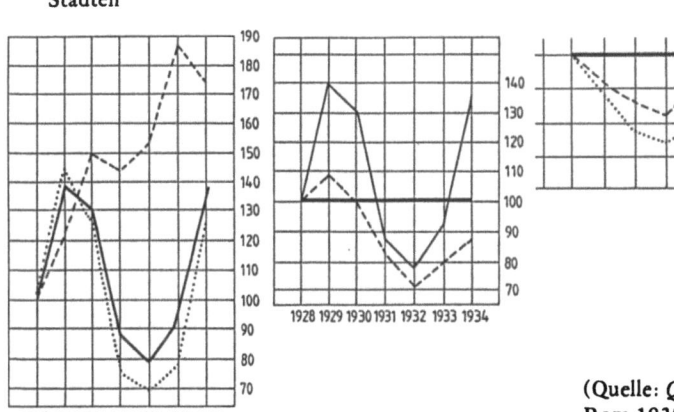

(Quelle: *Quadrante* 22, Rom 1935, S. 14)

84

Anspruch auf den ersten Leitbau des Rationalismus: **84** Miethaus *‚Novocomum'*, Terragni, Como 1927–1928; **85** *‚Padiglione'*, Sartoris, Turin 1927–1928

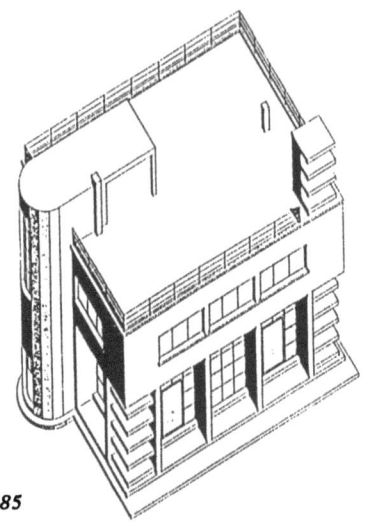

85

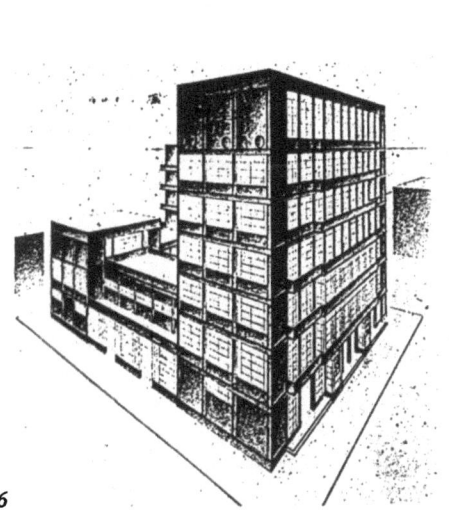

86–88 1. Ausstellung der *Architettura Razionale*, Rom 1928: Figini e Pollini – Libera – Terragni; **89** *Triennale Monza* 1930: Figini e Pollini, *La Casa Elettrica*

90

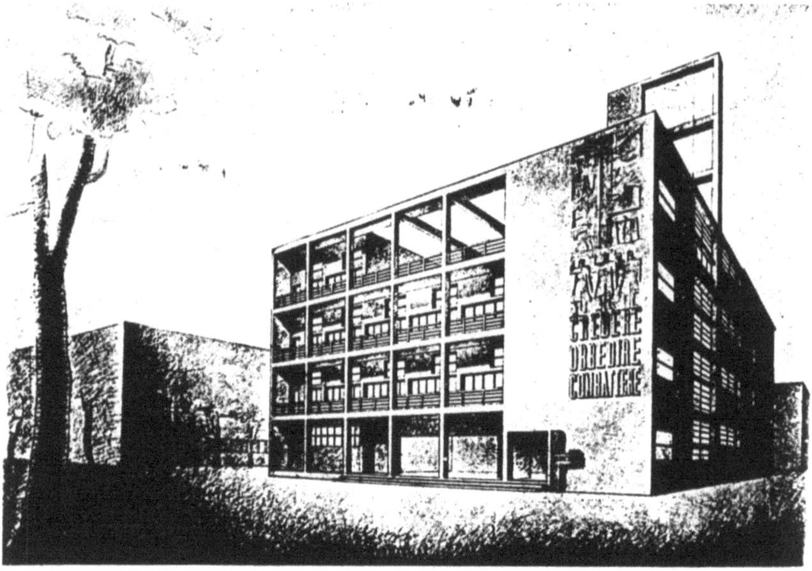

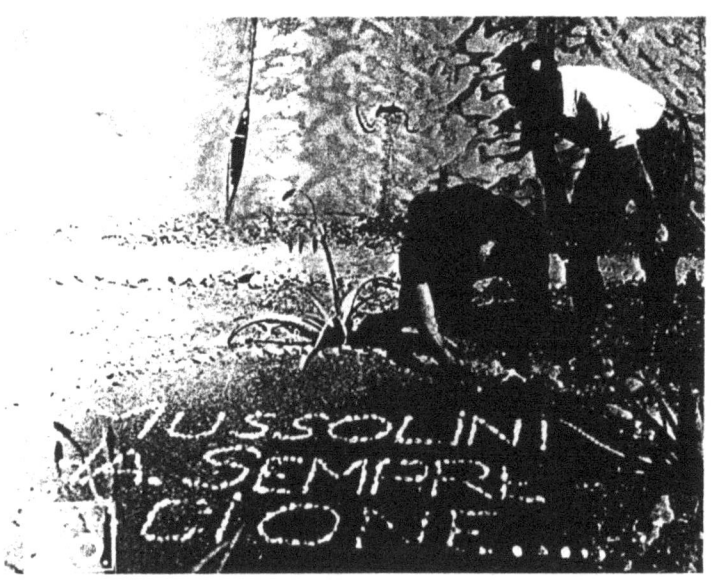

90 Ideologieträger *Casa del Fascio*, Como, Terragni 1932–1936; **91** Die ‚Unfehlbarkeit' Mussolinis …

91

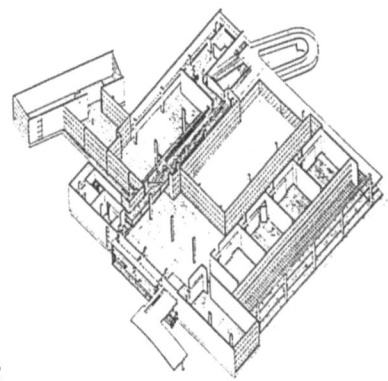

92–95 *Asilo infantile Sant'Elia*, Como, Terragni 1935–1937

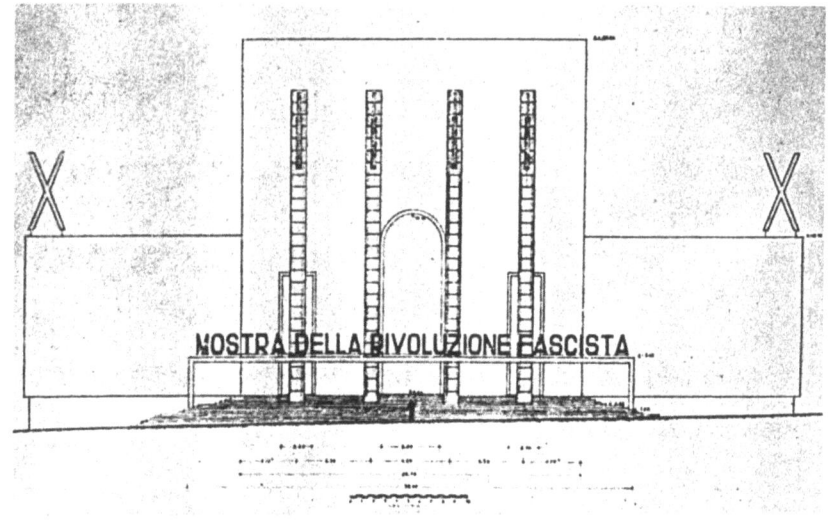

10. Jahrestag der faschistischen ‚Revolution', 1922–1932: **96–98** Ausstellungspavillon, Libera – de Renzi; **99** Propagandatafel für die faschistischen Arbeiter im Saal des Jahres '22, Terragni

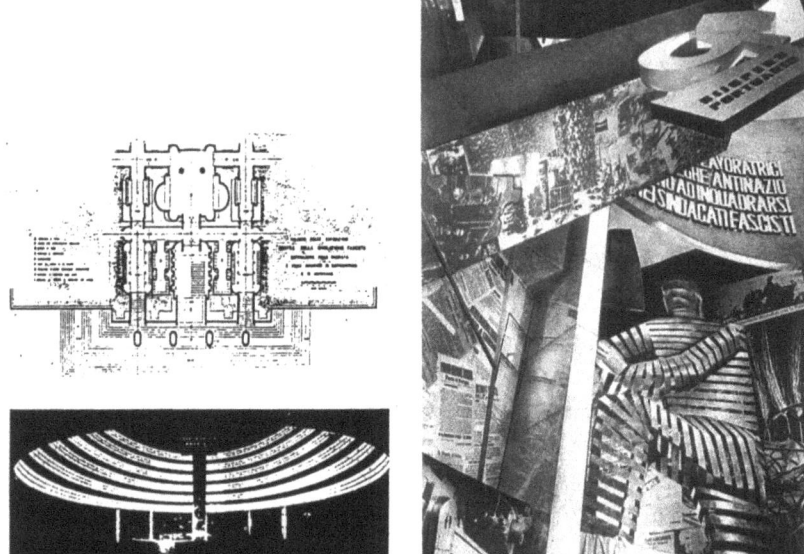

Neustadt Sabaudia, 1933–1934: **100–102** Projekt Cancellotti – Montuori – Piccinato – Scalpelli; **103** Inauguration am 15. April 1934 durch den Duce und den König

104–106 Neustadt Aprilia, Projekt Libera: Visionen und Stadtplan

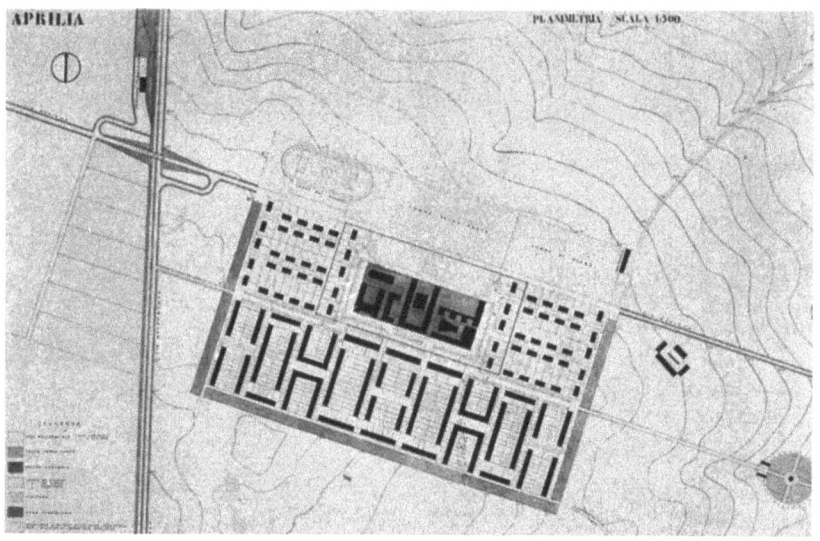

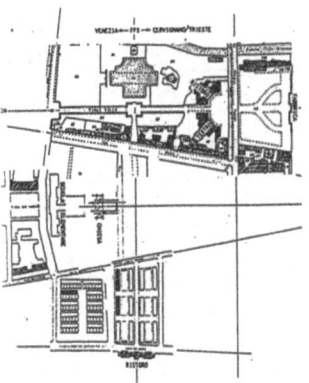

Torviscosa, *città-fabbrica*, de Min 1936—1938: **107—108** Visionen des Architekten; **109** Rekonstruktion des Stadtgrundrisses; **110** zeitgenössische Aufnahme

111

112

115

Torviscosa: **111** Fabrikanlage; **112–114** Wohnungen für Techniker, mittlere und untere Arbeiter; **115–116** Schulanlage mit Eingangsportal

113

114

116

117 Fabrikturm als Liktoriensymbol; **118–120** Landarbeiter und Landarbeiterinnen bei Torviscosa; **121** Inauguration der *città-fabrica* durch Mussolini am 21. September 1938

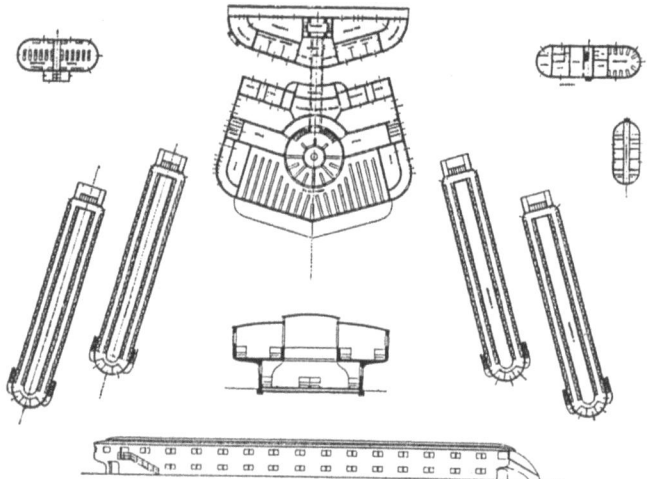

Opera Balilla: **122–123** *Colonia Marina ‚28 ottobre'* in Cattolica/Forli, Busiri Vici 1932; **124** *Colonia Marina ‚28 ottobre'* in Marina di Massa, Ettore Sottsass sr. 1938; **125** *Colonia elioterapica* in Lignano, Pietro Zanini 1935

Stadtumbauten: 126–131 *Via Roma nuova*, Gruppo MIAR 1931, Projekt Piacentini 1935; 132 Piacentini erklärt Mussolini die *Via della Conciliazione*, Rom 1937; 133 Abbruchgebiet Stadtzentrum Brescia, Piacentini 1939

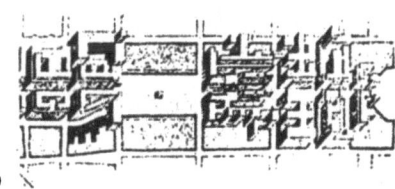

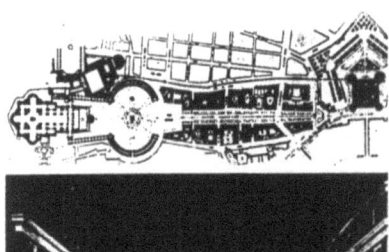

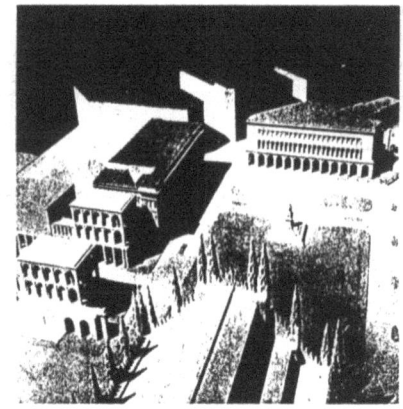

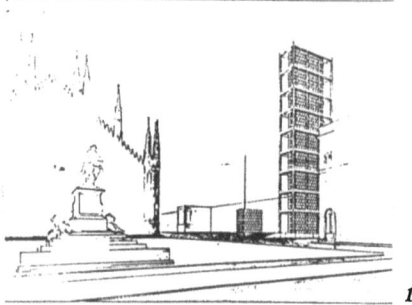

Stadtumbauten: **134** *Via della Conciliazione*, Rom, Piacentini 1939; **135** Bozen, Piacentini 1933; **136–137** Domplatz, Mailand: Projekt Muzio 1939–1946, Projekt Gardella 1934; **138–139** Cortesellaquartier, Como 1940, Terragni: Stadtumbauprojekt – Interventionsgebiet – Abbrucharbeiten

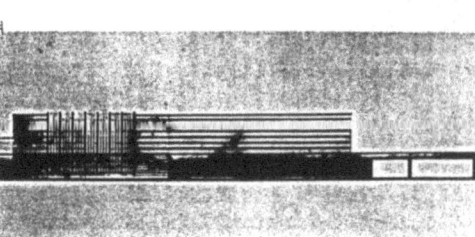

Wettbewerb *Nuova Stazione di Firenze*, 1933: **140–142** Projekt Michelucci – Baroni – Berardi – Gamberini – Guarnieri – Lusanna; **143** Projekt Samonà

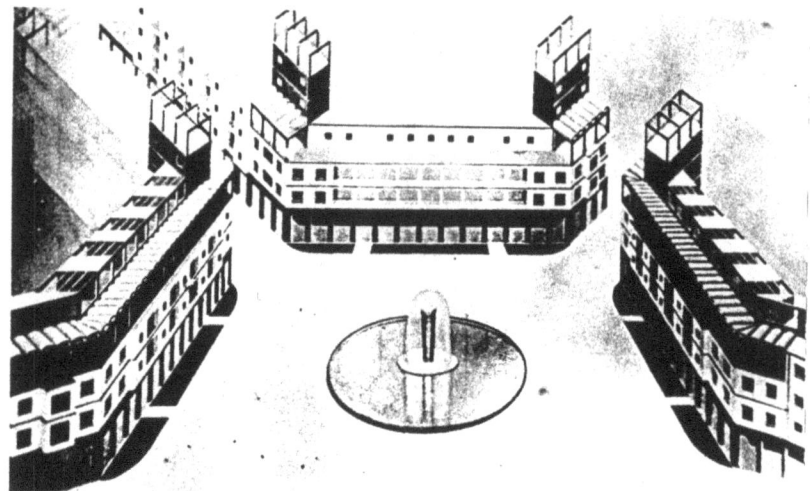

Koloniale Architektur: **144** Libera: Wettbewerbsprojekt Domplatz, Tripolis, Libyen 1930–1931; **145** Olivetti-Dorf, Libyen; **146** Zentrum Bari, Äthiopien/Abessinien

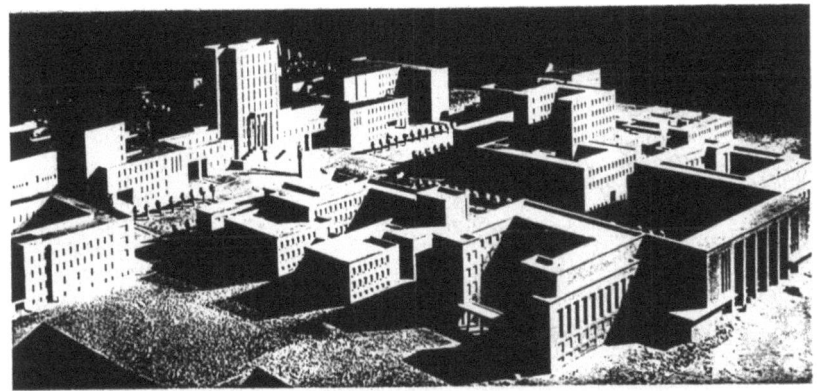

Città universitaria di Roma, 1932—1935: **147** Piacentini, Gesamtanlage; **148** Pagano, Physikinstitut; **149** Piacentini, Rektorat; **150** Ponti, Mathematikschule

Wettbewerb *Palazzo del Littorio*, 1934: **151–153** Projekt Banfi – Belgiojoso – Danusso – Figini – Peressutti – Pollini – Rogers

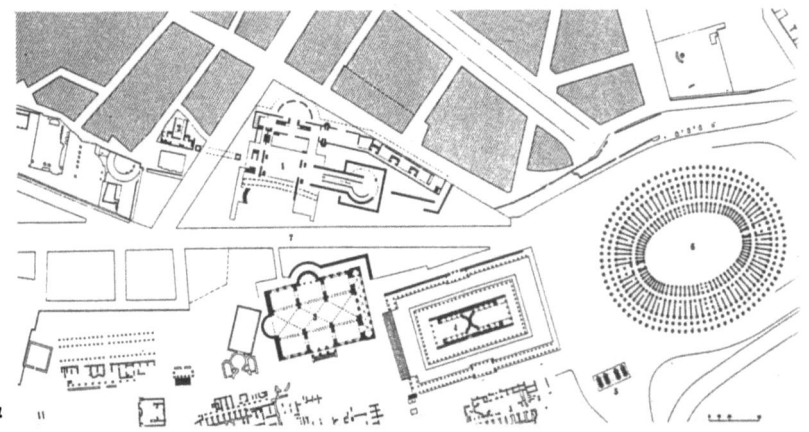

Wettbewerb *Palazzo del Littorio*, 1934: **154—157** Projekt Terragni — Lingeri — Saliva — Vietti

Wettbewerb *Palazzo del Littorio*, 1934: **158** Projekt Levi Montalcini – Cuzzi – Pifferi; **159** Libera; **160** Nordio – Cervi; **161** Samonà

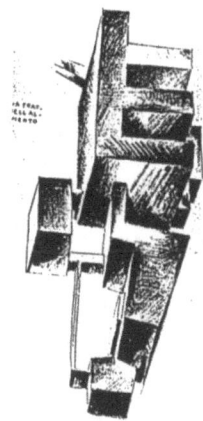

Wettbewerb *Palazzo del Littorio*, 1934: **162–163** Projekt Gio Ponti; **164–165** Siegerprojekt Del Debbio – Foschini – Morpurgo

Uffici postali Roma, Wettbewerbe 1932–1933: **166** Projekt Ridolfi; **167** Projekt Libera – De Renzi; **168** Projekt Samonà

169 Vorschlag Le Corbusiers für die *campagna romana*, 1935

170

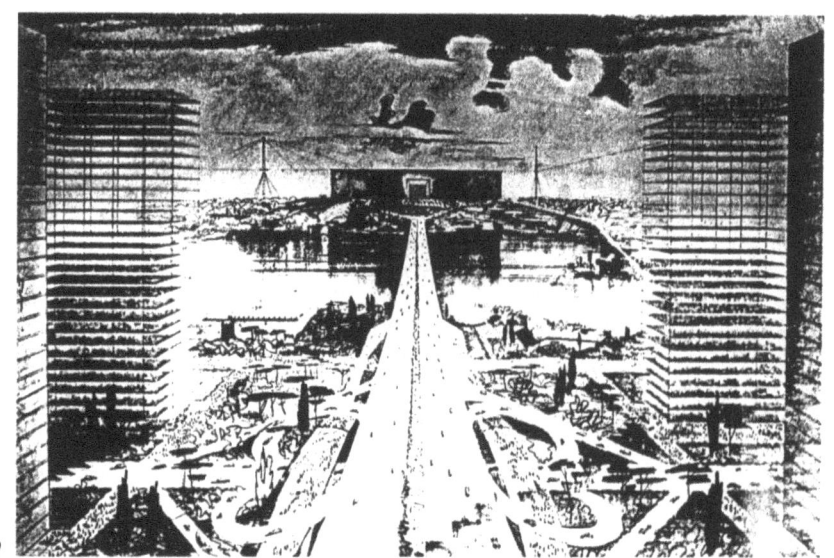

Weltausstellung *E'42/E.U.R.* 1937–1942: **170** Piacentini, Vision der Gesamtanlage; **171** Modell *Piazza Imperiale*

171
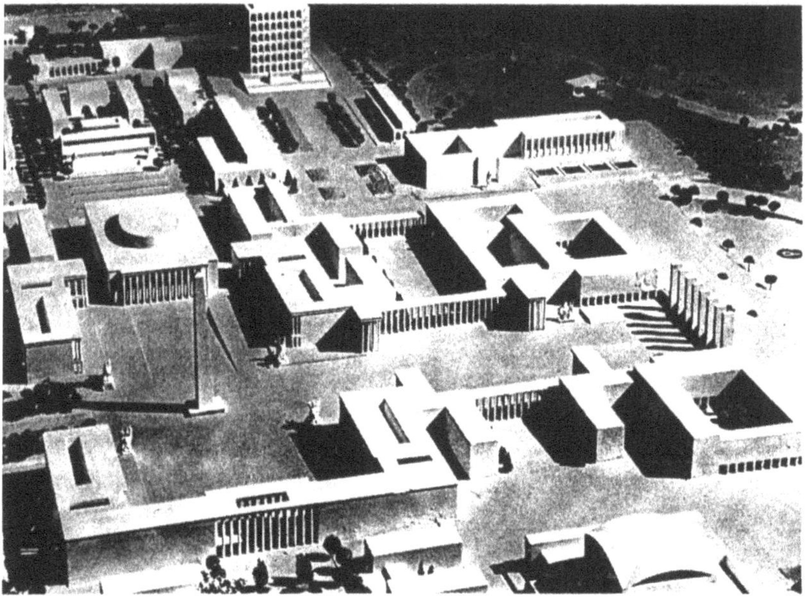

E'42/E.U.R. 1937–1942: **172** Projekt Banfi – Belgiojoso – Peressutti – Rogers; **173– 175** Projekt Terragni – Lingeri – Cattaneo

Adalberto Libera: **176–178** Wettbewerbsprojekt für die *E'42/E.U.R.* 1937–1942, ausgeführt 1938; **179** im Vergleich: *Villini a Ostia* 1933

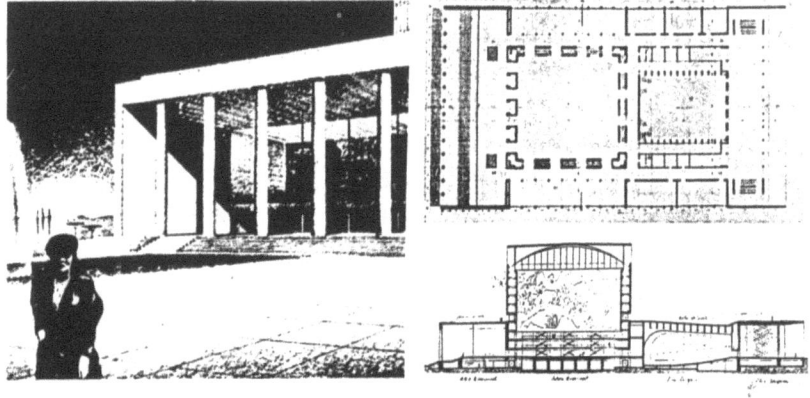

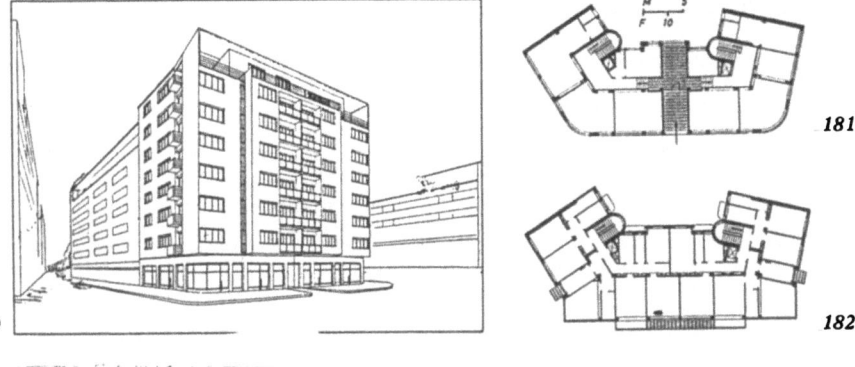

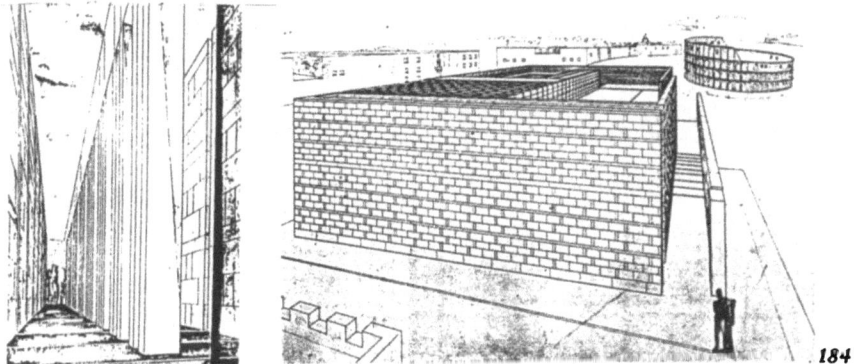

Vergleichsprojekte Terragni — Cattaneo zum *E'42*-Wettbewerb: **180–182** Terragni, *Casa Ghiringhelli* Mailand 1933; **183–184** Terragni, *Danteum* Rom 1938; **185–186** Cattaneo, Miethaus in Cernobbio/Como 1938–1939

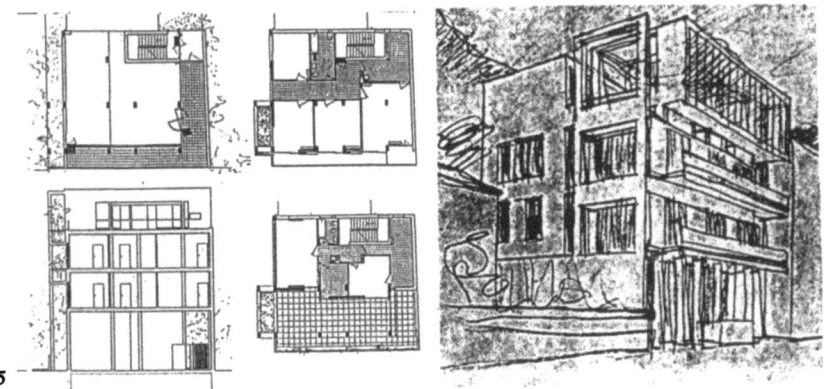

5 Die Kontinuität des Razionalismo

Auch in Italien beobachten wir die Kontinuität des Architektenwirkens über den Zweiten Weltkrieg hinaus. Die Architekturproduktion der Akteure des *Razionalismo* hat in großem Maß überhaupt erst nach der Ära Mussolini begonnen. Dafür stehen Namen wie Libera, Figini-Pollini, BBPR (ohne Banfi, der im Krieg umkam), Gardella, Samonà, Aloisio, Michelucci u. a., die in den fünfziger Jahren und bis in die sechziger Jahre hinein teilweise in behutsamerer, in ihrem Selbstverständnis ‚organischer' Art, vor allem im Sektor der Wohnungsproduktion[1], vorwiegend jedoch in ungebrochenem ‚*Dopo-Razionalismo*' weiterbauten (dasselbe gilt übrigens auch für die *Novecentisti* de Finetti, Gio Ponti u. a.); der zwischen Futurismus und Rationalismus sich verstehende Alberto Sartoris scheint sogar erst jetzt seine Blütezeit zu erleben.

Weitere Rationalisten — so Terragni, Pagano, Cattaneo — sind im Krieg umgekommen, Persico bereits 1936. Die Meister der *continuità* prägten nicht nur die Nachkriegsarchitektur im Wohnungsbau und in den staatlichen Bauaufgaben, sondern auch die Lehrpläne und pädagogischen Konzepte der Architekturschulen. Als Beispiele seien hier Liberas Wirken in Florenz (1952–1955) und in Rom (1962–1963), sowie dasjenige von Nervi an der Universität Rom (ab 1948) erwähnt[2]; das architekturpädagogische System des zwischen *Novecento* und Neo-Klassizismus hin und her pendelnden Saverio Muratori, das dieser in Rom (1953–1973) praktizierte, gehört ebenfalls in diesen Rahmen.[3]

Weiter ergaben sich aus der politisch-ideologischen Anpassung der Protagonisten aus den dreißiger Jahren an die neuen Zeitbedingungen (*trasformismo*) merkwürdige Kombinationen der Zusammenarbeit und der Auftragsvergabe, wie beispielsweise beim Projekt des Sportpalastes für die Sommerolympiade 1960 in Rom, das die Anlage der E.U.R. vervollständigen sollte und 1956–1960 als gemeinsame Architektur- und Ingenieurarbeit durch Marcello Piacentini und Pier Luigi Nervi realisiert wurde. Nervi bewegte sich schon in der Zeit des Mussolini-Faschismus zwischen *Razionalismo* (u. a. Autor in Bardis Zeitschrift *Quadrante*), *Novecento* (zum Beispiel gemeinsames Wettbewerbsprojekt für den *Auditorio di Roma* im Jahre 1935 mit Valle und Guidi) und dem Regime (Hangars für die Luftwaffe 1936 in Orbetello, E'42-Projekt usw.), und so war er auch später in der Lage, sich zusammenzutun mit Piacentini ebenso wie mit Libera, mit dem er den Viadukt des *Corso Francia* (eine Verbindungsbrücke zum neuen olympischen

Dorf, das Libera erbaute) entwarf (1958–1960)⁴. Ins gleiche Kapitel gehört Muratoris Projekt für den neuen Hauptsitz der neuen Macht, für das Parteigebäude der *Democrazia Cristiana* (*DC*) in Rom (Fertigstellung 1955), die die Geschäfte des Staates seit dem 10. Dezember 1945 (Regierung de Gasperi) führte.⁵

Diese Feststellungen über *continuità* und *trasformismo* lassen die Frage nach der Haltung der Architekten und nach deren Verantwortlichkeit für die Konsequenzen ihres Tuns stellen: Als Mobilisatoren auf dem Gebiet der Umsetzung ideologischer Werte in Architektur sowie als Propagandisten mit erzieherischer Wirkung, indem Symbole von Beherrschung und Gewalt in Architektur übersetzt und in noch die letzten Winkel des *Impero Romano*, somit auch in die Kolonien, getragen wurden, wie das im ersten Dokument des *Gruppo 7* über die *Architettura Razionale* – auf das alte Rom bezugnehmend – postuliert wurde. Die Architekten – alle, und nicht nur sie – waren über das Zeitgeschehen informiert; sie wirkten sogar an der Front des Geschehens und prägten dessen Konturen. Dann haben sie nach dem Sturz des Faschismus die Farbe gewechselt. Sie bauten nicht nur weiter, sondern verschafften sich an bedeutenden Architekturfakultäten Autorität und Würde. Die neue staatliche Macht hat sie nach dem Krieg übernommen. Bestimmte Pläne waren ‚billig' zu haben, einschließlich des Personals, etwa bei der zweiten Wettbewerbsstufe für den *Palazzo del Littorio* in Rom (1937), dessen Standort von der *via dell'Impero* ins *Foro Mussolini* verlegt wurde. Der Gewinner dieses Wettbewerbs war wiederum Del Debbio (mit Foschini und Morpurgo); Del Debbio durfte sein Projekt 20 Jahre später, 1956–1959, in fast unveränderter Form realisieren.⁶ Exemplarisch sei hier abschließend der Kopfbau der *Stazione Termini* in Rom genannt, für den 1936 ein Wettbewerb veranstaltet wurde, dessen erster Preis die Gruppe Montuori (von Sabaudia her bekannt) und Calini gewann; zwölf Jahre später, 1948–1950, baute dieses Team (erweitert um Vitellozzi, Castellazzi, Fadigati, Pintonello) den neuen Bahnhof auf ähnlicher Grundlage und gegenüber dem Wettbewerbsresultat von 1936 kaum verändertem Planungsschema.⁷

Eine bemerkenswerte Wandlung (und Neuorientierung) kann man bei Luigi Moretti (1907–1973) feststellen. Während dieser Architekt der jüngeren, ‚zweiten' Generation auf dem Höhepunkt des Zudienens der *Architettura Razionale* auf die faschistischen Bedürfnisse nach monumentalen Bauten, sich den Protagonisten dieser Tendenz anschloß und, wuchtig, das Akademiegebäude für die Fechtschule im *Foro Mussolini* (oder *Foro Italica*) hinstellte (Projekt 1933, Bauzeit 1934/1935, Eröffnung 1936), und unmittelbar nach dem Zweiten Weltkrieg im Sinne des *Dopo-Razionalismo* weiterzubauen versuchte (beispielsweise Wohnscheiben an der *via Corridoni* in Mailand; Entwurf 1946, erbaut 1947—1948, zusammen mit E. Rossi), begann Moretti schließlich Anfangs der fünfziger Jahre die kompositorischen Imperative der *Architettura Razionale* aufzulösen: Die rigide Achsialsymmetrie, die kantig-geschlossene Volumentrie, die ausschließliche Wirkung als Objekt nach Außen im Sinne des ideologischen Programms. Davon zeugt zum Beispiel die Casa *‚Il Girasole'* (1950) in Rom: Die Orientierung der Raumorganisation an einer leicht ‚schrägen Tendenz', die Ablösung der Fassadenfront vor dem Gebäudevolumen, die Einführung eines für die Bewohner interessanten, kleinen, erlebnishaltigen Innenhofes für soziale Kommunikation; schon im Jahre zuvor öffnete er die Gebäudeecke (*Casa della cooperativa Astrea*, Rom 1949).[8]

Während Moretti mit diesem zaghaften, aber spürbaren Versuch eine Neuorientierungsmöglichkeit markierte, wird zwanzig Jahre später anläßlich der *XV Triennale di Milano* im Jahre 1973 das Rad wieder rückwärts gedreht, die Idee des *Razionalismo* reinstalliert: „... man kann den Anfang dieser Bewegung mit der 15. Triennale in Mailand (1973) gleichsetzen, als Aldo Rossi (geboren 1931), der führende Vertreter des Rationalismus in Italien und Organisator dieser Ausstellung, den Katalog *‚Architettura Razionale'* herausbrachte."[9] Mit einem Paukenschlag sollte Geschichte, Ideologie weggeschmissen, nur noch Technik, Struktur als Architektur akzeptiert werden: „Ganz einfach, weil die Probleme, die sich damals stellten auch die Probleme von heute sind und wir sie mit größter Klarheit quer durch alle Widersprüche der Gesellschaft, in ihren Erfolgen wie Schiffbrüchen, sehen."[10] Der aufmerksame Leser erinnert sich bei diesen kühnen Aussagen Rossis an die Worte des *Gruppo 7* im letzten Absatz der *nota 1* aus 1926. Somit würden die Hauptaufgaben des Architekten darin bestehen, abseits des historischen Kontextes, worin er arbeitet, die grundlegende Typologie der Architektur zu erforschen und zu entwickeln, „... typologische Formen, welche diese Gesamtheit von Bedingungen ermöglichen [Lebensweisen, sowohl der städtischen wie ländlichen Bevölkerung], die nicht Erfindungen der Architektur sind, aber worauf der Architekt interveniert, einzig um sie zu vervollkommnen, vorwärtszutreiben in der heutigen Situation."[11] — Zurück zum Platonismus?

Mit diesem Akt der Ent-Geschichtlichung von Architektur, dem die Terragni-Bauanalyse Peter Eisemanns aus 1970/1971 vorausging[12], waren die Grundlagen dafür bereitgestellt, um das rationalistische Material der zwanziger und dreißiger Jahre für die als ‚postmodern' begrifflich gefaßte Strömung in der Architektur verfügbar zu machen.

Die Nähe zur faschistischen Zeit und die Erinnerung daran, die der kritische Betrachter beim Anblick der seither errichteten Bauten des post-mussolinianischen Klassizismus (nicht nur in Italien) empfindet, läßt sich so sehr die Frage nach dem ‚richtigen' oder ‚falschen' Stil als interessant erscheinen, sondern diejenige nach der Haltung, die der Architekt in und zu seiner Zeitgeschichte einnimmt. Wenn wir wieder zur *Architettura Razionale* der Mussolini-Epoche zurückblicken, stellen wir fest, daß weder *continuità* noch *trasformismo* die Haltung legitimieren und schon gar nicht die Frage erhellen können, warum die Architekten des *Razionalismo* nicht den Weg des Exils oder des Widerstandes, sondern denjenigen des aktiven Mitwirkens und später des kontinuierlichen Weiterschaffens wählten. Um diese Frage zu beantworten und uns selbst zu kritisch-reflektierter Haltung anzuregen, soll in den abschließenden Bemerkungen das Problem der geschichtlichen Bewußtheit und der ästhetischen Beziehungen der Architektur zur Wirklichkeit diskutiert werden.

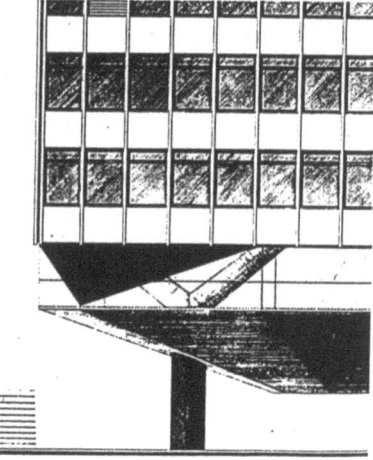

‚Dopo-Razionalismo': **187–188** Libera: Palast des Schatzamtes *E.U.R.* 1958 und Sitz der *Democrazia Cristiana (DC)* in *E.U.R.*, Wettbewerbsprojekt 1957; **189** Aloisio, *S.I.P.*-Bürogebäude Turin, erste Studie 1966; **190–191** Figini e Pollini: *I.C.O.*–Fabrik Ivrea 1955–1957 und Wohnquartier *Via Dessié*, Mailand 1951

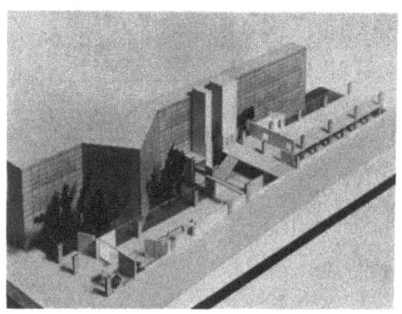

‚Trasformismo': **192–193** Nervi – Piacentini, *Palazzo dello Sport E.U.R.* 1956–1960; **194** Libera – Nervi, Viadukt *Corso Francia* zum olympischen Dorf 1958–1960; **195** Nervi, Studie zu einem Wasser- und Lichtpalast, *E'42*-Projekt 1939–1940; **196** Muratori, Hauptsitz der *Democrazia Cristiana (DC)* in Rom, Innenhalle 1955

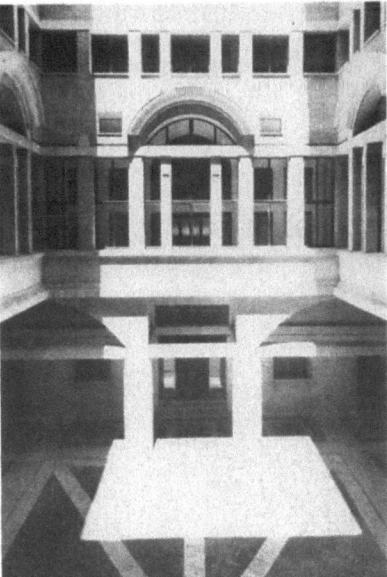

‚Continuità': **197–198** *Palazzo del Littorio* Rom, 2. Wettbewerbsstufe, Projekt Del Debbio 1937, ausgeführt im *Foro Mussolini* 1956–1959; **199–201** *Stazione Termini* Rom, Wettbewerbsprojekt Montuori 1947 auf der Basis des Planschemas von 1938, ausgeführt 1948–1950

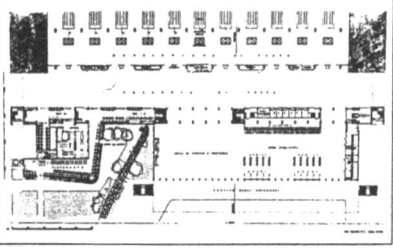

Überwindung des ‚Dopo-Razionalismo'
bzw. rationalistischer Rekonstruktionsversuch: **202–204** Luigi Moretti, Akademiegebäude der Fechtschule, *Foro Mussolini* Rom 1933–1936; **205** Moretti, Jugendhotel Universitätsviertel *Via Corridoni* Mailand 1946–1948; **206–208** Moretti, *Casa ‚Il girasole'*, Rom 1950; **209** Moretti, *Casa della Cooperativa Astrea*, Rom 1949; **210–211** Elementarer Bautyp bei Adalberto Liberas Entwurf für Aprilia 1936, und Aldo Rossis Friedhof in Modena 1971

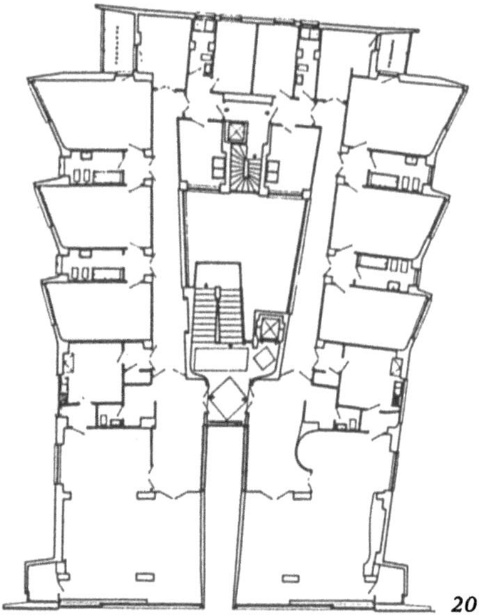

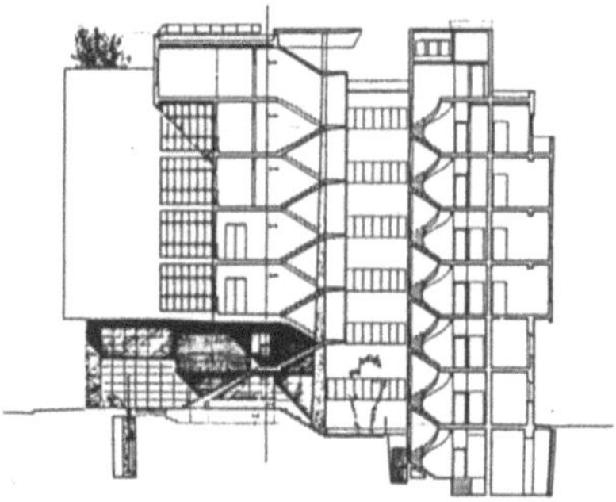

Nachbemerkungen

Greifen wir die einleitenden Bemerkungen wieder auf: Obwohl manche Projekte und Bauten des italienischen Rationalismus von außen und oberflächlich betrachtet einigen typischen ‚Vertretern' aus dem Kreis der europäischen Moderne ähneln, sind sie doch unter ganz anderen Umständen zustande gekommen: Können wir sie als ebenso ‚schön' empfinden, wenn wir um die damalige soziale Lage wissen, wenn wir kritisch reflektierend jene Wirklichkeit miteinbeziehen? Die enge Bindung an die politische und — ab 1929 auch klerikale — Macht, sowie die schnellen Reaktionen der Architekturszene auf politische Veränderungen, Ereignisse und Präzisierungen im Verlauf der faschistischen Machtentfaltung sind Merkmale des italienischen Architekturgeschehens von 1927 bis 1942. Die Berücksichtigung dieser Voraussetzungen scheint unangenehm zu sein, und dennoch kann die Annäherung an ein Verständnis von Architektur und Städteplanung im Faschismus nicht ohne die genaue Kenntnis aller verfügbaren Hintergründe, wie dies in der vorliegenden Arbeit teils fragmentarisch, teils detailliert vorgenommen wurde, vollzogen werden.

Versucht man den Zugang nur über die abstrakte ‚Struktur' der Bauwerke, über die volumetrische Komposition und die plastische Gestaltung der Fassaden, über die typologischen Komponenten der Grundrisse — etwa mit Hilfe eines aus der Linguistik bezogenen strukturalistischen Ansatzes, wie dies beispielsweise Peter Eisenman für die *Casa del Fascio* in Como vorgeschlagen hat —, so birgt dies die Gefahr in sich, einen Teil der bewußten Wahrnehmung stillzulegen. Die Abstraktion des Objekts aus dem Zusammenhang seiner geschichtlichen Bedingungen und der Kunstgriff zur Sprachwissenschaft halfen, so Eisenman, „formale Probleme im Werk Terragnis zu klären"[1]. Eisenmans Apperzeption der generativen Grammatik von Noam Chomsky und der psycholinguistische Transfer in die Architektur muß fehlschlagen, da es sich hier nicht um eine kommunikative oder diskursive Situation handelt, sondern um die Konfrontation des zum Objekt gemachten Menschen mit zur Materie erstarrter Ideologie. Die psychologische Wirkung des Comasker Parteipalastes — er steht hier stellvertretend für andere Bauwerke des italienischen Rationalismus — wird also über das in ihm steckende Geschichtliche erreicht; Eisenman klammert dies aus; für eine solche „Erhebung über Raum und Zeit" ist er bereits hinreichend von Manfredo Tafuri kritisiert worden.[2]

In dieselbe Richtung zielt der Wunsch, Bauwerke des *Razionalismo* nach ‚machtkonformen' und ‚persönlichkeitsgeprägten' Komponenten abzusuchen, sie auf ‚böse' und ‚gute' Seiten zu befragen, wie dies Giorgio Ciucci anhand der Werkanalyse von Adalberto Libera vorgetragen hat.[3] Nicht nur hätte Libera selbst sich vermutlich gegen eine derartige Interpretation zur Wehr gesetzt, gehörte er doch zu den Propagandisten einer auf die faschistische Macht ausgerichteten Bautätigkeit; es muß auch berücksichtigt werden, daß gerade die *Architettura Razionale* konsequent alle ihr zur Verfügung stehenden Elemente im Dienste *einer* Sache einsetzte. So betrachtet sind die auf die Macht ausgerichteten Symmetrieachsen und die Monumentalität in Liberas Werk auch Träger und Erzeuger von Nebenfiguren, die Ciucci als ‚individuelle' Elemente qualifiziert. Als Beispiel sei hier Liberas Postgebäude im *Quartiere Aventino* in Rom referiert (vgl. Abb. 167): Die auf die schrägen Treppenläufe verweisenden Diagonalelemente in den Fronten der monumentalen Seitenflügel, die Ciucci als im *Oeuvre* wiederkehrende ‚persönliche' Figurbildungen bezeichnet, betonen ja eher die Axialität der Gesamtanlage und täuschen, darüber hinaus, die gewaltige Dimension von Treppenhäusern vor, die an dieser Stelle gar nicht zweckdienlich sind, denn ihre Funktion wird von zwei zentral gelegenen, von außen nicht sichtbaren Treppenanlagen übernommen. Ebensowenig ist das kräftige horizontale Band des über der Schalterhalle liegenden Oberlichts eine ‚machtferne', individuelle Geste des Architekten, sondern dient, neben der Belichtung, der Verdoppelung der Raumhöhe (bei einer Raumtiefe in diesem Bereich von weniger als zehn Metern!) auf über zehn Meter; dies bedeutet, daß Libera, ähnlich wie bei der zentralen Innenhalle des *Palazzo dei Congressi* auf der *E'42*, die auf etwa fünfzig Meter hochsteigt (vgl. Abb. 178), ein wichtiges programmatisches Thema der faschistischen Herrschaft adaptiert: Mit Monumentalität die Bedeutungslosigkeit des Einzelnen und seine Einbindung ins ideologische System des Faschismus zu befestigen.

Die Werk- und Baubetrachtung kommt an den historischen Tatsachen nicht vorbei, der Griff in die Wunderkiste der spekulativen Argumente kann höchstens deren Spuren zu verdunkeln suchen.

Ein weiterer Versuch, der rationalistischen Architektur im Faschismus eine ‚weiße Weste' anzupassen, hat Giulio Carlo Argan im Begleittext zu einem Libera-Ausstellungskatalog vorgenommen.[4] Das „industrielle Mailand, das gegenüber moderner Sichtweise offen war", wird von ihm einem „offiziellen, bürokratischen, zurückgebliebenen Rom" gegenübergestellt, womit auch versucht wird, Liberas Wirken im ‚modernen' Mailand als vom Regime ‚entfernt' zu sehen, als rein technologische und ingeniöse Forschung in „immunisierter Zone"[5].

Anderenorts weigert sich Argan einfach, die von ihm als ‚offiziell' bezichtigte Architektur der faschistischen Epoche überhaupt als der Architekturgeschichte zugehörend aufzufassen; Piacentini etwa — eben „die andern" — „handelten auf dem Feld der Antikultur"[6]. In der Absicht, die Architekturpraxis im Faschismus nach ‚Kultur' und ‚Unkultur' zu scheiden, um die Möglichkeit zu haben, der *Architettura Razionale* ihre zeitgeschichtliche Mitverantwortung zu nehmen, begibt sich Argan in eine ‚unheilige Allianz' mit der dem Faschismus innewohnenden Tendenz, sich als ‚geschichtslos' darzustellen.

Diese Reflexionsverengung betrifft auch die Protagonisten der *Architettura Razionale* wie der ganzen Architekturszene des *Movimento Moderno*: Bei den wenigsten regte sich irgendein Zweifel über die politischen Hintergründe der architektonischen Darstellungsbedürfnisse des Regimes, ja, die meisten engagierten sich eindeutig oder appellierten an ihre Berufskollegen, doch nicht Politiker, sondern Architekten zu sein; Wertneutralität des architektonischen Schaffens und Wertfreiheit des Denkens und Handelns unter den Bedingungen einer faschistischen Diktatur hielten sie für möglich und sinnvoll. So schrieb beispielsweise der *Gruppo 7* in seinem Manifest aus dem Jahre 1926: „Ein ‚neuer Geist' hat sich gebildet. Er liegt, so möchten wir sagen, in der Luft wie ein Ding an sich, vollkommen unabhängig von den einzelnen Individuen, und das in allen Ländern, mit unterschiedlichen Erscheinungsformen, aber auf derselben Grundlage ..."[7] Der Geschichtsbezug des ‚neuen Geistes' wird zwar von den Rationalisten von allem Anfang an nicht geleugnet — er wird nur umgedeutet und konsumierbar gemacht, jenseits von ‚gut' und ‚böse' angesiedelt, so daß er akzeptiert werden kann: „Wir wollen einzig und allein *exakt* unserer Zeit angehören, und unsere Kunst will die sein, die die Zeit erfordert. Ihr ganz und gar angehört zu haben, mit allen ihren guten und schlechten Seiten, das wird unser Stolz sein."[8] Das ist deutlich und ein Bekenntnis zum Faschismus ohnegleichen. Es kann nicht darüber hinwegtäuschen, daß die ‚Geschichtslosigkeit' — Ideologisierung und programmatische Befestigung ewiger Werte durch die omnipotente Macht — ein Merkmal des Faschismus ist. Wie zu Beginn dieses Buches, im zweiten Kapitel schon ausgeführt wurde, stand Mussolinis Machtentfaltung in jenem Zeitpunkt bereits in ihrem fünften Jahr; alle Dimensionen seiner Diktatur waren schon klar zutage getreten — Unwissenheit konnte es also nicht mehr geben.

Es muß dem heutigen Architekturhistoriker und -kritiker überlassen bleiben, ob er die architektonischen und ästhetischen Werte eines Bauwerks unabhängig von den politischen, sozialen und ökonomischen Bedingungen betrachtet, unter denen es entstanden ist. Sind die *Casa del Fascio* in Como oder das *Ufficio postale* in Roms Aventinquartier ‚schöne' Gebäude? Gefallen mir die faszinierenden Strukturen, die klare Volumetrie und das einzigartige Zusammenspiel von horizontalen und vertikalen Kompositionsfiguren? Kann ich den Arbeiten des *Movimento Moderno* und der *Architettura Razionale* ästhetisch gültige Werte abgewinnen? Fragen, die jeder selbst beantworten muß.

Anmerkungen

Anmerkungen zu Kapitel 2

1 Erstmalige Veröffentlichung in deutscher Übersetzung im Anhang dieses Buches.
2 Die Zusammenstellung der historischen Fakten stützt sich auf folgende Darstellungen und Literatur: Enciclopedia Italiana 1929–1937, 1949; Kleine Enzyklopädie Weltgeschichte (Bd. 1) 1981; Angelica Balabanoff 1921 u. 1931; Giuseppe Fiori 1979; Alfred Kurella 1931; Giovanni de Luna 1978; Georg Scheuer 1985; Ignazio Silone 1934/1978; Dietmar Stübler 1987; Angelo Tasca 1987
3 Die Ausführungen folgen den Recherchen von Margrit Estermann-Juchler 1982; die Zitate in den folgenden Abschnitten sind ebenfalls dieser Arbeit entnommen

Anmerkungen zu Kapitel 3

1 Bruno Zevi 1978; vgl. auch Zevi 1980/1989, S. 11 f.
2 Giuseppe Terragni 1936; zit. in Enrico Mantero 1983, S. 134
3 Vgl. auch im folgenden Ulrich Conrads (Hg.), 1981^2; Reyner Banham 1964/1990, Kap. 2; Caroline Tisdall, Angelo Bozolla 1978; Ezio Godoli 1983; TV-Film ‚Vita Futuristica' 1986
4 Faksimiledruck in: Architectural Design 51/1981 (Jacqueline Gargus, Guest Ed.); die folgenden Informationen sind der Darstellung von Caroline Tisdall und Angelo Bozzolla 1978 entnommen; alle Übersetzungen, soweit nicht anders vermerkt, stammen vom Autor
5 Vgl. Margrit Estermann-Juchler 1982, S. 79 ff; Piero Ostilio Rossi 1984, S. 42 ff
6 Für die nachfolgenden Überlegungen vgl. Jochen Bleicken 1978 u. 1981; Margrit Estermann-Juchler, a.a.O.; Màté Major 1984; Benito Mussolini 1951/1964; Herbert Ricken 1977
7 Als Vertiefungslektüre empfiehlt sich: Wieland Schmied, Alain Jouffroy, Maurizio Fagiolo dell'Arco, Domenico Porzio 1980
8 Vgl. Cesare de Seta 1983, S. 119 ff
9 Die Zitate des Gruppo 7 in diesem Kapitel sind, wenn nicht anders vermerkt, den vier Schriften entnommen, die im Anhang dieses Buches enthalten sind.
10 Verwendetes Material: Franco Fonatti 1987; Mario Fosso u. Enrico Mantero (Hg.) 1982, Vittorio Gregotti (Hg.) 1982; Enrico Mantero 1983 u. 1984; Ada Francesca Marcianò 1987; Daniela Pastore u. Luigi Ferrario (Hg.) 1982; Gabriele Radtke 1988 (interessante Vertiefungslektüre zur Casa del Fascio); Bruno Zevi (Hg.) 1968 u. 1980/1989; Plansatz der Casa del Fascio im Maßstab 1:50, Comune di Como 1932–1936, Gespräch des Autors mit Emilio Terragni (mit einer Studiengruppe im Asilo Sant'Elia in Como am 4. Dezember 1986), sowie mehrere Begehungen der Casa del Fascio 1984–1986; vgl. auch die Baubeschreibung Terragnis in Quadrante 35/36 1936

11 Vitruv; in Curt Fensterbusch (Hg.) 1964/1976
12 Mussolini vor dem Schriftstellerverein; zit. in *Quadrante* 2/1933
13 Giuseppe Terragni 1936; zit. in Enrico Mantero 1983, S. 132
14 Vgl. Untersuchungen über die Renaissance bei: Leonardo Benevolo 1982; Sigfried Giedion 1976; Rudolf Wittkower 1983
15 Ernst Bloch 1977, S. 13
16 Giuseppe Terragni 1936, a.a.O., S. 136
17 Ein Hinweis darauf findet sich in Bruno Zevi (Hg.) 1968, S. 44, sowie Enrico Mantero 1983, S. 130
18 Giuseppe Terragni 1936, a.a.O., S. 143
19 Alfred Roth 1939/1975
20 Le Corbusier u. Pierre Jeanneret in: Alfred Roth 1927
21 Le Corbusier 1925/1929
22 Hannes Meyer vor der antifaschistischen Emigrantenorganisation der Italiener in Mexiko 1945/1980, S. 344 ff
23 Im Vorspann von: Alberto Sartoris 1941[3], S. I
24 Susanne von Falkenhausen 1979, S. 51 ff
25 Luciano Patetta 1972, S. 257 f
26 Einer der bedeutendsten Theoretiker der Turiner Futuristen und des italienischen Rationalismus ist Alberto Sartoris; die wichtigsten Publikationen sind im Literaturverzeichnis des vorliegenden Buches nachgewiesen; vollständiges Schriftenverzeichnis und Biographie in: Alberto Abriani (Hg.) 1972

Anmerkungen zu Kapitel 4

1 Luciano Patetta 1972, S. 28 u. S. 155
2 Direktor der Zeitschrift: Calza-Bini; Redaktion: Giovannoni, Muzio, Piacentini, Marconi, Piccinato, Valle
3 Patetta, a.a.O., S. 164
4 Patetta, a.a.O., S. 158
5 Giacomo Polin 1982
6 Patetta, a.a.O., S. 192 f
7 Patetta, a.a.O., S. 182 ff
8 Pietro Maria Bardi 1931; zit. in *La Casa 6* 1959, S. 211
9 Alle Zitate in diesem Absatz in: Giuseppe Pagano 1976, S. 5—8
10 Patetta, a.a.O., S. 201
11 Patetta, a.a.O., S. 296 f
12 Patetta, a.a.O., S. 302
13 Patetta, a.a.O., S. 40 f u. 246 ff
14 Vgl. Bruno Zevi 1980/1989, S. 118 ff, bzw. Franco Fonatti 1987, S. 108 ff
15 Neben dem einschlägigen Quellenmaterial war für beide Bauten die persönliche Begehung (im Falle des *Asilo infantile Sant'Elia* geführt von Enrico Terragni, dem Neffen von Giuseppe) Grundlage der Auseinandersetzung mit der Haltung des Architekten und seinen Arbeiten.
16 *Enciclopedia Italiana* 1929—1937, 1949, Bd. 4, S. 77

17 Vgl. Giuseppe de Finetti 1981
18 Vgl. Anmerkung 2 im zweiten Kapitel
19 Vgl. zur Geschichte dieses Ortes und seiner Bindungen: Massimo Birindelli 1987
20 Susanne von Falkenhausen 1979, S. 193 ff
21 Dietmar Stübler 1987, S. 137–139
22 Zeitschrift *Quadrante* 22/1935, S. 14
23 Vgl. Gerrit Confurius 1986, S. 254 ff
24 Grundlage der Auseinandersetzung und den folgenden Ausführungen waren mehrere Begehungen des Autors in Torviscosa (1986–1988), eine Begegnung mit dem leitenden Planer und Architekten der heutigen Wiederherstellung und dem Bürgermeister von Torviscosa, die eine Studiengruppe durch die Stadt- und Fabrikanlage führten (2. Dezember 1987), sowie der verfügbaren Literatur: Massimo Bortolotti 1987 u. 1988; *Comune di Torviscosa* 1986; Luigi Deluisa 1988; *Provincia di Udine* 1985; Luciano Provini 1987; *SAICI/SNIA/VISCOSA* (Hg.) 1967
25 Enrico Mantero 1984, S. 18
26 Vgl. *Domus* 654, 1985 (mit Reiseführer), sowie ‚Architectural Association' (Hg.; Ausstellungskatalog) 1988
27 Vgl. Städtemonographien in: *Gli Annitrenta* (Ausstellungskatalog) 1981/1983[2], S. 569–576
28 Giuseppe Pagano 1933/1976, S. 244
29 Mussolini – Dollfuß, Geheimer Briefwechsel (1933/1934) 1949
30 Vgl. Karam Khella 1986; Kleine Enzyklopädie Weltgeschichte (Bd. 2) 1981
31 Riccardo Mariani, in: *Gli Annitrenta* 1981/1983[2], S. 285 ff; Maria-Ida Talamona 1985
32 Silvia Danesi u. Luciano Patetta 1976, S. 148
33 Luciano Patetta 1972, S. 315 ff
34 Die Zitate der Polemik stammen aus: Patetta, a.a.O., S. 315 ff
35 *Communicato ‚Agenzia Stefani'* vom 10. Juni 1934, zit. in: Giuseppe Pagano 1976, S. 21
36 *Casabella* 73/1934, zit. in: Pagano, a.a.O., S. 13–15
37 Protokoll, veröffentlicht von der *‚Agenzia Stefani'*, zit. in: Luciano Patetta, a.a.O., S, 363 ff
38 *Casabella* 78/1934
39 Corrado Maltese 1960, zit. in: Patetta, a.a.O., S. 16
40 Antonio Gramsci: Engagierter Sozialist und Kommunist, Philosoph; als Befürworter eines politischen Bündnisses der Industriearbeiter des Nordens mit den armen Bauern des Südens war er ein scharfer Polemiker gegen den offiziellen *P.C.I. (Partito Communista Italiano)* und dessen Führer Bordiga und Togliatti; eine Woche nach einem Attentatsversuch auf Mussolini fiel er am 8. November 1926 (da man ihn willkürlich verdächtigte, und trotz seiner parlamentarischen Immunität) einer Verhaftungswelle zum Opfer, und es begannen die Gefängnisjahre, die bis zum 21. April 1937 dauerten; sechs Tage später starb er, sechsundvierzigjährig, an Erschöpfung und infolge mehrerer Krankheiten; vgl. Giuseppe Fiori 1979

Ignazio Silone (ursprünglich Secondino Tranquilli): Gründungsmitglied des *P.C.I.* (1921), seit 1927 in Schweizer Exil (Zürich und Davos), 1931 Ausschluß aus der Partei. Um 1933 publizistische Tätigkeit über das Thema ‚Fascismus' in der deutschsprachigen Zeitschrift ‚Information', die er zusammen mit jüngeren Architekten aus dem Bauhaus herausgab (Hg. Oprecht u. Helbling, Zürich 1932–1934); 1954 Rückkehr nach Rom, *P.S.I.*-Abgeordneter und Chefredakteur des *Avanti*; er starb achtundsiebzigjährig im Jahre 1978; vgl. Nachwort von Christian Riechers in: Ignazio Silone 1934/1978, S. 300 ff
41 Vgl. Ignazio Silone 1934/1978, S. 214 ff; Dietmar Stübler 1987, S. 137 f
42 Stübler, a.a.O., S. 138
43 Vgl. Maria-Ida Talamona, a.a.O., S. 143 ff
44 Stenografisches Protokoll, veröffentlicht in: *Quadrante* 13/1934; weitere Informationen und Dokumente zu Le Corbusiers Wirken in Italien: vgl. Giovanni Denti, Andrea Savio u. Gianni Calzà 1988
45 Vgl. Architektenbiographien in: *Gli Annitrenta* (Ausstellungskatalog) 1981/1983[2], S. 542–569; Giuseppe Pagano 1976, vgl. insbesondere Tagebucheintrag vom 17. Januar 1941 darin, S. 433 ff; Bruno Zevi 1980/1989, S. 198 ff
46 Arnaldo Bruschi, in: La Casa 6 1959, S. 300 ff
47 Vgl. *Casabella* 114/1937, in: Giuseppe Pagano, a.a.O., S. 61
48 Vgl. Pagano, a.a.O., S. 59–64
49 Vgl. *Architettura* 1941, zit. in: La Casa 6 1959, S. 312

Anmerkungen zu Kapitel 5

1 Vgl. Paolo Nestler 1954
2 Adalberto Libera 1981, S. 73 ff; Interview mit Pier Luigi Nervi von Clovis B. Heimsatz, in: *Architectural Forum* 2/1960
3 Alessandro Giannini 1983; Saverio Muratori 1984; Sylvain Malfroy 1987
4 Piero Ostilio Rossi 1984, S. 214, 209 u. 206 ff
5 Saverio Muratori, a.a.O., S. 89 ff
6 Piero Ostilio Rossi, a.a.O., S. 116 ff
7 Piero Ostilio Rossi, a.a.O., S. 152 ff u. 158 ff
8 Salvatore Santuccio 1986; Flora Ruchat-Roncati 1989
9 Leonardo Benevolo 1984[3], S. 633
10 Aldo Rossi u. a. (Hg.; Ausstellungskatalog) 1975[2], S. 18
11 Ebd.
12 Peter D. Eisenman in: *Casabella* 344/1970, sowie in: *Perspecta* 13–14/1971

Anmerkungen zu den Nachbemerkungen

1 Peter D. Eisenman, in: *Perspecta* 13–14/1971, S. 38; vgl. auch ders. in: *Casabella* 344/1970
2 Manfredo Tafuri, in: 20 *Lotus international* 1978, S. 5 ff., hier insbesondere S. 29; vgl. zu dieser Debette auch: Dennis Doordan, *The New York-Como Connection*, in: Jacqueline Gargus, *AD* 51 (*Guest Ed.*) 1981, S. 76 ff
3 Giorgio Ciucci, Vortrag an der ETH Zürich 25.4.1989; vgl. auch ders. in: Adalberto Libera (Ausstellungskatalog) 1989
4 Giulio Carlo Argan 1975, S. 5 ff
5 A.a.O., S. 7–12
6 Giulio Carlo Argan, in: *La Casa 6* 1959, S. 222
7 Vgl. das im Anhang abgedruckte Dokument, S. 164
8 A.a.O., S. 169

Bibliographie

Das folgende Verzeichnis beschränkt sich auf die direkt verwendeten Quellen, Darstellungen und Übersichtswerke sowie die Literatur, worauf in der vorliegenden Schrift Bezug genommen wird.

Quellen

- Begehungen und Bestandesaufnahmen des Autors: Asilo Sant'Elia Como (1987), Casa del Fascio Como (1984–1986), Comune di Torviscosa (1986–1988)
- Casabella 82, Mailand 1934: Wettbewerbsprojekte Palazzo Littorio Rom
- Comune di Como: Plansatz Casa del Fascio Como 1:50
- Comune di Varese: Stadtumbauprojekt 1934
- Le Figaro, Paris 20. Feb. 1909; F.-T. Marinetti, Le Futurisme; Faksimiledruck in: Architectural Design 51, London 1981 (Hg. Jacqueline Gargus), sowie Caroline Tisdall, Angelo Bozzolla, New York 1978
- Gespräche des Autors: Alberto Sartoris (in Cossonay-Ville bei Lausanne am 12. Mai 1987), Emilio Terragni (mit einer ETH-Studiengruppe im Asilo Sant' Elia in Como am 4. Dez. 1986)
- Benito Mussolini, Opera omnia (Hg. E. u. D. Susmel), Florenz 1951/1964
- Mussolini-Dollfuss. Geheimer Briefwechsel, Verlag der Wiener Volksbuchhandlung, Wien 1949
- La Rassegna Italiana Dez. 1926, Feb., März u. Mai 1927: le 4 note del Gruppo 7; Nachdruck in: Quadrante 23 (März 1935) und 24 (April 1935)
- TV-Film: Vita Futurista (the Arts Council of Great Britain/in association with Channel 4 u. ORF), London 1989
- Vorlesung Giorgio Ciucci: Modernity and Classicism in Adalberto Liberas Work (Architekturabteilung ETH Zürich, 25. April 1989); Vorlesungen Flora Ruchat-Roncati (Architekturabteilung ETH Zürich, Sommersemester 1989; Material zu den Vorlesungen)
- Zeitschriften: Architettura e Arti Decorative (Hg. Calza-Bini, Giovannoni, Muzio, Piacentini, Marconi, Piccinato, Valle), Mailand Nr. 1/1921–10/1931 (seit 1927 Organ des Sindacato Nazionale Fascista Architetti), anschließend: Architettura Rivista del Sindacato Nazionale Fascista Architetti (Hg. dieselben), Mailand Nr. 11/1932–23/1944; La Casa Bella (Hg. Marangoni), Mailand Nr. 1–12/1928, anschließend Hg. Pagano, Mailand Nr. 13/1929–60/1932, danach: Casabella (Hg. Pagano, Persico), Mailand Nr. 61/1933–144/1939, Fortsetzung durch: Costruzioni Casabella (Hg. Pagano, Matricardi), Mailand Nr. 145/1940–168/1941, schließlich: Casabella-Continuità (Hg. De Carlo, Gregotti, Zanuso), Mailand ab Nr. 199/Dez. 1953/Jan. 1954; Domus (Hg. Ponti), Mailand Nr. 1/1928–84/1934, anschließend Hg. Bontempelli, Palanti, Pagano, Mailand ab Nr. 157/1941, schließlich Hg. Ponti, Mailand seit 1948; Quadrante (Hg. Bardi, Bontempelli), Mailand seit 1933.

Darstellungen, Übersichtswerke

- Gli Annitrenta. Arte e Cultura in Italia, Ausstellungskatalog (Hg. Comune di Milano 1981), Mailand 1983²
- Architectural Association, Cities of Childhood. Italian Colonie of the 1930s (Ausstellungskatalog), London 1988
- Benevolo, Leonardo, Geschichte der Architektur des 19. und 20. Jahrhunderts, 2 Bde., München 1984³
- Benevolo, Leonardo, Corso di Disegno 4. L'arte e la città moderna dal XV al XVIII secolo, Rom 1982
- Caramel, Luciano (Hg.), L'Europa dei razionalisti. Pittura scultura architettura negli anni trenta (Ausstellungskatalog Palazzo Volpi, Como), Mailand 1989
- Conrads, Ulrich (Hg.), Programme und Manifeste zur Architektur des 20. Jahrhunderts, Bauwelt Fundamente Bd. 1, Berlin 1981² (1964)
- Danesi, Silvia, Luciano Patetta, Il razionalismo e l'architettura in Italia durante il fascismo (veröffentlicht anläßlich der Biennale di Venezia), Mailand 1976
- Doordan, Denis, The New York-Como Connection, in: Jacqueline Gargus (Guest Ed.), Architectural Design Nr. 51, London 1981
- Enciclopedia Italiana, Mailand 1929–1937, Neuausgabe Rom 1949
- Fensterbusch, Curt (Hg.), Vitruv. Zehn Bücher über Architektur, Darmstadt 1976² (1964)
- Gargus, Jacqueline (Guest Editor), From Futurism to Rationalism. The Origin of Modern Italian Architecture, in: Architectural Design Nr. 51, London 1981
- Godoli, Ezio, Il Futurismo, Rom 1983
- Khella, Karam, Libyen, Hamburg 1986
- Kleine Enzyklopädie Weltgeschichte (Hg. Walter Markov u. a.), 2 Bde., Leipzig 1981
- de Luna, Giovanni, Mussolini in Selbstzeugnissen und Bilddokumenten, Reinbek b. Hamburg 1978
- Major, Màté, Geschichte der Architektur, Bd. 1, Berlin 1984
- Mantero, Enrico, Il Razionalismo italiano, Bologna 1984
- Nestler, Paolo, Neues Bauen in Italien, München 1954
- Patetta, Luciano, L'Architettura in Italia 1919–1943. Le polemiche, Mailand 1972
- Ricken, Hebert, Der Architekt. Geschichte eines Berufs, Berlin 1977
- Rossi, Piero Ostilio, Roma. Guida all'architettura moderna 1909–1984, Rom 1984
- Roth, Alfred, Die Neue Architektur 1930–1940, Zürich 1975² (1939)
- Sartoris, Alberto, Encyclopédie de l'architecture nouvelle, 3 Bde., Mailand 1948 (Bd. 1), 1954 (Bd. 3), 1957 (Bd. 2)
- De Seta, Cesare, La cultura architettonica in Italia tra le due guerre, Rom 1983

- Silone, Ignazio, Der Fascismus. Seine Entstehung und seine Entwicklung, Frankfurt/M. 1978 (1934)
- Scheuer, Georg, Genosse Mussolini. Wurzeln und Wege des Ur-Fascismus, Wien 1985
- Stübler, Dietmar, Geschichte Italiens. 1789 bis zur Gegenwart, Berlin 1987
- Tasca, Angelo, Glauben, gehorchen, kämpfen. Aufstieg des Faschismus in Italien, Wien 1987 (1938)
- Tisdall, Caroline, Angelo Bozzolla, Futurism, New York 1978
- Wittkower, Rudolf, Grundlagen der Architektur im Zeitalter des Humanismus, München 1983
- Zevi, Bruno, The Italian Rationalists, in: Dennis Sharp (Hg.), The Rationalists, London 1978

Literatur, Einzeldarstellungen

- Abriani, Alberto (Hg.), Alberto Sartoris. Mezzo secolo di attività (Ausstellungskatalog), Turin 1972
- Argan, Giulio Carlo, L'architettura del ventennio, in: La Casa 6, o.O. 1959
- Argan, Giulio Carlo, Libera (Ausstellungskatalog), Rom 1975
- Balabanoff, Angelica, Erinnerungen und Erlebnisse, Berlin 1927
- Balabanoff, Angelica, Wesen und Werdegang des italienischen Faschismus, Wien, Leipzig 1931
- Banham, Reyner, Die Revolution der Architektur. Theorie und Gestaltung im ersten Maschinenzeitalter, Reinbek b. Hamburg 1964, Reprint Bauwelt Fundamente Bd. 89, Braunschweig-Wiesbaden 1990
- Bardi, Pietro Maria, Libro verde delle polemiche dell'architettura italiana, in: La Casa 6, o.O. 1959
- Birindelli, Massimo, Ortsbindung. Eine architekturkritische Entdeckung: Der Petersplatz des Gianlorenzo Bernini, Braunschweig-Wiesbaden 1987
- Bleicken, Jochen, Die Verfassung der Römischen Republik, Paderborn 1978[2]
- Bleicken, Jochen, Verfassungs- und Sozialgeschichte des Römischen Kaiserreiches, 2 Bde., Paderborn 1981
- Bloch, Ernst, Vorlesungen zur Philosophie der Renaissance, Frankfurt/M. 1977
- Boccioni, Ausstellungskatalog, Mailand 1982
- Bortolotti, Massimo, Torviscosa: una città da riqualificare, o.O. ca. 1987
- Bortolotti, Massimo, Torviscosa. Nascita di una città, Udine 1988
- Bruschi, Arnaldo, L'E'42, in: La Casa 6, o.O. 1959
- La Casa 6 (Hg. Istituto nazionale per le case degli impiegati dello stato), o.O. 1959
- Casabella 82/1934 (Hg. Pagano, Persico), Il concorso per il Palazzo Littorio, Mailand 1934

- Comune di Torviscosa (Hg. Amministrazione Comunale di Torviscosa), Recuperare Torviscosa per un progetto di sviluppo (Konferenzbericht), Torviscosa 1986
- Confurius, Gerrit, Rationalismus im Faschismus, in: Bauwelt Nr. 7/8, Berlin 1986
- Czech, Hermann, Wolfgang Mistelbauer, Das Looshaus, Wien 1984
- Deluisa, Luigi, Torviscosa. Cenni storici, Udine 1988
- Denti, Giovanni, Andrea Savio, Gianni Calzà, Le Corbusier in Italia, Mailand 1988
- van Doesburg, Theo, Grondbegrippen van de nieuwe beeldende Kunst, Nijmegen 1983
- Eisenman, Peter D., Dall'oggetto alla relazionalità: la casa del Fascio di Terragni/ From object to relationship: the casa del Fascio by Terragni, in: Casabella Nr. 344, Mailand 1970
- Eisenman, Peter D., From Object to Relationship II: Casa Giuliani-Frigerio: Giuseppe Terragni, in: Perspecta Nr. 13–14, 1971
- Estermann-Juchler, Margrit, Faschistische Staatsbaukunst. Zur ideologischen Funktion der öffentlichen Architektur im faschistischen Italien, Köln 1982 (Diss. Universität Zürich 1978)
- von Falkenhausen, Susanne, Der Zweite Futurismus und die Kunstpolitik des Faschismus in Italien von 1922–1943, Frankfurt/M. 1979 (Diss. Universität Heidelberg)
- de Finetti, Giuseppe, Progetti 1920–1951 (Ausstellungskatalog Triennale di Milano), Mailand 1981
- Fiocchetto, Rosanna, Cesare Cattaneo 1912–43. Le seconda generazione del razionalismo, Rom 1987
- Fiori, Giuseppe, Das Leben des Antonio Gramsci, Berlin 1979 (1966)
- Fonatti, Franco, Giuseppe Terragni. Poet des Razionalismo, Wien 1987
- Fosso, Mario, Enrico Mantero (Hg.), Giuseppe Terragni 1904–1943 (Ausstellungskatalog), Como 1982
- Giannini, Alessandro, La filosofia di Saverio Muratori, Genua 1983
- Giedion, Sigfried, Raum, Zeit, Architektur. Die Entstehung einer neuen Tradition, Zürich 1976 (1941)
- Gregotti, Vittorio (Hg.), Giuseppe Terragni 1904–1943, in: 11 Rassegna, Mailand 1982
- Kähler, Gert, Architektur als Symbolzerfall. Das Dampfermotiv in der Baukunst, Bauwelt Fundamente Bd. 59, Braunschweig-Wiesbaden 1981
- Kurella, Alfred, Mussolini ohne Maske, Berlin 1931
- Le Corbusier, Vers une Architecture, Paris 1958 (geschrieben 1920)
- Le Corbusier, Urbanisme, Paris 1966 (1925)
- Libera, Adalberto, L'architettura come ideale (Hg. Vieri Quilici), Rom 1981

- Libera, Adalberto, Opera completa (Beiträge von: G. Belli, V. Gregotti, G. Mazzari, A. Muntoni, G. Polin, G. Ciucci, V. Quilici, C. Conforti, F. Garofalo, L. Veresani), Mailand 1989
- Malfroy, Sylvain, Rationalismus als Sorge um den geistigen Gehalt des Bauens. Der intellektuelle Werdegang des Architekten Saverio Muratori (1910–1973), in: archithese Nr. 4, Niederteufen/Schweiz 1987
- Mantero, Enrico, Giuseppe Terragni e la città del razionalismo italiano, Bari 1983
- Marcianò, Ada Francesca, Giuseppe Terragni. Opera completa 1925–1943, Rom 1987
- Mariani, Riccardo, Transformazione del territorio e città di nouva fondazione, in: Gli Annitrenta. Arte e Cultura in Italia (Ausstellungskatalog Comune di Milano 1981), Mailand 1983[2]
- Marinetti, F.-T., Le Futurisme, in: Le Figaro, Paris 20. Feb. 1909
- Mehlis, Georg, Der Staat Mussolinis, Leipzig 1929
- Meyer, Hannes, Spaziergang als Städtebauer durch Italien (Vortrag vor der antifaschistischen Emigrantenorganisation der Italiener in Mexico 1945), in: Bauen und Gesellschaft. Schriften, Briefe, Projekte, Dresden 1980
- Muratori, Saverio Architetto (1910–1973); Il pensiero e l'opera (Ausstellungskatalog), Florenz 1984
- Mussolini, Benito, Certezza nelle Forze dello Spirito e dell'Intelligenza Italiana (Vortrag vor dem italienischen Schriftstellerverein), in: Quadrante Nr. 2, Mailand 1933
- Nervi, Pier Luigi, Nervis' methodology (Interview von Clovis B. Heimsatz), in: Architectural Forum, Feb. 1960
- Pagano, Giuseppe, Architettura e città durante il fascismo, Rom 1976
- Pastore, Daniela, Luigi Ferrario (Hg.), Giuseppe Terragni – La Casa del Fascio, Rom 1982
- Pfammatter, Ueli, Casa del Fascio – ein Bau der Moderne? In: Bauwelt Nr. 41/42, Berlin 1986
- Pfammatter, Ueli, Razionalismo und Futurismo. Aspekte der Moderne in Italien – Versuch einer theoretischen Grundlegung, in: archithese Nr. 4, Niederteufen/Schweiz 1987
- Pfammatter, Ueli, Alberto Sartoris: L'architecture comme pensée, in: archithese Nr. 5, Niederteufen/Schweiz 1987
- Polin, Giacomo, La Casa Elettrica, Rom 1982
- Pozzetto, Vita e opere dell'architetto udinese Ottorino Aloisio, Turin 1977
- Provincia di Udine (Hg.), Progetto integrato Torviscosa, 2 Bde., Udine 1985
- Provini, Luciano, I cinquant'anni di Torviscosa, in: Friuli del mondo (Monatszeitung) Nr. 397, Nov. 1987
- Quilici, Vieri, Adalberto Libera. L'architettura come ideale, Rom 1981

- Radtke, Gabriele, Dal moderno all'eterno – zum Verhältnis von Moderne und Faschismus in Italien am Beispiel der Casa del Fascio in Como, Berlin 1988 (Magisterarbeit Freie Universität Berlin)
- Rossi, Aldo, Architettura Razionale, Mailand 1975[2]
- Rossi, Aldo, Opere recenti (Ausstellungskatalog), Modena 1983
- Roth, Alfred, Zwei Wohnhäuser von Le Corbusier und Pierre Jeanneret: fünf Punkte zu einer neuen Architektur von Le Corbusier und Pierre Jeanneret, Stuttgart 1927
- SAICI/SNIA/VISCOSA (Hg.), Torviscosa, Mailand 1967
- Santuccio, Salvatore, Luigi Moretti, Bologna 1986
- Sartoris, Alberto, Gli elementi dell'architettura funzionale, Mailand 1941[3] (1932)
- Sartoris, Alberto, Introduzione all'architettura moderna, Mailand 1943
- Sartoris, Alberto, Ausstellungskatalog ETH Zürich und Lausanne (Hg. Jacques Gubler), Zürich-Lausanne 1978
- Sartoris, Alberto, L'architecture comme pensée (Ausführungen aufgrund eines Gespräches mit Ueli Pfammatter), in: archithese Nr. 5, Niederteufen/Schweiz 1987
- Savi, Vittorio, Luigi Figini e Gino Pollini Architetti (Ausstellungskatalog), Mailand 1980
- Schmied, Wieland, Alain Jouffroy, Maurizio Fagiolo dell'Arco, Domenico Porzio, De Chirico. Leben und Werk, München 1980
- Tafuri, Manfredo, Il soggetto e la maschera/The subject and the mask; in: 20 Lotus international, Mailand 1978
- Talamona, Maria-Ida, Italienische Agrarsiedlungen in Libyen, in: Hartmut Frank (Hg.), Faschistische Architekturen. Planen und Bauen in Europa 1930 bis 1945, Hamburg 1985
- Terragni, Giuseppe, Le costruzioni della Casa del Fascio di Como, in: Qudrante Nr. 35/36, Mailand 1936
- Weiss, Peter, Die Ästhetik des Widerstands, 3 Bde., Frankfurt/M. 1984 (1975)
- Zanini, Pietro, Architettura del Novecento in Friuli (Ausstellungskatalog), Udine 1987
- Zevi, Bruno (Hg.), Omaggio a Terragni, Sonderdruck aus: L'Architettura – cronache e storia, Mailand 1968
- Zevi, Bruno, Giuseppe Terragni, Bologna 1980 (deutsch: Zürich 1989)

Bildquellen

Vittorio Gregotti (Hg.) 1982: *1, 2, 3, 7, 56, 57, 58, 59, 63, 65, 70, 71, 90, 92, 95, 154, 155, 156*

Bruno Zevi (Hg.) 1968: *4. 74, 93*

Gli Annitrenta (Ausstellungskatalog) 1983[2]: *5, 8, 23, 24, 30, 32, 33, 91, 124, 130, 131, 132, 133, 134, 135, 136, 137, 145, 146, 170, 171, 172, 195*

Georg Mehlis 1929: *6*

Giovanni de Luna 1978: *9*

Mario Fosso u. Enrico Mantero (Hg.) 1982: *10*

Bruno Zevi 1980: *11, 12, 94, 99, 174, 175, 180, 181, 182, 183, 184*

Caroline Tisdall u. Angelo Bozzolla 1978: *13, 15, 17, 19, 20, 21*

Boccioni (Ausstellungskatalog) 1982: *14, 16, 18*

Comune di Varese 1934: *22*

Piero Ostilio Rossi 1984: *25, 26, 27, 28, 148, 166, 167, 169, 192, 193, 194, 197, 198, 199, 200, 201*

Silvia Danesi u. Luciano Patetta 1976: *29, 31, 34, 35, 42, 43, 44, 86, 87, 100, 102, 103, 105, 106, 140, 142, 143, 147, 149, 150, 161, 173*

Wieland Schmied u. a. 1980: *36, 37*

Theo van Doesburg 1983: *38, 39*

Paolo Nestler 1954: *40, 206*

Enrico Mantero 1984: *41, 101, 126, 127, 128, 129, 138, 139, 141, 168, 203*

Giuseppe de Finetti (Ausstellungskatalog) 1981: *45, 46, 47*

Zeichnungen und Bearbeitung durch den Autor: *48, 51, 52, 53, 54, 60, 61, 62, 66, 67, 68, 69, 109*

Hermann Czech u. Wolfgang Mistelbauer 1984: *49*

Le Corbusier 1920/1958: *50*

Fotos des Autors: *55, 64, 72, 73* (Quelle: Archiv des Autors), *116*

Ezio Godoli 1983: *75, 76, 77, 78, 79, 80, 81, 82*

Marco Pozzetto 1977: *83, 189*

Enrico Mantero 1983: *84, 88*

Alberto Sartoris (Ausstellungskatalog) 1978: *85*

Giacomo Polin 1982: *89*

Vieri Quilici 1981: *96, 97, 98, 104, 144, 176, 177, 178, 179, 187, 188, 210*

Massimo Bortolotti 1988: *107, 108, 110, 111, 112, 113, 114, 115, 117, 118, 119, 120*

Luigi Deluisa 1988: *121*

Gerrit Confurius 1986: *122, 123*

Pietro Zanini (Ausstellungskatalog) 1987: *125*

Casabella 82/1934: *151, 153, 157, 158, 159, 160, 162, 163, 164, 165*

Vittorio Savi (Hg.) 1980: *152, 190, 191*

Rosanna Fiocchetto (Hg.) 1987: *185* (Montage durch den Autor), *186*

Saverio Muratori (Ausstellungskatalog) 1984: *196*

Salvatore Santuccio 1986: *202, 204, 205, 207, 208, 209*

Aldo Rossi (Ausstellungskatalog) 1983: *211*

Anhang

Architektur und eine neue Epoche der Klassik —
Die vier Schriften des Gruppo 7

Vorbemerkung
1926/1927 trat erstmals in Italien die Moderne Architekturbewegung an die Öffentlichkeit: Unter dem Namen *Gruppo 7* veröffentlichten die sieben jungen Architekten Luigi Figini, Guido Frette, Sebastiano Larco, Adalberto Libera, Gino Pollini, Carlo Enrico Rava und Giuseppe Terragni ein ‚Manifest des italienischen Rationalismus‘, in vier Schriften (*4 note*) mit dem Titel ‚Architektur und eine neue Epoche der Klassik‘ (*Architettura e Una nuova epoca arcaica*) gegliedert, die wir hier erstmals im Sinne einer Quellenerschließung dem deutschsprachigen Leser vorstellen.

Teil 1 ‚Architektur‘ (*Architettura*) erschien im Dezember 1926, Teil 2 ‚Die Ausländer‘ (*Gli Stranieri*) im Februar 1927, Teil 3 ‚Mangelnde Vorbereitung, Unverständnis, Vorurteile‘ (*Impreparazione, incomprensione, prediudizi*) im März 1927 und Teil 4 ‚Eine neue Epoche der Klassik‘ (*Una nuova epoca arcaica*) im Mai 1927 in der Zeitschrift La Rassegna Italiana (Hg. Tomaso Sillani). Einen ersten Nachdruck veröffentlichte die Zeitschrift *Quadrante* 23/März 1935 (Teile 1 und 2) und 24/April 1935 (Teile 3 und 4); weitere Neudrucke folgten in: Luciano Patetta 1972, S. 119 ff. (nur Teil 1 und 4), sowie vollständig durch Enrico Mantero 1983, S. 57 ff.

U. P.

Teil 1: Architektur
Es ist eine landläufige Meinung, unsere Zeit sei eine der Konfusion und des Chaos auf dem Gebiete der Kunst. Das war so, und es war vielleicht sogar bis vor kurzem so. Jetzt haben wir mit Sicherheit eine andere Situation.

Wir haben eine Phase der Formierung durchlaufen, die nun zu ihrem Abschluß gekommen ist; und genau dieses Ringen verursachte einen allgemeinen Eindruck der Desorientierung: Möglicherweise fühlten sich auch die Menschen des 15. Jahrhunderts desorientiert. Dieser Vergleich ist vielleicht nicht einmal so gewagt, denn auch wir stehen an der Schwelle zu einer großen Epoche.

Ein „*neuer Geist*" hat sich gebildet. Er liegt, so möchten wir sagen, in der Luft wie ein Ding an sich, vollkommen unabhängig von den einzelnen Individuen, und das in allen Ländern, mit unterschiedlichen Erscheinungsformen, aber auf derselben Grundlage; dieser neue Geist ist eine reiche Gabe, derer nicht alle geschichtlichen oder künstlerischen Epochen teilhaftig wurden. Wir leben also in privilegierten Zeitläufen, denn wir können der Geburt einer völlig neuen Ordnung der Ideen beiwohnen. Beleg dafür, daß wir am Beginn einer Epoche stehen, die endlich einen ganz spezifischen, sehr genau umrissenen Charakter haben wird, ist das häufige Auftreten dieses Phänomens: Die perfekte Entsprechung der verschiedenen künstlerischen Ausdrucksformen untereinander und der Einfluß, den sie wechselseitig auf einander ausüben. Das sind die charakteristischen Züge der Epochen, in denen ein Stil entstand.

Das gilt für ganz Europa. Fast schon ein Allgemeinplatz – und auch nicht gerade aus der jüngsten Vergangenheit – ist die gegenseitige Beeinflussung zwischen Cocteau, Picasso und Strawinsky; wie sich ihre Arbeiten wechselseitig vollenden, das ist zu offensichtlich, als daß es hier Erwähnung finden müßte.

Ebenso bekannt ist der Einfluß, den der Schriftsteller Cocteau auf die Gruppe der „Sechs" und die Entwicklung der französischen Musik ganz allgemein ausübte. Eher schon beeindrucken die Parallelen zwischen Le Corbusier, der zweifellos heutzutage einer der bekanntesten Initiatoren der rationalen Architektur ist, und Cocteau: Le Corbusier verfaßte seine glasklaren polemischen Bücher zu Themen der Architektur im Stile Cocteaus; seine Häuser baut er gemäß demselben strengen und kristallklaren Prinzip. Cocteau seinerseits baut seine Texte gemäß dem ganz und gar architektonischen Prinzip der Nüchternheit und Einfachheit auf, wie es von Le Corbusier herkommt. Auch möge man darauf achten, daß ein Bild, wir nennen Juan Gris, vollkommen auf einer Wellenlänge mit einem Raum von Le Corbusier liegt und nur in diesem Umfeld seinen vollen Wert als Ausdruck des neuen Geistes entfaltet.

Deutschland und Österreich bieten ihrerseits ein wunderbares Beispiel anderer Art. Sie zeigen, zu welcher Feinheit der Kunst eine Nation sich erheben kann, wenn der Sinn einer neuen Architektur von einem ganzen Volk begriffen wird und alle dekorativen Formen beherrscht, so daß schließlich alle Objekte bis hinunter zu den unbedeutendsten ihren Stempel tragen.

Vom Monumentalbauwerk bis hin zum Bucheinband besitzt in Deutschland und Österreich alles einen *Stil*. Dieser Stil, in Deutschland etwas massiver, in Österreich dagegen raffinierter und kostbarer, ist von absoluter Persönlichkeit charakterisiert; mag er nun Gefallen finden oder nicht, *er setzt sich durch*. Mehr noch, er hat einen ausgesprochen nationalen Charakter und das allein sollte doch zum Beweis dafür ausreichen, wie falsch diejenigen lagen, die die italienische Architektur durch die Übertragung deutscher Stilformen und gewiß höchst ehrenwerter, aber uns völlig fremder Bauweisen zu erneuern trachteten.

Ganz entsprechend erlebt Holland eine Blüte neuer, in baulicher Hinsicht streng rationalistischer architektonischer Formen, die mit Klima und Landschaft in vollkommenem Einklang stehen. Und gleiches gilt, jeweils unter Berücksichtigung der Eigenarten, für die nordischen Länder Schweden und Finnland. Ein neuer Geist.

Eine Reihe von Architekten mit großem Ruhm in ganz Europa: Behrens, Mies van der Rohe, Mendelsohn, Gropius, Le Corbusier schöpfen architektonische Formen, die den Erfordernissen der Zeit aufs engste verbunden sind und aus diesen Erfordernissen eine neue Ästhetik beziehen.

Also *gibt es* in der Architektur einen neuen Geist.

Und in Italien? Zweifellos kann man auch bei uns in den verschiedenen Bereichen künstlerischen Ausdrucks Entsprechungen zu den obengenannten Beispielen anführen: Es besteht beispielsweise eine Affinität zwischen bestimmten Abstraktionsformen von Bontempelli und bestimmten seltsam anmutenden Bildern von De Chirico und Carrà. Auch die drei Gruppierungen, die jeweils auf ihrem Gebiet den Namen *Novecento* angenommen haben, scheinen auf so etwas wie eine Koordinierung der Anstrengungen abzuzielen. Wie dem auch sei, Italien ist aufgrund seines Charakters und vor allem aufgrund der siegreichen Epoche des Aufstiegs, die es durchläuft, das würdigste Ziel dieser Mission der Erneuerung. Italien fällt es zu, dem neuen Geist die höchste Entwicklung zuteil werden zu lassen und ihn bis zu den äußersten Konsequenzen zu treiben, bis dahin, den anderen Nationen wie in den großen Epochen der Vergangenheit einen *Stil* zu diktieren.

Und dennoch weigert man sich besonders in Kreisen der Architektur hartnäckig, diesen neuen Geist anzuerkennen. Zumindest für den Augenblick.

Vielleicht können ihn nur die Jungen begreifen, denn nur sie fühlen, wie nötig er ist; das macht ihre, und das heißt unsere, Stärke aus. Normalerweise stoßen wir Jungen auf ein allgemeines Mißtrauen, das im übrigen verständlich und teilweise auch entschuldbar ist: Das Wort „Avantgarde" hat in der Kunst heutzutage einen zweideutigen Ruf erlangt, und die „ganz Jungen" haben das bis heute nicht überzeugend widerlegt. Man muß aber begreifen, man möge sich selbst davon überzeugen, daß unsere Generation, die so sehr angegriffene Generation der Nachkriegszeit, den Vorstellungen ihrer Vorgänger sehr fern steht. Die Erfahrungen des Futurismus und des frühen Kubismus haben zwar einiges erreicht, aber sie haben das Publikum vor den Kopf gestoßen und diejenigen enttäuscht, die aus dieser Richtung große Ergebnisse erhofften. Und wie weit weg scheinen sie uns heute: Ganz besonders die Anfänge mit ihrer systematischen Zerstörung der Vergangenheit, einer noch völlig dem Romantizismus verhafteten Konzeption.

Heute nun verfolgen die Jungen gänzlich andere Wege: Wir alle spüren das unabweisbare Bedürfnis nach Klarheit, nach einer Neudeutung, nach *Ordnung*; die neue Generation *denkt*. Und so völlig überraschend ist diese Ernsthaftigkeit, daß man sie verwechselt mit Hochmut und Zynismus.

Merkmal der Avantgarden vor uns war ein künstlicher Elan und eine leere Zerstörungswut, wodurch Gutes und Schlechtes verwechselt wurden. Merkmal der heutigen Jugend ist der Wunsch nach *Klarheit*, nach *Weisheit*. Das muß man sich klar machen.

Weithin bekannt ist, daß die letzte Generation im kulturellen Niveau in beachtlichem Maß über den vorhergehenden steht. Insbesondere hat sich das Interesse der Schüler und Studenten an der Sphäre künstlerischen Schaffens im allgemeinen unendlich verbreitet: Junge, die ganz andere Studien betreiben, interessieren sich für Musik und Malerei, sie sind informiert über die ausländische Literatur, besuchen Kunstausstellungen, Konzerte und Buchmessen mit Feuereifer. Und dabei handelt es sich nicht um Ausnahmeerscheinungen, das gilt für die Mehrheit.

Der Wunsch der Jungen nach einem neuen Geist basiert also auf einer sicheren Kenntnis der Vergangenheit, er ist nicht auf Sand gebaut.

Insbesondere in der Architektur gelangten wir wohl aufgrund einer erschöpfenden Kenntnis zur Empfindung von der unabdingbaren Notwendigkeit des Neuen. Beim Studium der Vergangenheit begnügten sich die Jungen nicht damit, nur die gebaute Architektur zu untersuchen, sondern sie befragten die Kunstformen auch auf ihren mehr im verborgenen liegenden Geist hin: Das 15. Jahrhundert anhand der Xylographien des „Hynerotomachia Poliphili" und der Zeichnungen von Maso Finiguerra; Byzanz — in einer staunenden Wallfahrt zu den Schätzen seiner Kirchen — nach den Emaille- und den Glasarbeiten sowie den Elfenbeinschnitzereien, den mittelalterlichen Orient nach dem Armenischen Kodex, den syrischen Evangelien, den persischen Miniaturen, den koptischen Stoffen. Und gerade dieses Übermaß an musealer Kultur und an alten Büchern lastete auf unserem Denken und brachte uns zu dem Wunsch nach *Schlichtheit*. Das ändert nichts an unserer Bewunderung für die Vergangenheit: Nichts hindert uns daran, die Hintergründe der Malereien Giottos und die Tarokminiaturen des 15. Jahrhunderts zu bewundern – und gleichzeitig die außerordentliche, dekorative Partie zu verstehen und zu verteidigen, den die Leuchtreklamen für eine moderne Stadt darstellen. Nichts verbietet uns, die Architektur der Intarsien eines Francesco di Giorgio und die Xylographien des Serlio zu bewundern – wie auch den Rhythmus und die fast griechische Reinheit der Glasfronten bestimmter Büros. Es besteht keine Unvereinbarkeit zwischen unserer Vergangenheit und unserer Gegenwart. Wir wollen keinen Traditionsbruch: Die Tradition selbst ändert sich, sie nimmt neue Züge an, unter denen kaum einer sie wiedererkennt.

Wir hegten aufrichtige Bewunderung für die uns unmittelbar vorangehende Architektengeneration, und wir achten sie noch immer, denn sie war die erste, die den Bruch mit einer bereits allzu langen Zeit vorherrschenden Tradition vollzog, die sich durch Oberflächlichkeit und schlechten Geschmack auszeichnete. Und ein Stück weiter folgten wir unseren Vorgängern auch auf diesem Weg: Das gilt jetzt aber nicht mehr. Ihre Architektur hat all das zum Ausdruck gebracht, was sie an Neuem zum Ausdruck bringen konnte. Man kann in Italien tatsächlich zwei große Richtungen unterscheiden: Die römische und die mailändische. Nun hat sich erstere mehr noch als an der Antike an unserem großen 16. Jahrhundert orientiert, wobei sie bisweilen eine edle Heiterkeit des Ausdrucks erreichte. Inzwischen jedoch ist ihre Manier zu einer gar zu banalen Chiffre heruntergekommen und reduziert sich auf den Gegensatz zwischen Rustika und weißen Flächen. Letztere hingegen wandte sich der neoklassizistischen Eleganz zu und hat sie sicherlich zu raffinierten und gefälligen Resultaten weiterentwickelt. Aber sie haben sich in einem rein dekorativen Stil verfangen, in der Verlogenheit einer Architektur, die ihre Ausdrucksformen allein vermittels Verfahrensweisen, durch den Wechsel zwischen unterbrochenen Giebeln, ornamentierten Stützen, Fialen und abschließenden Obelisken, variiert. Die eine wie die andere Richtung befindet sich in einem *geschlossenen Kreislauf* und wiederholt sich vollkommen steril, ohne daß ein Ausweg sich eröffnete.

Und wie oft geschieht es, daß Bauten selbst weithin bekannter Architekten, die nach der Fertigstellung gar durchaus gefällig sein können, in der Bauphase die ganze Armseligkeit einer Architektur ohne Rhythmus offenbaren, die sich allein durch dekorative Zusätze rettet: Das ist etwas Künstliches, Verlogenes.

Nun können wir uns damit nicht abfinden; wir geben uns nicht mehr einfach zufrieden. Die neue, die wahre Architektur muß sich aus einer engen Anlehnung an die Logik und die Rationalität ergeben. Eine strenge Befolgung der Konstruktionsprinzipien muß ihr die Regeln vorschreiben. Den neuen architektonischen Formen muß ihr ästhetischer Wert aus der bloßen *Notwendigkeit* zufallen, und erst im zweiten Schritt, auf dem Wege der *Selektion*, wird ein Stil entstehen. Denn wir haben nicht vor, einen Stil zu kreiieren (solche Versuche der Kreation ohne Grundlage führen zu Resultaten wie dem „Liberty"). Der Stil wird vielmehr durch Selektion aus dem konstanten Gebrauch der Rationalität und der vollkommenen Entsprechung zwischen Struktur und Zweck des Bauwerks entstehen. Das muß gelingen: Die schlichte Konstruktion, die als solche nicht Schönheit wäre, durch die undefinierbare und abstrakte Perfektion des reinen *Rhythmus* zu adeln.

Es wurde gesagt: *„durch Selektion"*. Das überrascht. Wir fügen hinzu: Man muß sich überzeugen von der Notwendigkeit, *Typen*, wenige *fundamentale* Typen zu schaffen. Dieses ganz unausweichlich zwangsläufige Gesetz stößt auf die allergrößte Feindschaft, auf absolutes Unverständnis.

Aber blicken wir zurück: Die gesamte Architektur, die den Namen Roms in der ganzen Welt berühmt gemacht hat, basiert auf vier oder fünf Typen: Dem Tempel, der Basilika, dem Zirkus, der Rotunde und der Kuppel, dem Thermalbad. Und ihre ganze Kraft liegt in der Beibehaltung dieser Schemata, in ihrer Wiederholung bis in die entferntesten Provinzen und in ihrer Perfektionierung eben *durch Selektion*. All das ist nur zu bekannt, aber niemand scheint daran zu denken: *Rom produzierte in Serie.*

Und Griechenland? Der Parthenon ist das höchst entwickelte Ergebnis, die Frucht eines einzigen über Jahrhunderte hinweg durch Selektion herauskristallisierten Typus: Man beachte den Abstand zwischen dem Dorischen von Aigina und dem Dorischen der Akropolis. Ebenso besaß die Basilika aus den ersten Jahrhunderten des Christentums einen einheitlichen Typus, und auch die östliche Kirche. Wer erkennt nicht in der Kirche des Hlg. Sergius und des Hlg. Bacchus den Keim der Hagia Sophia und in dieser wiederum den Ursprung des typologischen Schemas für die großen Moscheen Konstantinopels? Und ähnlen sich nicht etwa sämtliche toskanischen und umbrischen Häuser aus dem 13. und 14. Jahrhundert? Und ist nicht der schmucklose und bereits so moderne Adel des florentinischen Palastes aus dem 15. Jahrhundert von einem einzigen Typ?

Aber die Idee eines *Typen-Hauses* beunruhigt, verschreckt und löst geradezu groteske und absurde Kommentare aus: Man glaubt, Typen-Häuser, Häuser in Serie zu bauen, bedeute, sie zu mechanisieren und Bauten zu errichten, die Dampfern oder Flugzeugen gleichen. Welch bedauernswertes Mißverständnis! Niemals hatte man im Sinn, die Architektur an den Maschinen zu orientieren: Die Architektur muß den neuen Erfordernissen folgen wie auch die Maschinen aus jenen neuen Erfordernissen entstehen und sich mit deren Zunahme vervollkommnen. Das Haus wird eine eigene neue Ästhetik erhalten, wie auch das Flugzeug eine eigene Ästhetik besitzt, aber die des Hauses wird nicht die des Flugzeugs sein.

Allzu oft betrachtet man bei uns die Leichtigkeit als Talent und das Talent als Genie. Klarerweise verträgt sich nun das Konzept des Typen-Bauwerks nicht mit dem Kult der vorgeblich außergewöhnlichen Persönlichkeit, den viele um sich herum veranstalten; ihnen gelingt es nicht, sich an die neuen Erfordernisse anzupassen.

Es tut not, sich davon zu überzeugen, daß die neue Architektur zumindest für eine Zeitlang im wesentlichen *Verzicht* sein wird. *Es ist notwendig*, den Mut dazu aufzubringen: *Die Architektur kann nicht mehr individuell sein*. Im vereinten Bemühen, sie zu retten, sie auf die strengste Logik zurückzuführen und sie unmittelbar abzuleiten aus den Anforderungen unserer Zeit, muß die eigene Persönlichkeit geopfert werden. *Allein* aus dieser zeitweiligen Nivellierung, aus diesem Verschmelzen aller Richtungen zu einer einzigen wird unsere, *wirklich unsere* Architektur erwachsen können.

In der Geschichte der Architektur sind die Genies eine ganz seltene Ausnahme; und nur ihnen war es erlaubt, aus dem Nichts zu erschaffen und dabei allein der Inspiration zu folgen.

Insbesondere unsere Zeiten erfordern etwas anderes, Größeres, Mächtigeres. Diesen Anforderungen gilt es, zu entsprechen, und wir Jungen sind dazu bereit, bereit, auf unsere Individualität zu verzichten, um „Typen" zu schaffen: Dem eleganten Eklektizismus des modernen Indiviuums setzen wir den Geist des serienmäßigen Bauens entgegen, den Verzicht auf die Individualität. Man wird die Behauptung aufstellen, die neue Architektur sei arm. Schlichtheit sollte nicht mit Armseligkeit verwechselt werden: Sie wird schlicht sein, aber in der Vervollkommnung der Schlichtheit besteht die *höchste* Raffinesse.

Gewiß, die Zeiten sind nicht fern, da Industriebauten auf der ganzen Erde, die Werkhallen, Docks und Silos, dasselbe Aussehen haben werden. Diese Internationalisierung ist unvermeidlich, und wenn das den Eindruck der Monotonie erweckt, dann wird sie wenigstens ohne jede grandiose Geste sein.

Andere Aspekte der Architektur hingegen werden, wie das ganz offensichtlich auch in jedem Land geschieht, trotz ihres absolut modernen Charakters *nationale* Eigenheiten bewahren.

Besonders bei uns existiert ein so starkes klassisches Substrat, der Geist der Tradition (nicht die Formen, das macht einen Unterschied), ist in Italien so tief verankert, daß ganz offensichtlich, und fast in mechanischer Weise, die neue Architektur gar nicht anders kann, als eine für *uns* typische Prägung zu erhalten. Und das ist schon eine große Kraft, denn die Tradition verschwindet, wie gesagt, nicht, sondern sie verändert ihr Aussehen.

Man achte darauf, wie bestimmte Fabrikhallen in ihrer Klarheit einen nahezu griechischen Rhythmus bekommen, weil sie ebenso wie der Parthenon, frei sind von jeder überflüssigen Verzierung und nur der reinen Notwendigkeit entsprechen: In diesem Sinn hat der Parthenon einen mechanischen Wert

Es scheint, als wolle die neue Generation eine architektonische Revolution vorschlagen: Eine scheinbare Revolution. Ein Wunsch nach Wahrheit, nach Logik und Ordnung, eine hellenistische Klarheit, darin besteht der tatsächliche Charakter des neuen Geistes.

Einige unserer Vorläufer orientierten sich auf die Zukunft und predigten die Zerstörung zugunsten des falschen Neuen. Andere blickten auf die Vergangenheit und meinten, sich durch die Rückkehr zur Antike retten zu können.

Wir wollen einzig und allein *exakt* unserer Zeit angehören, und unsere Kunst will die sein, die die Zeit erfordert. Ihr ganz und gar angehört zu haben, mit allen ihren guten und schlechten Seiten, das wird unser Stolz sein.

Teil 2: Die Ausländer

Am Ende unseres ersten Abschnitts haben wir davon gesprochen, daß „ein Wunsch nach Wahrheit, nach Logik und Ordnung, eine hellenistische Klarheit", die Grundlage jedweder Suchbewegung der jungen Generation bildet. Dieser Wunsch nach Klarheit treibt uns jetzt an, und das ist gut, sich darüber klar zu werden, warum die italienische Architektur offensichtlich noch immer so unsicher über ihren Weg ist, den wirklich absoluten und signifikanten *Teil* der ausländischen Resultate genau herauszuarbeiten. Es handelt sich also um zwei Ziele für unsere Untersuchungen, die auf verschiedenen Wegen zum selben Resultat gelangen wollen: Nämlich vollständig den augenblicklichen Stand der Architektur auszuleuchten. Uns Dünkt, es ist so viel über das Problem der ausländischen Einflüsse diskutiert worden, über ihre mehr oder weniger große Berechtigung, so daß hier zunächst einmal das Problem sich stellt, kurz die ausländischen Richtungen in der Architektur zu charakterisieren.

Im einleitenden Text der Gruppe endete der Hinweis auf die zeitgenössischen Architekturen außerhalb Italiens (es handelte sich um wenig mehr als eine schlichte Aufzählung von Namen und Fakten, die zu einigen allgemeinen Tendenzen in der europäischen Kunst in Beziehung gesetzt wurden) mit dieser Schlußfolgerung: „Also *gibt es* besonders in der Architektur einen neuen Geist". Jetzt bleibt noch festzuhalten, *welche* dieser Arbeiten einen *absoluten* Wert haben, welche also, völlig unabhängig von dem Land, in dem sie geschaffen wurden, aus einem solchen *Geist der Notwendigkeit* entstehen, daß man ihnen als *Basiselemente* der Architektur aller Länder eine internationale Bedeutung zusprechen kann.

Deutschland ist eine der Nationen, wo die Erneuerung der Architektur wesentlich umfassender erfolgte; also beschäftigen wir uns zuerst mit ihr, und dies auch deshalb, weil uns scheint, daß ein neueres *Phänomen* in der Entwicklung der deutschen Architektur wenig hervorgehoben wurde, aber dennoch symptomatisch ist.

Bis vor kurzem konnte man zwei große Richtungen unterscheiden: Die eine bestand in einer modernisierten Interpretation der klassischen italienischen Architektur aus der Periode zwischen dem 16. und 19. Jahrundert. Mittels einer gewissen Vereinfachung durch Betonung einiger grundlegender Elemente und durch besonders ausgeprägte, massive Konturen erhielt sie eine interessante persönliche Note und bewahrte dabei doch einen bestimmten, von ferne an Palladio erinnernden Geist. Unter den zahlreichen Beispielen für diese Richtung wollen wir nur das beachtliche „Verwaltungsgebäude" von Hermann Frede in Halle (1921–1923) zitieren. Besondere Erwähnung verdient hier wegen des reinen Verständnisses der Klassik die Säulenreihe, die den Hof und die Grundmauern abschließt. Die andere Richtung orientierte sich am nationalen deutschen Erbe. Durch aufstrebende Gliederbauten, die sich glänzend den modernen Baumethoden mit vielen Stockwerken anpassen, durch holzähnliche Stilisierungen, die den gotischen Strukturen entnommen wurden, und mehr noch durch eine ganz generelle Bewegtheit der Baumassen, die (in der geistigen Haltung natürlich) einen mittelalterlichen Wert hat, aber absolut modern aufgefaßt wird, gelangt diese zweite Richtung zu charakteristischen Resultaten von unbestreitbarem Wert: Dazu gehören zum Beispiel das „Thaliahaus" der Architekten Gerson in Hamburg (1921), ein turmförmiger Wolkenkratzer von Wilhelm Kreis in Düsseldorf (1922–1924) und ein Kohledepot desselben Kreis in den Kruppwerken (1920); ein weiteres großes Kohledepot von Alfred Fischer in Hamm (1922–1923) und, von allergrößter Bedeutung, der Entwurf des Architekten Distel im Wettbewerb für das „Messehaus" von Hamburg (1924), bei dem allerdings der gotische Charakter des Hauptturms bereits mit dem rationalistischen Stil des unteren Teils mit einem tragenden Element aus unverkleidetem Stahlbeton verschmilzt.

Parallel zu diesen beiden großen Richtungen hat sich in Deutschland die dekorative Kunst in enger Verbindung mit der Architektur, aber mit noch größerer Ausrichtung auf das nationale Erbe entwickelt. Von daher, und zwar insbesondere auch aus dem Mittelalter, hat sie die kantige Art sowohl in der figürlichen Gestaltung als auch in der Schmiedekunst, jene überraschende Detaillierung, die sie mit der dekorativen Kunst in Österreich teilt. Was sie aber ganz besonders auszeichnet, das ist die wiedererstandene Liebe zum reinen Hieroglyphen und das neue Gefallen an abstrakten Arabesken, die dieser höchsttypischen Kunstgattung einen ganz besonderen Charakterzug verleihen. Der deutsche Dekorateur ist beständig auf der Flucht vor einer geraden Linie, er ist ein Akrobat, der auf magische Weise in einem fortgesetzten Spiel mit Winkeln und Kanten balanciert. Diese Kunst unterscheidet sich von der unseren um Welten, und ist dennoch auf ihre Art vollkommen. Unter den zahllosen Beispielen, die wir anführen könnten, wollen wir uns auf einige der persönlichsten und geschmackvollsten beschränken: Die Interieurs von Otto Rudolf Salvisberg, die äußerst kundig gestalteten Dekorationen von Hermann Frede, die so bescheiden in dem Gebäude in Halle angebracht wurden, und die Stukkaturen von August Breuhaus. Eine Füllung mit seinen Stukkaturen im Speisesaal eines Clubs in Düsseldorf, schließt, so scheint uns, in sich die Quintessenz dieser Kunst ein: In ihr erkennen wir in einem Labyrinth von unterbrochenen Abvierungen unter merkwürdigen Bäumen einer Tropenwelt à la Rousseau, als wäre sie in verwinkelten Rhythmen erstarrt, eine unwirkliche Jagd auf Vögel und Tiere.

Zurück zur Architektur. Die beiden Richtungen, von denen die Rede war, verfielen in etlichen Fällen in den Fehler eines ganz einseitigen Dekorativismus und der beliebigen Verwendung nicht wirklich notwendiger Elemente. Und dies sowohl deshalb, weil sie (trotz extrem moderner Formen und einer ebenso modernen Haltung) doch noch aus vergangenen Modellen hergeleitet waren, als auch deshalb, weil die Vollkommenheit der dekorativen Kunst auch im Äußeren der Bauten die Oberhand behielt. Oder sie verfielen in den Fehler, die Fassaden durch die wiederholte und nicht immer gerechtfertigte Strukturierung der baulichen Massen ausschließlich zu einem plastischen Schattenspiel zu machen.

Nun scheint es, und es ist dies das *Phänomen*, von dem wir zu Beginn sprachen, daß die deutsche Architektur, die es bis anhin zu einer beachtlichen Raffinesse und Perfektion gebracht hatte, eine Erneuerung erfahren hat; und daß diese ihren Ausgang nahm bei dem Einfluß einer strikt *technischen* Architektur auf die monumentale Architektur. Eine Gruppe von Architekten, Gropius, Kosina, Mendelsohn, Korn, Luckhardt, die seit langem Erfahrungen mit industriellen Zweckbauten hatten, scheinen daraus das Wesen einer reinen Rationalität entwickelt zu haben. Das Praktizieren einer Einstellung, die nur durch den Geist der Notwendigkeit und äußerste konstruktive Ehrlichkeit geprägt ist (unabdingbare Grundvoraussetzungen einer jeden Architektur, die nicht beliebig werden will), hat eine ganz neue Manier geformt, die tatsächlich der logischen Perfektion nahekommt. Diese Perfektion ist solcher Art, daß aus ihr einige jener *absoluten Formen* von *internationaler* Bedeutung hervorgegangen sind, die wir zu untersuchen uns vorgenommen haben.

Zum Beispiel das Modell des Elektrizitäts-Werkes des Architekten Kosina (1925): Der nackte, elementare Baukörper ohne Schatten, der die Turbinen beherbergt, setzt sich fort in dem viereckigen Bau mit überlagerten und ringsum hervorragenden Decken, so daß sich rhythmisch horizontale Abschnitte mit Licht und Schatten abwechseln. Ein ausgleichendes Gegengewicht zu diesem System bilden die vertikalen Teilungselemente für die Transformatoreneinheiten: Das sind drei Standard-Motive. Auf diesem reinen Rhythmus gründet sich das Bauwerk in seiner geglückten Linienführung.

Mit dieser gerade beobachteten Überlagerung von Stockwerken, die aus einem zentralen Baukörper hervorragen, einem Dispositiv, das zur *horizontalen Schichtung* führt, steht die Partie der *umlaufenden Fenster* und der *freitragenden ununterbrochenenen Balkone* in Zusammenhang; hier haben wir unter anderem das Projekt des „Philosophenheims" von Walter Gropius (1923), die Villa von Arthur Korn am Rande Berlins (1922—1923) und das Geschäft Weichmann in Gleiwitz von Mendelsohn (1922).

Die Werkstatt von Gropius auf der Ausstellung in Dessau, die sage und schreibe schon 1914 stattfand, mit ihren beiden einen lebendigen und ultramodernen Sinn für Ästhetik verratenden Baukörpern aus Glas und Eisen, wird weitergeführt in dem schönen und vollkommen rationalen Entwurf von Arthur Korn im Wettbewerb für das „Kaufhausviertel"; um einen Zentralkern herum sieht er eine Reihe von Schaufenstern auf vier Stockwerken vor, die einen fantastischen Turm aus Stahl und Glas mit halbkreisförmigem Grundriß bilden. Dasselbe Motiv inspiriert auch das Projekt der Architekten Zwinscher und Peters für den Wettbewerb „Messehaus" (1924).

Auch in der Zeichnung von Kosina für einen großen Flughafen in Berlin (1924) (ein besonders wegen des Spiels der Volumen höchst interessanter Entwurf) erkennen wir jenes Motiv eines sehr hohen offenen Turms mit einer riesigen Glasfront zwischen zwei hervorstehenden Baukörpern; an ihr werden zahlreiche Einrichtungen zur Beleuchtung übereinander liegender Räume und verschiedener Treppenaufgänge angebracht werden. Das Resultat ist in ästhetischer Hinsicht sehr bemerkenswert.

Aus dem im Bürobau sehr gebräuchlichen System eines *tragenden Skeletts* in Stahlbeton, das von der Außenseite des Gebäudes her ganz unverstellt *sichtbar* ist und an manchen Stellen mit dem übereinander gestaffelten System der Balkone verschmilzt, geht das wunderbare Volumen im berühmten Entwurf von Walter Gropius für den Wettbewerb der „Chicago Tribune" (1922) hervor. Aus einem analogen Modell geht das Projekt von Wilhelm Kreis im Wettbewerb für das „Messehaus" (1924) hervor, wo im Spiel der turmförmig aufsteigenden Massen ein wirklich grandioses Resultat erreicht wird und sich mit einem mechanischen Effekt verbindet, der durch die gestellten Bedingungen ganz und gar gerechtfertigt ist; und auf diese Strukturierung der Volumen stößt man auch in dem Entwurf von Richard Döcker für die Stuttgarter Kaufhäuser (1921—1922), die wegen der beiden turmförmigen Baukörper, die sich in genauer Entsprechung mit den Stockwerken überschneiden, von Interesse sind.

Bei der *ästhetischen* Lösung von Werkstättenentwürfen sind die modernsten deutschen Architekten zu ganz außergewöhnlichen Komplexen vorgestoßen: Die vier Schornsteine des Wärmekraftwerks von Bensel in Hamburg (1914—1915) erreichen beinahe den Wert monumentaler Kolonnaden, nicht beeindruckender ist der Rhythmus, mit dem in der großen Werkhalle von Zschornewitz der Architekten Klingenberg und Issel die Elemente im Raum verteilt werden. Der Komplex von

Hangars in Hannover von Peter Behrens nähert sich, trotz einer konsequenten Bearbeitung der Aufgabenstellung, mit ihrer gewaltigen rechtwinkligen Öffnung, die durch zwei Parallelflachs eingeschlossen wird, einem griechischen Rhythmus an.
Eine der bezeichnendsten Lösungen, die man dem Feld dessen zuordnen kann, was man als *Übernahme griechischer Elemente in den Proportionen* bezeichnen könnte, findet sich im Ehrenhof der „Gesolei" (Gesundheitspflege, soziale Fürsorge und Leibesübungen, Ausstellung in Düsseldorf 1926; neue Museums- und Ausstellungsbauten und Rheinhalle von Wilhelm Kreis in Düsseldorf): Bei den beiden symmetrischen Baukörpern entsteht ein wahrhaft hellenischer Eindruck einer horizontalen Lagerung durch eine einzige, ununterbrochene Fensterreihe — helles Kristall und weiße Einfassungen —, die um den gesamten Baukörper läuft und die darüber und darunter liegenden dunklen Massen unterbricht.
Einige hervorragende deutsche Bauten der bedeutendsten Architekten wie Luckhardt, Mendelsohn und Gropius vereinen in sich alle Charakteristika dieser rationalen und logischen Architektur. Sie bieten Gelegenheit, all die neuen Elemente zu erkennen, die der Stahlbeton möglich gemacht hat und die eine *absolute* Bedeutung haben. Bemerkenswert unter den Arbeiten von Luckhardt ist eine Parkgarage von 1 000 Autos in Berlin (1924): Der Baukörper ist in plastischer Hinsicht perfekt gestaltet, er wird von einem hohen Turm dominiert, zu welchem die Fensterreihen als Relation jenes Motiv eines auf den Kopf gestellten L bilden, das auch für Mendelsohn typisch ist. Vier gewaltige Ebenen zerschneiden den massiven Baukörper (eine geniale Komposition parallel aufgebauter Parallelflachs) und ringsum hervorstehen; sie bilden fünf Stockwerke mit doppelt angeordneten Parkboxen, die Zu- und Abfahrten. Auf der anderen Seite stellt ein langes Band offener Fenster in einem abgestuften Baukörper die Verbindung zum Rhythmus des Turms her.
Hinsichtlich der Fenster und Balkone in übereinander liegenden Reihen haben wir bereits auf die Seidenhandlung Weichmann in Gleiwitz hingewiesen: Dieses außerordentlich interessante Gebäude gehört zu den rechteckigsten von Mendelsohn; an der Schmalseite, die unterbrochen wird von gerieften Kehlen mit einem seltsam metallenen Effekt, wie sie für diesen Architekten typisch sind, zeigt es eine weitere jener *absoluten* Forrmen, wie sie durch den Stahlbeton möglich werden: Das *Eckfenster*, ein Element, das selbstverständlich erst durch die neuen Konstruktionstechniken möglich wurde, die es erlauben, die Gebäudekanten zu entlasten, und die über ihre Rationalität hinaus einen doppelten Vorteil bieten: Den größeren Lichteinfall und die völlig neuen ästhetischen Entscheidungen, die man damit verwirklichen kann.
Unter allen Arbeiten von Mendelsohn aber ist das Porjekt für die große Wäscherei in Leningrad das bei weitem vollkommenste und vielleicht auch das kompletteste architektonische Realisation, zu der die technische Ästhetik vorgestoßen ist. Wir schätzen uns glücklich, die unveröffentlichte plastische Reproduktion dieses Gebäudes veröffentlichen zu können. Man erkennt an ihr: Die Abwechslung zwischen hervorstehenden vertikalen Körpern und den langgestreckten verglasten Gebäuden mit offenliegenden tragenden Teilen, der perfekte und logische rhythmische Abschluß, der durch den turmförmigen Baukörper gebildet wird, wo das typische Motiv des auf den Kopf gestellten L wieder auftaucht, die sym-

metrische Verteilung der drei Trockenräume, welche mit den beiden sich überlagernden Baukörpern mit unterschiedlicher Neigung fast den Wert abstrakter geometrischer Formen annehmen, und schließlich im vorderen Bereich den Maschinenkomplex, der beendet wird durch eine jener halbkreisförmigen Strukturen mit übereinander liegenden horitzontalen Streifen, die eine Errungenschaft der modernen Architektur sind. Die rhythmische Vollkommenheit, die dieser Gebäudekomplex erreicht, ist so groß, daß er ein unbeschreibliches Gefühl attischer Ruhe, nackter und abstrakter Schönheit freisetzt, die das höchste Resultat zeitgenössischer Architektur ist.

Von diesen vollkommen reinen und mathematischen Schöpfungen steht ein Großteil der heutigen *österreichischen Architektur* genauso ferne wie Byzanz dem dorischen Geist ferne steht. Gewiß, Österreich und Deutschland haben einen gemeinsamen Ausgangspunkt, der zuweilen bis heute spürbar ist. Aber Österreich hat zunehmend das Dekor zulasten der Rationalität akzentuiert, und wenn es einen außerordentlichen Grad an Raffinesse sowie eine Eleganz und Perfektion in der Gestaltung des Details erlangt hat, wie man sie nur selten sieht, so geht dies doch zulasten einer klaren logischen Struktur. Vollkommen zurecht bemerkt Roberto Papini in einem Artikel über die Ausstellung der Dekorativen Künste zu Paris, die zeitgenössische österreichische Kunst weise alle charakteristischen Züge des Byzantismus auf. Dem möchten wir hinzufügen, daß gerade dessen Perfektion schon den Keim der Dekadenz in sich trug, denn schon jetzt kann man Symptome des Niedergangs erkennen. Diese unnachahmliche Kunst (man sollte auch den Versuch der Nachahmung tunlichst unterlassen) erreichte mit einer sogar der deutschen überlegenen Geschicklichkeit, mit einer Feinheit in den Ziselierungen, zu der diese niemals vorstieß, einen extremen Grad an Virtuosität in der Bewältigung und Verbindung auch der ungewöhnlichsten Gegenstände. Dabei bezog sie sich auf einen sehr viel breiteren Horizont an Anregungen und bei nicht wenigen Formen ließ sie sich von der orientalischen Kunst und den kolonialen Traditionen inspirieren. Jenseits dieser Vollkommenheit der österreichischen Dekorationskunst konnte es nichts anderes als die Dekadenz geben. Bereits heute haben bestimmte durchbrochene Dekorationen und bestimmte japanische Motive, die zwischen Schematismus und Barock schwanken, die Grenzen überschritten, die Pretiosen von zweifelhaftem Geschmack unterscheidet. Auf jeden Fall erreichten im engeren Feld der reinen Dekoration einige Künstler vollkommene Resultate: Wir nennen Prutscher mit einigen vollständig in seltenen Hölzern ausgekleideten Wänden, in die zuweilen ein erhabener niedriger Kamin aus Marmor eingefügt ist; Hoffmann, der mit einer bestimmten Manier die Wände von der Decke durch kleine Stuckdarstellungen trennt, in deren Zentrum ein winziges Emblem, sei's ein Tier oder eine Blume, steht; Peche, der eleganteste von allen, mit bestimmten Spiegeln, Möbeln und Rahmen, wo die Arabeske mit solch sichtlicher Leichtigkeit und mit einer solch anschmiegsamen Phantasie gehandhabt wird, daß ganz offenkundig wird, wie nur einen Schritt weiter, der Sturz ins Groteske droht.

Aus der Bedeutung der dekorativen Kunst folgt für die österreichische Architektur auch in ihren größten Vertretern eine gewisse Beliebigkeit, die nicht immer in Einklang mit den Erfordernissen des rationalen Bauens steht. Sehen wir bei dem ausgesprochen raffinierten Hoffmann einmal ab von Phantasieprojekten wie seinem ersten Entwurf für die Umgestaltung der „Credit-Bank" in Wien (1924), die auf der historisierten und mehrfarbigen Fassade des Gebäudes eine Art Reise„Aux Iles" im Geiste einer modernisierten „Paul et Virginie" zu beschreiben scheint; doch auch im zweiten Entwurf für dieselbe Bank erkennen wir die Vorliebe für die Übereinanderstellung horizontal gewellter Ebenen, ein Motiv, das von ihm später häufig wieder aufgegriffen wurde, was im Grunde eher einen dekorativen denn einen architektonischen Wert hat. In der gleichen Weise scheint Erich Leichner bei einem großen Wohnhaus durch die Art und Weise, wie er die Fassade durch eine Serie von vertikalen Verwinkelungen belebt, vor allem an dem graphischen Effekt einer Kette von gewissermaßen samtenen Schatten interessiert.

Sicherlich, das Verschmelzen des Dekorativismus mit der Architektur bringt bisweilen äußerst gefällige Ergebnisse hervor, wie bei den großen Häusern von Theiss und Jaksch in Wien mit den stilisierten Frauengestalten im Halbrelief, die sich vollkommen einpassen in den Raum zwischen den Fenstern eines fortlaufenden Bandes oder auch mit den verzierten Kanten der Eckfenster.

Aber diese Entwürfe überschreiten unsere Untersuchung. Es gibt jedoch auch Beispiele wie die Sozialwohnungen von Engelbert Mann in Wien mit großen glatten Oberflächen und durchlaufenden übereinander angeordneten Balkonreihen oder das vollkommen gelungene Thalia-Bad (1923—1924). Bei diesen Bauten, die zu den schönsten Wiens gehören, erreicht der Wechsel zwischen den durchlaufenden Fensterbändern und den weißen Flächen unter Vermeidung jeder überflüssigen Dekoration einen absoluten Rhythmus. Diese Beispiele einer vollkommen rationalen Anwendung jener *absoluten* Elemente, mit denen wir uns befassen, gehören aber in den Bereich der deutschen Architektur-Typen, die wir schon untersucht haben.

Für die Ziele unserer Untersuchung bietet Österreich also nichts wesentlich Neues.

In einer nordischen Geistesverwandschaft, an den deutschen Vorbildern orientiert, stellen sich uns die besten Beispiele der *dänischen* und *schwedischen* Architektur dar. In der Gestaltung der Innenräume dagegen zeigt sich, wenn man von einigen typisch dänischen Ansätzen mit starker Lokalfärbung absieht, der Versuch, aus der Klassik eine persönliche, stark auf eine stilisierte Schlichtheit zielende Interpretation abzuleiten. Insbesondere Dekorationen wie Aage Rafn gehen auf einen archaisierenden Geist zurück, um dann höchstmoderne Resultate hervorzubringen.

Unter den dänischen Architekten liefert uns Knut Lömberg Holm mit seinem Entwurf für die „Chicago Tribune" (1922) ein zweifach, tonal und plastisch gegliedertes Volumen; die Akzentuierung der Reklame durch riesige Leuchtschriften produziert einen Komplex von maschinenmäßiger Schönheit, der in seiner Art bis heute gültig ist.

Holland ist eines der Länder, das die Notwendigkeit der Rückkehr zum rationalen Geist in der Architektur begriffen hat, und es ist vielleicht das Land, in dem die neuen Ideen am kompromißlosesten umgesetzt wurden. Dennoch entfernt sich seine Architektur, der man eine perfekte Übereinstimmung mit dem Land nicht bestreiten kann, stark von unserem Geist, weil ihr einerseits die Verwendung von Ziegel einen schwermütigen Aspekt verleiht und weil die Holländer andererseits oft den Fehler begehen, den Rationalismus weit über die Grenze zu treiben, die der ästhetische Rhythmus eigentlich setzen sollte. Eine Mitteltendenz, die die konstruktive Reinheit des neuesten deutschen Stils mit dem mathematischen Rationalismus von Le Corbusier verschmilzt, scheint uns die interessanteste: Wir nennen das große Haus (1922) der Architekten Van Doesburg, Van Eesteren und Rietveld (Gruppe ‚de Stijl'), wo trotz der übertriebenen Zugeständnisse an die Effekthascherei eines kundigen, aber dennoch etwas bliebigen Kubismus ein angenehmer rhythmischer Wohlklang zwischen Volumen und Stockwerken verwirklicht wird; es unterstreicht mit seinen gewaltigen Vordächern und Terrassen die Möglichkeiten der neuen Baustoffe. Eine Villa, die allein von Rietveld in Utrecht gebaut wurde (1924–1925), zeigt uns die Übertreibungen, zu denen eine bis an ihre Extreme getriebene Tendenz führen kann: Hier reduziert sich die Architektur auf ein abstraktes Spiel von Ebenen ohne jeden konstruktiven Wert, was im Wechsel mit freigelegten Elementen aus Stahl und Glasrahmen dem Haus den Anschein eines seltsamen Präzisionsinstruments verleiht. Dieser Effekt aber geht nicht über den eines Bühnenbildes für ein Puppenballett hinaus.

Auf jeden Fall bietet uns die holländische Architektur auch in ihren besten Beispielen keine neuen Elemente gegenüber der deutschen. An sie knüpft auch der Entwurf der Architekten Byvoet und Duiker im Bereich des Wettbewerbs der „Chicago Tribune" (1922). Hier wird die größte, vielleicht gar excessive Aufmerksamkeit auf den Wechsel zwischen vollständig verglasten Wandflächen und durchgehenden hervorstehenden Balkonen gelegt. Durch die Wiederholung dieses einzigen Bauprinzips über die gesamte Höhe des riesigen Bauwerks entsteht dennoch der Eindruck beachtlicher rhythmischer Beschwingtheit.

Mehr als nur einen kurzen Hinweis verdient die architektonische Wiedergeburt *Rußlands* in der allerjüngsten Vergangenheit: Gewiß kann man auch hier, zumindest in den Anfängen, die deutschen Einflüsse erkennen, aber man verspürt doch den Geist von Unabhängigkeit und eigener Persönlichkeit und einen großen Elan in der Forschung, was auch dann, wenn manchmal die Logik des Konstruktiven und die Ästhetik überschritten werden, große — und möglicherweise allernächste — Möglichkeiten erahnen läßt.

Wir nennen als Beispiel für die perfekte Realisierung der neuen Forschungen den Entwurf von Vesnin für eine Kammer der Arbeit in Moskau (1923), die zu Ergebnissen vorstößt, die vollkommen unabhängig vom Stil der Deutschen sind. Man beachte: Wie unterschiedlich der Rhythmus in den von außen sichtbaren tragenden Teilen ist, und zwar ganz besonders im Turm, die geschickte Verteilung der Fenster, die aufmerksame plastische Gestaltung der abgewinkelten und poligonalen Volumen und das ganz neue Element zurückgesetzter Abschnitte in den Fassaden.

Und wirklich zur Mahnung für unsere Architekturschulen dienen die Entwürfe für Industriebauten der Höheren Schule für Kunst und Industrie in Moskau, wo die technische Ästhetik in voller Entwicklung scheint, und die bei uns noch nicht genügend bekannt sind.

Frankreich haben wir uns aus *zwei* Gründen für den Schluß aufgespart: Wegen der besonderen Position, die wir im Verhältnis zur zeitgenössischen Architektur jener mathematischen Tendenz zuschreiben, die wir „corbusianisch" nennen möchten; und wegen einiger Feststellungen, die diese uns gestattet und mit denen wir schließen möchten.

Es ist bekannt, daß das Phänomen Le Corbusier ein isoliertes Phänomen ist. Erst jetzt scheint es so, als bekäme er in Frankreich Gefolgsleute. Auf jeden Fall hatte er keine Vorläufer, denn die architektonische Szene war insgesamt trotz Perret und etwas dahinter Roux-Spitz und Tony Garnier eher zurückgeblieben. Die Theorien Le Corbusiers sind zu gut bekannt und weitgehend erörtert, als daß hier noch darüber zu diskutieren wäre. Der größte Fehler bestand darin, ihn als eine Art Futuristen zu behandeln, während er doch im Grunde ein *Traditionalist* ist. Eben sein Traditionalismus treibt ihn dazu, zu fordern, daß die Architektur *wie in jeder großen Epoche* so auch heute genauestens den Notwendigkeiten der Gegenwart entsprechen muß. In diesem Sinne sagt er: ,,Wir leben im Zeichen der Maschine". Dieser Satz wurde nicht verstanden und löste tausende absurder Deutungen aus. Bereits in unserem ersten Text haben wir klargemacht, daß der Einfluß durch die Mechanik *logisch* zu verstehen sei.

Wir gestehen zu, daß diese Theorien, ins Extrem getrieben, auch zu Übertreibungen führten, und daß besonders bei einigen Vorhaben von Le Corbusier, wenn diese sich nicht auf einen, wenngleich verfeinerten Kubismus beschränken, die allzu rigorose Anwendung der reinen Rationalität einen klinischen Eindruck erwecken kann. Im Gesamtzusammenhang seiner praktischen und seiner polemischen Arbeiten ist er ein außergewöhnlicher *Neuerer*. Bei der ganzen Blüte falscher Genies kann man das Beispiel dieses Mannes nie genügend bewundern: Erklärt er doch in vollkommener Bescheidenheit, er gebe sich damit zufrieden, mit seiner Architektur ein schlichtes Skelett zu liefern, die allerersten Grundlagen, von denen ausgehend spätere Generationen die vollendeten Modelle der Schönheit ausarbeiten können. Wiederholen wir es: Le Corbusier ist ein *Neuerer*, und wenn auch nicht alle seine Theorien wortwörtlich genommen werden können, dann muß man doch die Tendenz als eine geeignete *Kur* gegen die architektonische Rhetorik verstehen, als ein wirkungsvolles *Gegengift* gegen das Alte oder, schlimmer noch, das falsche Neue.

Wir beschreiben die Arbeiten von Le Corbusier oder Jeanneret nicht. Sie sind nur allzu bekannt. Es liegt uns aber daran, noch einmal herauszustreichen, daß, auch wenn manchmal ein Detail wie zum Beispiel der große Balkon aus gebogenem Stahl in der Villa Veaucresson (1922–1923) sehr umstritten sein kann, die zeitgenössische Architektur *selten* die perfekte Proportion und die wirklich hellenische Reinheit der beiden ,,Hôtels particuliers" in Auteuil (1924) erreicht hat. Die mathematische Beziehung in der hier die verschiedenen Teile zu einander stehen, erzeugt den Eindruck eines abstrakten Rhythmus. Man beachte nur den ästhetischen Wert des gekrümmten Volumens ,,sur pilotis" eben dieses Bauwerks in Auteuil und den des Seitenflügels der Villa Lipchitz in Boulogne-sur-Seine (1924–1925), wo derselbe neue Geist aufscheint.

Mit einem ganz anderen Akzent aus dem deutschen, mit einem typisch französischen, bedient sich Le Corbusier derselben Grundelemente, die wir bereits herausgearbeitet haben: Die *gewaltigen Glasfronten* [das interessante *Atélier* des Malers Ozenfant (1923)] – die Häuser in Auteuil; die *horizontalen Fensterbänder* [in allen Bauten Le Corbusiers, und insbesondere in der Villa über dem Genfer See (1923–1924)]; die *durchlaufenden, herausragenden Balkone* [Modell für die Häuser

Citrohan (1921)]; die *große vertikale Verglasung*, die die Fassaden von oben nach unten zerschneidet [Villa in Veaucresson (1922–1923)].
Und nun zu den angekündigten *Feststellungen*. Zwischen den Modellen für die Häuser Citrohan von Le Corbusier und bestimmten Modellen von Walter Gropius für Reihenhäuser, und allgemeiner noch, zwischen dem gesamten Werk von Le Corbusier und dem von Walter Gropius und seiner Schule oder Gruppe besteht eine *Ähnlichkeit einiger Formen*, die äußerst bemerkenswert ist und die jeder nachprüfen kann. Also: In Ländern mit ganz verschiedenen Einstellungen *entstehen aus der logischen und rationalen Lösung analoger Problemstellungen zwangsläufig analoge Kreationen*.

Es wurde bereits gesagt: „Die Zeit ist reif für eine Internationalisierung im Aussehen der Industriebauten". In der Tat, man bemerke, daß die Silos von Europa bis hin zu den großartigen Silos der USA und Canadas (vielleicht der vollkommenste plastische Ausdruck der technischen Ästhetik, und das nicht nur aufgrund ihrer Ähnlichkeit mit der Grabstätte von *Eurisace*, die sie zu einem wirklichen Element der Klassik werden läßt) alle gleich aussehen.

Die Wahrheit ist, daß der Stahlbeton mit seinen Möglichkeiten einer *neuen Basis* für die architektonische Forschung bereits einige jener *absoluten Formen* hat durchsetzen können, die wir in *allen* Ländern haben feststellen können und die ihre *Grundlage* darstellen.

Der Beweis für die Vollkommenheit, zu der die Architektur der Antike vorstieß, besteht in der Schaffung einiger *grundlegender* Formen, die fast wie ein *Alphabet* der Architektur kulturelles Erbe aller Zivilisationen wurden. Heute sind, wie wir gesehen haben, aus den neuen Erfordernissen und aus einem rationalen Einsatz der Materialien bereits einige *Formen entstanden*, die die perfekte und einzig mögliche Lösung für die gegebenen Probleme darstellen und die bereits in der gleichen Weise, wie die Säule oder der Bogen fundamental für die vergangenen Architekturen waren, als *internationales Erbe* betrachtet werden können.

Teil 3: Mangelnde Vorbereitung, Unverständnis, Vorurteile
Einzig zu dem Zwecke, einen, wie wir das ausgedrückt hatten, vergleichenden Überblick über den augenblicklichen Stand der Architektur zu geben, scheint es uns nun — nachdem wir gesehen haben, welches die tatsächlich absoluten und signifikanten Resultate sind, zu denen man im Ausland vorgestoßen ist — angebracht, die Gründe zu untersuchen, welche in Italien eine entsprechende Entwicklung eines wirklich modernen architektonischen Geistes wie bei den anderen Nationen behindert haben. Bei uns dagegen herrscht eine augenfälligere Unsicherheit, die vielleicht durch reale Schwierigkeiten gerechtfertigt ist, von der man sich aber ohne größere Schwierigkeiten befreien könnte.

Die Ursachen dafür sind leicht zu erkennen: Die schwerwiegendste und bedeutendste ist gewiß die *mangelnde Vorbereitung* unserer Architekten, die sie daran hindert, die technischen Probleme mit dem rechten ästhetischen Gefühl anzupacken. Nur so könnten ihre Arbeiten eine *technische Ästhetik* entwickeln, die der Zeit gemäß wären. Und an allererster Stelle trägt sicher die *Schule* schuld an dieser mangelnden Vorbereitung.

Das Thema der Kunstschulen ist so komplex und verästelt, daß es wesentlich mehr Platzes bedürfte, um es zu behandeln. Und das gilt noch einmal mehr für die *Architekturschulen*, Schulen also, die Kunst und Wissenschaft in einer nur sehr schwer genau festlegbaren Mischung verschmelzen müßten. Da man des weiteren unsere Erfahrungen nicht auf alle Architekturschulen ausdehnen kann, versteht es sich von selbst, daß wir uns darauf beschränken, einige Mängel der Ausrichtung aufzuzeigen. Dabei gestehen wir durchaus zu, daß es einige Schulen geben kann, wo diese Fehler nicht begangen werden, und wir hoffen, daß es bald überhaupt keine mehr geben wird, die diese Fehler begehen.

Tatsache jedoch ist, daß einige dieser Schulen in ihrer heutigen Gestalt ein Anachronismus sind. Heutzutage, wo alles so neu ist, da produzieren bestimmte Lehrmethoden, die von den aktuellen Problemen meilenweit entfernt sind, und ganz besonders bestimmte *dogmatische Ausrichtungen* mit *starren Schemata* (weil sie eine falsche Gewohnheit aufrecht erhalten, die durch Beispiele belegt werden, die man besser vergäße) einen peinlichen Eindruck von Blindheit. Was sollte denn eigentlich das höchste Ziel der Architekturschulen sein, wenn nicht das, den Jungen in seinem Beruf zu schulen? Die Ergebnisse aber sind dem so total entgegengesetzt, daß es, so vermuten wir, keinen jungen Architekten gibt, der angesichts der praktischen Probleme nicht allein unvorbereitet gewesen wäre, sondern auch gegenüber dem sehr viel schwerwiegenderen Problem seiner künstlerischen Identität *desorientiert* wäre. Diese wurde von der Schule nicht geformt, sondern *zersetzt.*

Bei den Unterrichtsmethoden ist ganz klar, wie schwer es der Architekt hat, sich von den allzu negativen Einflüssen zu befreien, die er erfahren hat, und unbeschwert das Problem der Gegenwartsarchitektur anzupacken. Damit soll selbstverständlich nicht gesagt sein, daß der Unterricht von allem Anfang an auf der Grundlage der technischen Ästhetik aufgebaut sein soll: Das wäre absurd. Aber man kann andererseits einen so wenig parallelen und synchronen Verlauf auch nicht hinnehmen, wo die beiden *untrennbar zusammengehörigen* Materien, das Künstlerische und das Wissenschaftlich-Praktische, von einander *separiert* werden. Wenn sie sich nicht gar gegenseitig ausschließen, dann bilden sie doch zumindest einen Gegensatz, und eben dadurch wird die bedauerliche Desorientierung erzeugt, die wir angetönt haben.

Im übrigen halten wir eine solide klassische Basis für das Studium der Architektur nicht nur für nützlich, sondern wir würden es sogar lieber sehen, daß sie in den ersten Jahren des Unterrichts sehr viel absoluter und ausschließlicher gelehrt würde. *Aufgeklärt* jedoch und so, daß sie wirklich eine *Basis* ist und nicht ein Hindernis für den jungen Architekten – und die vorgetragenen Beispiele sollten von der Art des Parthenon und nicht das Denkmal für Vittorio Emanuele sein. Nach diesen ersten soliden Studien und der Unterstützung des Studenten bei dem mühsamen Schritt von der Kopistenarbeit zum selbständigen Entwurf (Man kann sich kaum vorstellen, wie hoffnungslos der Seelenzustand des jungen Architekten ist, der unzureichend vorbereitet, das erste Mal vor der Aufgabe steht, etwas Eigenes zu *schöpfen*, und dabei vollkommen auf sich allein gestellt ist), müßte sehr viel mehr Freiheit gewährt werden. Auch wenn man zugesteht, daß die Studienarbeiten bis zu einem gewissen Punkt Stilübungen sein müssen, sollten doch ein für allemal zwei Hauptpunkte zugestanden werden:

– daß die Stile nicht allein von den 20, 30 Bänden, über die die Schule verfügt, *nicht* dargestellt werden, sondern daß nur allzu oft ihre lebendigsten Aspekte *just genau* in den Elementen bestehen, die in ihnen als Ausnahmen klassifiziert werden;

– daß eine Stilübung, wenn sie fruchtbar sein soll, die *Interpretation des Geistes* einer Epoche sein muß, *nicht* das Studium der Gestaltungsformen einiger Architekten.

Man vergleiche den weiten Horizont dieser Perspektive mit der Engstirnigkeit der Ansichten, die in den Schulen die Herausbildung einer Individualität bei den jungen Architekten verhindern. Nur so könnte sich der junge Architekt am Ende des Studiums, *aber noch in der Schule*, an den Versuch *freier Entwürfe* wagen, in denen sich die Anforderungen und Charakteristika unserer Zeit spiegeln. Und nur so könnte es gelingen, einen unter den Architekten noch weiter verbreiteten Fehler zu vermeiden, an dem eben die Schulen schuld sind: Die Vernachlässigung und Verachtung für die Industriebauten, die vollkommen zu unrecht als Materie klassifiziert werden, die eines Künstlers unwürdig ist.

Ein weiteres und nicht weniger schwerwiegendes Hindernis ist das Unverständnis des Publikums. Die Masse verfolgt den Rhythmus der Zeit mit Verspätung; im Verhältnis zur Masse ist die Zeit immer *voraus*: Die Trägheit, welche die Masse beherrscht, verleitet sie dazu, zu lange bei einem *übertriebenen Auskosten* der mühsam erreichten Errungenschaften stehenzubleiben. Aus dieser geistigen Trägheit folgt der Haß gegen jede Neuigkeit oder jede Sache, die den Schein der Neuigkeit hat, und die diese Trägheit stören könnte.

Dann gibt es da eine bürgerliche Mentalität in der Konzeption der Kunst und des Lebens, die daran hindert, die Existenz eines neuen Geistes zu sehen, ja auch nur dessen Möglichkeit zu ahnen. Charakteristisch für diese Mentalität ist der Wunsch nach einer falschen, pompösen Pracht im Innern und Äußern der Wohnungen. Es ist darauf hinzuweisen, daß sogar der Sinn für das Haus verlorengegangen ist, das eine einfache Konstruktion sein muß – und das ist es in den großen Epochen der Kunst auch immer gewesen –, welche in ihrem äußeren Aspekt der Geist der Notwendigkeit widerspiegelt, aus dem sie entstand. Heute dagegen finden monumentale Elemente Verwendung, die den Palästen vergangener Epochen entlehnt wurden (die sich vor allem anderen äußerst schlecht eignen für Bauten mit 6 oder 7 Stockwerken, wie sie heute Usus sind). Das Resultat ist eine falsche oder vollkommen unangemessene Monumentalität, wie man sie überall sehen kann. Auf solche Weise geriet dem Publikum das praktische Problem der Logik und der Hygiene im modernen Wohnungsbau vollkommen aus dem Blick. Und das hat dazu beigetragen (die Umwelt beeinflußt das Individuum), ihm die Möglichkeit zu nehmen, unvoreingenommen ein Kunstwerk zu beurteilen.

Sodann ist einem Teil der Kritik, dem überwiegenden Teil der Autoren im Bereich der Kunst und einer Vergangenheit, die auf uns *nur deshalb* wie Blei lastet und uns jedwede genauere Perspektive in der Gegenwartskunst blockiert, weil sie zu oft mißverstanden und falsch gesehen wurde, die Entstehung und Verbreitung zahlreicher *Vorurteile* anzulasten. Ihr Echo beim Publikum wirkte wieder auf Kritik, die sie erzeugt hatte, zurück und beeinflußte sie, so daß sie inzwischen einen

Bestandteil der fundamentalen Axiome ausmachen, die die Grundlage für die gängigen Denkrichtungen der Gegenwartskultur abgeben.

Die Stimmen zur Verteidigung der Vergangenheit und die Polemiken pro und contra sind so zahlreich, daß man sich fragen muß, ob man nicht im Grunde sehr oft über dieses Wort *Mißverständnisse* verbreitet oder seine *wahre Bedeutung* aus dem Auge verloren hat. Wenn man sich vormachen kann, in der Kunst modern zu sein (d. h. der eigenen Zeit zugehörig zu sein), obwohl man Formen der Vergangenheit verwendet, dann ist eine Architektur mit reinen Formen der Vergangenheit heutzutage, wo der Beton unausweichlich seine logischen Formen aufzwingt, eine Illusion, über die weiter kein Wort verloren werden soll.

Die große Lehre unserer Vergangenheit wird weiter *mißverstanden*. Hinter der Maske der Tradition kann sich jede Unaufrichtigkeit verstecken: Und in weiten Teilen der modernen Architektur bei uns hat sich eine große Unaufrichtigkeit materialisiert.

So *versteckt* man bei uns immer noch systematisch das Bauskelett aus Spannbeton hinter Verkleidungen, die mehr oder weniger kriterienlos alten Stilrichtungen entnommen werden. Wenn jede Beziehung zur tragenden Struktur zerbrochen ist, dann werden die Fassaden zu Organismen an sich, zu dekorativen Notbehelfen und unaufrichtigen Verkleidungen. Und das soll die Tradition sein? Daß man bis auf den heutigen Tag die Vergangenheit anwenden will (in der größeren Zahl der Fälle müßten wir sagen: Sie zu *verschandeln*), ist keineswegs ein Beweis für eine größere Bewunderung, als wir sie hegen. Unsere Liebe zur Tradition, an der wir nicht rühren wollen, ist selbstlos und eben deswegen reiner und höher.

Noch ein Mißverständnis: Eine falsche Interpretation des Nationalcharakters hat dazu geführt, eine bestimmte Anzahl von *mit Sicherheit effektvollen* Formen, die fast immer zu den banalsten und schlampigsten gehören, welche in den stilistischen Handbüchern versammelt sind, oder die sich aus Gewohnheit an den Akademien durchgesetzt haben, als typischerweise *unsere* einzustufen. Und so werden sie sowohl im Inland eingesetzt als auch, und dies noch häufiger, im Ausland, um dort die italienische Kunst zu repräsentieren. Außerhalb dieser Klassifikation stand naturgemäß der *Antinationalismus*, die *Imitation des Auslandes*. Wenn man nun dem Wort „Tradition" diese Bedeutung geben will, dann möge man bedenken, was es bedeutet, ausschließlich die akademischen Formen der Architektur, die am wenigsten edlen und am meisten mißbrauchten, dazu zurechtzubiegen, unser Land zu repräsentieren (und diese Formen werden für das Ausland das Zeichen für *Italianität*). Es bedeutet den Versuch, das Land in der kontinuierlichen Weiterentwicklung seiner geistigen Errungenschaften aufhalten zu wollen, welche ihm immer den ersten Platz und fast so etwas wie *eine Investitur* zur Bestimmung der Formen der *wahren* Kunst gesichert hat.

Ein Teil dieser Vorurteile, die erst seit relativ kurzer Zeit einen so absoluten Charakter angenommen haben, scheint sich glücklicherweise zu verändern oder besser gesagt: Zu verschwinden. Es ist ein Milieu herangereift, das mehr Verständnis für die Erfordernisse unserer Zeit hat und mehr Mut beweist angesichts des unbedingt notwendigen Abrückens von einigen Schemata auch dann, wenn sie einstmals von Nutzen waren. So befindet sich der Neoklassizismus (eine der bedeutungsvollsten Tendenzen im Kampf gegen zahlreiche Vorurteile und viele überholte Gewohnheiten, aber selbst eben auch eine Erfahrung und als solche *vergänglich*) im Niedergang. Es ist symptomatisch, wie die bedeutendsten Schriftsteller des 20. Jahrhunderts, die ihn in einem gewissen Sinne erschufen, sich heute von ihm lösen.

In diesem Zusammenhang sei es gestattet, einen Punkt klarzustellen: Wie immer in diesen Fällen, so gab auch der erste Artikel der „Gruppe 7", der ein Programm zu sein schien (das war er auch, aber nur zum Teil), Anlaß zu vielen willkürlichen Interpretationen unserer Begriffe. Es gab solche, die das geringe Vertrauen, das wir gegenüber den Entwicklungsmöglichkeiten der neoklassizistischen Architektur zeigten, als einen besonders haßerfüllten Angriff auf diese Schule deuteten: Nun hegen wir aber einen großen Respekt gegenüber jeder Tendenz, behalten uns aber das Recht vor, ihr nicht zu folgen und öffentlich zu sagen, aus welchen Gründen wir meinen, daß man ihr besser nicht folgt. Die neoklassizistische Bewegung bildet trotz ihrer unterschiedlichen Äußerungsformen in dieser oder jener Sparte der Kunst ein einheitliches Ganzes. Anläßlich der kleinen, aber bedeutenden Ausstellung von 15 Malern des 20. Jahrhunderts in diesen Tagen haben die bedeutendsten Kritiker die vollständige *Aufgabe* des Neoklassizismus erkannt und *bestätigt* (Wir zitieren hier die Zeitungen „Il Secolo", „L'Ambrosiano" und „La Fiera Letteraria"). Wir haben nun die Genugtuung, festzustellen, daß diese Entwiklung *parallel* zu der verläuft, die wir in der Architektur für erforderlich und unmittelbar bevorstehend erachteten.

Immer im Hinblick auf den Neoklassizismus gab es auch jemand, der darauf hinwies, daß die Arbeiten (allerdings älteren Datums) einiger Mitglieder der Gruppe sich ausgerechnet auf jene neoklassizistische Tendenz bezogen, die die Gruppe selbst als überholt ansah. Dieser *vorhersehbare* Einwand hatte allerdings *schon* eine Antwort dort gefunden, wo mit Hinblick auf unsere Vorläufer gesagt wird: „Und *ein Stück weit folgten* wir ihnen auch auf diesem Weg, jetzt aber nicht mehr". Wir haben nie die geschuldete Anerkennung verweigert, im Gegenteil, wir haben in diesen Texten mehrfach darauf hingewiesen, und nichts liegt uns ferner, als eine Entwicklung zu verheimlichen oder zu leugnen. Ja wir verweisen darauf, daß *exakt* die Tatsache, eine gegebene Richtung *erprobt* zu haben, einem vor allem anderen das Recht gibt, sie aufzugeben, wenn man ihre Überflüssigkeit erkannt hat.

Da wir schon bei den Anmerkungen zur These der Gruppe und den unterschiedlichen Interpretationen sind, die davon gemacht wurden, scheint es uns von Interesse, auf eine Rezension zu diesem Thema in der Zeitung „La Stampa" hinzuweisen. Hier lassen sich einige typische Verhaltensweisen der öffentlichen Meinung aufzeigen, von denen vorher die Rede war.

Wir übergehen die billige Anschuldigung (auch die hatten wir vorhergesehen) „Corbusianer" zu sein: Wir haben unsere Position gegenüber Le Corbusier in den beiden vorigen Artikeln schon zur Genüge geklärt, und auch wieviel und *was* ihm ganz unabhängig von jeder Imitation die *gesamte* neue Architektur Europas verdankt, als daß wir noch einmal darauf einzugehen hätten. Ebenso übergehen wir, daß unsere Theorie vom zeitweiligen Verzicht auf den Individualismus als „überflüssiger Heroismus" abqualifiziert wird, eine Qualifizierung, die der Autor der Rezension als grundlos und zumindest voreilig erkennen wird.

Wir lassen also alle Aussagen beiseite, die sich direkt auf die Gruppe beziehen, und streichen nur eine Erklärung heraus, die die Kunst im allgemeinen und, im vorliegenden Fall, die *Architektur im besonderen* betrifft: Es handelt sich um eine wirklich erstaunliche Äußerung, die eine ganze Denkweise beleuchtet, von der wir angenommen und gehofft hatten, es gäbe sie in Italien nicht mehr, und die unserem Land im Urteil des Auslandes großen Schaden zugefügt hat. In der Rezension wurde gesagt: „*Das Werk des Schönen hat keinen Zweck*"; folglich ist die Architektur kein Werk des Schönen, oder sie muß überflüssig sein. Das heißt, wenn ein Haus oder ein Palast dazu dienen, bewohnt zu werden, und zu diesem Zweck gebaut werden, dann könnten sie, folgt man dem Autor des Artikels, *auf gar keinen Fall* zur Kategorie der Kunst gehören. Wenn sie dagegen mit Formen aus der Kunst ausstaffiert werden (die vollkommen verlogen sind, denn in einem solchen Fall entsprächen sie *rein gar nichts*), dann würden sie Werke des Schönen darstellen, auch wenn es ihnen vollständig an der rationalen Aufteilung mangelt, die den Erfordernissen entspricht und sie den Zwecken anpaßt. Soweit also geht das Mißverständnis der Architektur, jener Architektur, die seit ihren Ursprüngen in der Prähistorie entstanden ist, um vor allem anderen *dem Menschen zu dienen!* Die schädlichen Ergebnisse solch schwammiger und dilettantischer Theorien sind so offenkundig, daß es uns hier noch nicht einmal angebracht scheint, sie zu kommentieren. Wir belassen es beim Bedauern, daß sie in Italien noch Gehör finden.

Schließlich möchten wir ein Letztes klarstellen: Es gab diejenigen, die vom allerersten Anfang an unserer Bewegung applaudierten und eine Zustimmung erkennen ließen, die *wirkliches* Verstehen unseres Unterfangens zeigte, und das ist der größte Lohn für jede Mühe (wir zitieren hier die Zeitung „Il Tevere"); aber es gab auch diejenigen, die unser Konzept falsch interpretierten und uns für Absichten lobten, die unsere nicht sind. Einige glaubten, daß wir eine weitgesteckte Bildung in jedem Feld der Kunst zur unabdingbaren Voraussetzung für den vollkommenen Architekten erhöben — und diese unterstellte Bedingung fand die Zustimmung. Nun geht es aber gar nicht darum: Es ist nicht so schwer, sich eine Bildung zu erarbeiten, und sie zu besitzen würde die *Sensibilität* eines Architekten *überhaupt nicht* ändern, der zuvor ungebildet und unsensibel war. Worum es geht ist etwas anderes: Wir hatten gesagt, und dabei bleiben wir, daß Bildung nicht allein den Architekten jetzt *zwangsläufig* dazu bringt, zu spüren, wie die neue Architektur aufs engste mit allen anderen Kunstformen verbunden ist, sondern *künftig* auch das große Spiel von Echos und Reflexen, die über Bildhauerei, Malerei, von der Literatur bis zur Musik reicht, erkennen läßt; wir meinten weiter, daß der Architekt, den *bestimmenden Ton* in dieser neuen Geometrie angeben müßte, die in gleicher Weise am Geist der Mechanik wie am griechischen Geist teilhat (vielleicht sind die beiden Aspekte ein und dieselbe Sache und nennen sich „neuer Geist"); und schließlich, daß man unbedingt an diesen Punkt gelangen muß und daß das nicht so leicht ist.

Man sieht, Kultur ist etwas ganz anderes.

Teil 4: Eine neue Epoche der Klassik
In einer kleinen Serie von Artikeln[1], die vor allem anderen die Exposition einiger Ideen und Argumentationen sein sollte, aus denen unsere Bewegung hervorging,

wird zweifellos die *Gewißheit* eines „Neuen Geistes" deutlich geworden sein. In unserem ersten Text haben wir diesen „Neuen Geist" als notwendige Grundlage und Anreiz für die Forschung unterstellt; im zweiten haben wir darauf zurückgegriffen im Zusammenhang mit den „absoluten Elementen" der neuen Architektur, die eben seine Existenz bestätigen; und zum Schluß des dritten Textes haben wir das noch einmal unterstrichen: Der „Neue Geist" bildet die große Kraft und den großen Ansporn der neuen Generationen, die inzwischen in ganz Europa unter vielfältigen Aspekten ihr einheitliches Wesen erkennen.

Dennoch ist deutlich – wenn wir uns darauf beschränken, seine Resultate in den bildenden Künsten zu betrachten –, daß sich die Architektur im Verhältnis zu den anderen Künsten in einer sehr privilegierten Position befindet. Auch wenn die Bildhauerei und die Malerei, die sich zum Glück von den unmittelbar vorhergehenden Perioden durch eine allgemeine Geschmackssicherheit unterscheiden, so lassen sie einen doch im Zweifel, ob ihre Erneuerung nicht absichtsvoll gemacht und folglich in einem gewissen Sinn künstlich ist: Der monumentale Primitivismus von Picasso und seinen Anhängern, das hellenisierende Mysterium der Metaphysiker, der „magische Realismus" der jüngsten deutschen Künstler, die allzu große Unschuld der falschen „Zöllner" und die archaische Vereinfachung bestimmter Richtungen in der Bildhauerei weisen mit Sicherheit einige unbestreitbare und außerordentlich charakteristische *Analogien* untereinander auf (die eben die These einer generalisierten Erneuerung belegen). Andererseits aber besitzen sie keinen absolut notwendigen Grund, und an ihren Anfängen in dieser oder einer anderen Form steht keine sichere logische Basis, und so kann der Verdacht aufkommen, sie repräsentierten eher die Mode des Augenblicks denn die Charakteristika einer Epoche. Und wenn dies auch das aktuelle Interesse für sie nicht mindert (im Gegenteil!), so verunsichert dies doch beim Urteil über ihren absoluten Wert.

Die Architektur hingegen verfügt seit kurzem über einen wunderbaren neuen Werkstoff, den *Spannbeton*[2], den man als wirklich *neu* ansehen kann. Auch wenn man bisher geglaubt hat, die Ehrlichkeit des Materials hinter künstlichen Verkleidungen verstecken und es gewaltsam in starre Stilschemata pressen zu müssen, – und dies hat bewirkt, daß seine außerordentlichen *ästhetischen* Möglichkeiten noch gar nicht erkannt wurden (sie können, wie wir sagten, die architektonische Forschung von Grund auf umkrempeln) –, so birgt er doch die *unzweifelhafte Notwendigkeit* einer Erneuerung der Architektur in sich.

Stein und Ziegel besitzen aus der jahrhundertealten Tradition heraus eine eigene Ästhetik, die aus ihren konstruktiven Möglichkeiten hervorging und die in uns inzwischen *instinktiv* geworden ist. Die Bedeutung der herkömmlichen Architektur liegt im Bemühen, die zur Erde ziehende Schwere des Materials zu besiegen. Aus der Überwindung dieser statischen Schwierigkeit entstand der Rhythmus: Das Auge war dann zufrieden, wenn ein Element oder eine Komposition von Elementen durch Form oder Anordnung eine vollkommene statische Grundlage zu besitzen schien. Aus ihrer Erforschung entstanden die traditionellen Proportionen, Objekte und Dimensionen. Nun verliert diese Werteskala mit dem Spannbeton jeden Sinn und jede Begründung: Aus seinen neuen Möglichkeiten (enorme Auskragungen, große Öffnungen und in der Folge die Verwendung von Glas – als *Oberfläche*; horizontale Schichtung; schlanke Stützen) formt der Spannbeton mit Notwendigkeit eine neue Ästhetik, die sich von der traditionellen total unterscheidet, und bildet das Bauskelett; die rhythmische Verteilung von gefüllten Flächen und Öffnungen nimmt völlig andere Formen an.

Es ist verständlich, wenn der Mehrheit des Publikums, das an die traditionelle Ästhetik gewohnt ist, diese neue Ästhetik des Spannbetons vollständig verkennt oder, schlimmer noch, ablehnt. Menschen mit etwas weiterem Horizont gestehen allerhöchstens zu, daß man das neue Material in konstruktiver Reinheit für Industriebauten verwenden und daß daraus eine besondere Ästhetik entstehen kann, die nicht ohne künstlerischen Wert ist, die man aber nicht auf andere Architekturformen ausdehnen kann. Wieder andere gestehen äußersten Falls eine Art Kompromiß zwischen konstruktivem Rationalismus und einigen erneuerten Elementen der Kunst der Vergangenheit zu. Und das sind die positivsten Fälle. Aber von allen, oder doch fast allen, in Italien wird bestritten, daß der Spannbeton auch zu *monumentalen Werten* vorstoßen kann. Nichts ist falscher als das: Wenn es ein Material gibt, das eine monumentale Klassizität erreichen kann, dann ist es *genau* der Spannbeton, und er entwickelt sie präzis aus dem *Rationalismus.*

Ohne sie in den Rang eines baulichen Beispiels heben zu wollen — sie stellen ein noch unvollkommenes Durchgangsstadium dar —, so ist doch klar, daß die Werkhallen der Fiatwerke Lingotto eines der wenigen italienischen Beispiele für eine Industriearchitektur mit einigem architektonischen Wert ist. Es belegt, daß aus der vollkommenen Harmonie zwischen architektonischen Lösungen und gestellten Anforderungen (in diesem Fall der scheinbare paradoxe Wagemut, auf dem Dach des Gebäudes die überhöhte Fahrbahn anzubringen, und die innere Logik dieses Gebäudeteils) eine plastische Gestalt erstehen kann, *die auch für sich genommen einen Wert hat.* Es ist ganz klar, *daß man auf diesem Wege mittels einer Vervollkommnung durch Selektion zu einer Monumentalität gelangen kann.* Genau in der selben Logik schuf Rom, um das gestellte Problem des Amphitheaters zu lösen, einen vollkommenen, lebendigen Organismus, das Kolosseum, das für uns heute eine plastische Form darstellt, die, vollkommen unabhängig von dem Zweck, für den sie erschaffen wurde, einen absoluten monumentalen Wert besitzt.

Das gilt hinsichtlich der *Baukörper.* Was die einzelnen *Elemente* angeht, so hat man gesehen, daß einige von ihnen mit einem absoluten Wert und analoge, wenn nicht gar identische Elemente in allen Ländern bereits kreiert wurden. Aber wir befinden uns selbstverständlich noch am Beginn solcher Forschungen: Der Spannbeton erfordert nach der einen Seite hin einige grundlegende Abhängigkeiten, die für die auf ihm aufbauende Architektur die wesentlichsten Gründe für die *Gewißheit* bilden (denn es kann keine Kunst geben, wenn es keine Hindernisse gibt, die überwunden werden müssen), nach der anderen Seite aber eröffnet er ein großartiges, weites Feld immer größerer *Möglichkeiten.*

Von der Seite der *Form* her erinnert die Analogie in den feinen, gradlinigen und subtilen Elementen der Stockwerke und im ruhigen Rhythmus von Leerstellen und ausgefüllten Flächen, der eine räumliche Komposition schafft, an die griechischen Ursprünge der Architektur. Dasselbe gilt auch von der *Entwicklungsseite* her. Denn die heutige Architektur steht erst am Beginn einer großartigen Zukunft, sie hat bisher nur einen kleinen Teil ihrer potentiellen Charakteristika herausgearbeitet, von ihrer natürlichen Entwicklung erhofft sie sich eine vollkommenere

Kunstfertigkeit, und weil sich diese Erneuerung in einem Klima allgemeiner Erneuerung vollzieht, können wir die Charakterzüge einer neuen *archaischen Periode* in der Geschichte der Architektur erkennen.[3]

Das Konzept eines *spontanen*, logischen, zwangsläufigen (weil durch ein ganzes Bündel von Voraussetzungen notwendig gemachten) *archaischen Rückgriffs* wird eine Reihe von Punkten klären helfen, die zunächst Anlaß zu Fehlinterpretationen boten: Es scheint uns förderlich, das an dieser Stelle, zum Abschluß, wieder aufzugreifen und es mit unserer Theorie vom *Verzicht auf den Individualismus* zu konfrontieren. Wir sagten bereits, daß wir diesen Verzicht für temporär erachten mit dem Ziel, das gefährliche Chaos der Ideen, Tendenzen und Stile einzudämmen, das die Bedingungen für die italienische Architektur so sehr verunsichert: Also, in wenigen Worten, als eine Art Heilmittel. Im übrigen hielten wir es, in der Annahme, die Theorie würde akzeptiert, nicht für nötig, weil es allzu offensichtlich schien, einen Punkt klarzustellen: Wir waren nie so verrückt, mit „Verzicht auf den Individualismus" zu meinen, ein Architekt sollte gewaltsam jene *spontanen* Charakteristika in sich unterdrücken, die ihn von einem anderen Architekten unterscheiden würden: Eine solche Nivellierung würde zu keinem guten Resultat führen und wäre darüber hinaus auch noch verlogen, folglich *absolut im Gegensatz* zu unserer Bewegung. Ganz im Gegenteil wollten und wollen wir sagen, daß der Wunsch (auch wenn er im Grunde positiv ist), sich abheben zu wollen, nur zu oft zu einer *gekünstelten* Bemühung wird, sich von dem zu unterscheiden, was alle anderen tun, daß diese Bemühungen, sich einen Stil zuzulegen, fast immer in zweifelhafte Originalität und in Entwürfe münden, die Karrikaturen traditioneller Elemente (möglichst unbekannt und umgestaltet) sind, welche vielleicht nicht ohne Witz, aber mit Sicherheit ohne architektonische Solidität und Seriosität sind. Kurz, daß all das vor allem anderen schädlicher *Dilettantismus* ist, daß ein überschäumendes „Geschick" vor allem eine Gefahr darstellt.

„Verzicht auf den Individualismus" bedeutet dagegen:

— *keine Originalität um jeden Preis;*
— *sich damit zufrieden geben, für eine zukünftige Selektion zu arbeiten;*
— *mit allen Mitteln und allen Kräften auf die Vereinheitlichung*[4] *des Stils hinarbeiten* (das ist die *vorrangige* Voraussetzung für die Entstehung einer wirklich italienischen Architektur), *indem möglichst alle mit denselben Elementen entwerfen;*
— *keine Angst davor haben, auf einer Grundlage zu arbeiten, die karg scheinen mag, und das mit ästhetischen Mitteln, die begrenzt scheinen können;*
— *die Zahl der Elemente, derer man sich bedient auf ein Minimum begrenzen und sich mit diesen immer weiter perfektionieren, um sie zur Vollkommenheit, zur abstrakten Reinheit des Rhythmus zu führen.*

Es versteht sich von selbst, daß damit die Konzepte einer *Serienproduktion* und der Schaffung jener grundlegenden „*Typen*" im Zusammenhang stehen, die einer Selektion in der Zukunft unterliegen werden. Sie gleichen darin jenen grundlegenden Elementen, die wir erwähnten und die sich in der Zukunft immer mehr perfektionieren werden. Wir sind uns bewußt, daß von „Serienproduktion" zu sprechen, vielen eine Minderung des künstlerischen Anspruchs scheint: Man fürchtet Monotonie, Armut, Mangel an Phantasie und an schöpferischen Werten. Aber zuerst einmal ist nicht gesagt, daß Verschiedenheit mit Schönheit zusammenfällt. Zweitens ist keineswegs ausgeschlossen, daß man mit den wenigen Elementen, die die Serienproduktion zuläßt, die ästhetische Wirkung nicht variieren kann. Und schließlich und vor allem ist, was bereits unterstrichen wurde, *Schlichtheit nicht Armut*. Das durcheinanderzuwerfen beweist wenig Feingefühl.

Das Auge hat sich noch nicht an die neue Ästhetik gewöhnt, an ihre grandiose Reinheit, an ihre heitere Schönheit. Ganz allmählich jedoch und kaum merkbar, aber unaufhaltsam wird sich die Entwicklung vollziehen, wird der Geschmack sich ändern, vielleicht ändert er sich bereits jetzt: Dann wird man die monumentalen Möglichkeiten und *unsere* Eigenheiten bei Bauten erkennen, die man jetzt noch nicht etwa deshalb als „ausländischen Geschmack" definiert, weil sie ausländische Architektur imitierten, sondern einfach deshalb, weil sie sich auf eine *rationalistische* und antidekorative Tendenz beziehen; die allerdings von interantionaler Bedeutung ist.[5] Und gleichermaßen wird man wahrnehmen, daß nicht mit unnützen Verzierungen, sondern mit der Kombination *weniger* Materialien und ihrer *perfekten* Bearbeitung die vielfältigsten Wirkungen erzielt werden.

Man wird erkennen, daß die Mosaike und die Verzierungen in Marmor und Gold in ihrem Pomp fast nie die extreme Eleganz und den raffinierten Luxus erreichten, den man mit der tiefen Leuchtkraft des Kristalls, mit Profilen aus gehobeltem Holz und mit den glatten Oberflächen glänzender Metalle erzielen kann. Dann wird man verstehen, daß die Vielfalt, welche hier entspringt, nicht minderwertig, sondern nur weniger auffällig ist, und daß das Streben nach *Perfektion in der Schlichtheit* einen *höchsten* Grad an Kultur verrät.

Wenn dieses Verständnis Allgemeingut geworden ist, dann kann man vielleicht die archaische Periode einer neuen Epoche für abgeschlossen betrachten.

Mailand, Mai 1927 Die Gruppe 7

Anmerkungen

1 Vgl. *„La Rassegna Italiana"*: Dezember 1926, Februar, März 1927.
2 Der Kürze wegen verstehen wir unter der Bezeichnung „Spannbeton" auch das Eisen, das durch die technische Entwicklung heutzutage in allen Bautechniken Eingang gefunden hat.
3 Daß eine allgemeine Erneuerung durch einen neuen Geist einen „archaischen Rückgriff" darstellt und daß die Architektur darin ihre sicherste Grundlage findet, das wird von allen Seiten bestätigt. Zu ersterem vergleiche man die gerade erst erschienenen und sehr wichtigen Studien von Nicola Berdaieff; zu letzterem schreibt, beispielsweise, Le Corbusier aus Anlaß seines Projekts für den Wettbewerb für den „Palais des Nations", er habe sich „*éfforcé de créer des formes susceptibles de durer, non de passer"*. Das ist eines der vielen Zeichen dafür, daß die architektonischen Studien im Verhältnis zu den anderen Künsten in eine Phase größerer Gewißheit eingetreten sind.

4 Vereinheitlichung, *nicht* Nivellierung — darauf hatten wir bereits hingewiesen! Durch die Vereinheitlichung kommen auch die persönlichen Charaktereigenschaften zum Vorschein.
5 Wenn es sich um eine Bewegung handelt, die von komplexen und weit zurückliegenden Gründen und von neuen und radikalen Erfordernissen ausgelöst wird, wie bei dieser Erneuerung der Architektur, dann kann der Vorsprung von einigen wenigen Jahren bei der Ausarbeitung der Charakteristika wohl ein Anlaß zum Stolz für ein Land sein, aber es gibt ihm kein Urheberrecht darauf. ,,Deutsche Richtung" bedeutet *in diesem Sinne* gar nichts, denn sie hätte, auch wenn sie substantiell *identisch* wäre, einen anderen Namen, wenn es ein anderes Land gewesen wäre, das diesen Weg zuerst eingeschlagen hätte.

Aus dem Italienischen von Ulrich Hausmann

Personenregister

Kursive Ziffern verweisen auf Bildseiten.

al-Muchtar, Umar 98
Aloisio, Ottorino 53, 71, 93, 103, *123*, 138, *142*
Apollodoros von Damaskus 34
Argan, Giulio Carlo 148, 149
Aschieri, Pietro 33, *59*, 73
Augustus (röm. Kaiser) 35

Balla, Giacomo 28
Banham, Reyner 26
Bardi, Pietro Maria 76–78, 81, 85, 107, 108, 138
Barelli, P. 36
Baroni, Nello 95, *125*
BBPR (Belgiojoso, Banfi, Peressutti, Rogers) 76, 88, 92, 102, 110, *128*, *135*, 138
Behrens, Peter 48, 165, 173
Berardi, Pier Nicolò 95, *125*
Bloch, Ernst 45
Boccioni, Umberto 23–26, 47, *55*, 56
Bottoni, Piero 45, 94
Brinkmann, H. A. 82
Busiri Vici, Clemente 91, *122*

Cabiati, O. 36, 99
Caesar (röm. Kaiser) 34, 107, 110
Calini, L. 139, *144*
Calza-Bini, Alberto 17, 18, 30, 80, 88
Cancellotti, Gino 88, 110, *117*
Carrà, Carlo 27, 36, *56*, 165
Castellazzi, M. 139, *144*
Cattaneo, Cesare 45, 94, 110, 111, *135*, *137*, 138
Chiattone, Mario 24
Chomsky, Noam 147

Ciucci, Giorgio 148
Colonnese, V. 36
Cosenza, Luigi 103
Cosimo di Medici 45
Cuzzi, Umberto 93, *123*, *130*

Daneri, Luigi 92, 93
Danesi, Silvia 99
Danusso, A. 102, *128*
de Bono, Emilio (Marschall) 98
de Chirico, Giorgio 36–39, *60*, 84, 89, 165
de Finetti, Giuseppe 36, 38, *62*, 73, 84, 138
de Gasperi, Alcide (Regierungschef) 139
de Giorgio Martini, Francesco 45, 167
Del Debbio, Enrico 32, 33, *59*, 73, 103–105, *131*, 139, *144*
de Min, Giuseppe 88–90, *119*–*121*
de Renzi, Mario 85, 107, *116*, *132*
de Seta, Cesare 38
Diulgheroff, Nicola 53, 70
Dodi, Luigi 45, 94
Dollfuss, Engelbert (Regierungschef) 97
Duiker, Johannes 48, 176

Eisenman, Peter 140, 147

Fadigati, V. 139, *144*
Ferrazza 99
Figini, Luigi 13, 74, 76, 82, 88, 96, 102, *113*, *128*, 138, *142*, 164
Fillia, Luigi 52, 53
Fiochi 36
Fiorini, Guido 53, 71
Foschini, Arnaldo 103, *131*, 139, *144*
Franco, Francisco (General) 9, 98
Frette, Guido 13, 164

189

Gamberini, Italo 95, *125*
Gardella, Ignazio 76, 88, 93, *124*, 138
Giolitti, Giovanni (Regierungschef) 76
Giovannoni, Gustavo 30, 33, 35, 73, 83, 98
Giussani, Gabriele 45, 82, 94
Gramsci, Antonio 106
Graziani, Rodolfo (Statthalter) 98
Griffini, Enrico A., 94, *124*
Gropius, Walter 23, 48, 80, 165, 171–173, 178
Guarnieri, Sarre 95, *125*
Guidi, Ignazio 88, 138

Hadrian (röm. Kaiser) 10, 85
Hitler, Adolf 9, 50, 98

Lancia, E. 36
Larco, Sebastiano 13, 74, 164
Le Corbusier 10, 23, 29, 48, 49, 53, 63, 73, 77, 80, 82, 107, 108, *133*, 165, 176–178, 182, 187
Levi Montalcini, Gino *61*, 92, 93, 102, *123*, *130*
Libera, Adalberto 13, 74–76, 85, 88, 103, 107, 110, *113*, *116*, *118*, *126*, *130*, *132*, *136*, 138, 139, *142*, *143*, *145*, 148, 164
Limongelli, A. 73
Lingeri, Pietro 45, 82, 94, 102, 110, 111, *129*, *135*, *137*
Loos, Adolf 36, 38, *62*, 84
Loreti, M. 57, 93
Lusanna, Leonardo 95, *125*

Maaskant, H. A. 82
Magistretti, P. G. 36, 94, *124*
Mantero, Enrico 91, 164
Mantero, Gianni 94
Marchi, Virgilio 24, 53, *70*
Marinetti, Filippo Tommaso 23–29, 51–53, *56*, 89, 96
Marinotti, Franco 89
Matté-Trucco, Giacomo 53
Mendelsohn, Erich 48, 165, 171–173
Meyer, Hannes 50

Mezzannotte 36
Michelucci, Giovanni 76, 95, 96, 99, 103, 105, *125*, 138
Mies van der Rohe, Ludwig, 48, 73, 165
Minali, A. 36
Minnucci, Gaetano 33, 74, 75, 100
Montuori, Eugenio 88, 100, 103, 110, *117*, *139*, *144*
Moretti, Luigi 139, 140, *145*, *146*
Morpurgo 103, *131*, 139, 144
Muratori, Saverio 138, 139, *143*
Mussolini, Benito 9, 10, 13, 14, 16–20, *22*, 23, 26–35, 39–44, 47, 50–54, 72, 74, 76–81, 84–92, 97–99, 102–109, 111, *114*, *121*, *123*, *124*, 138, 139, 141, *144*, *145*, 149
Muzio, Giovanni 31, 36, 40, *61*, 73, 94, *124*

Nervi, Pier Luigi 138, *143*
Nicolosi, G. 88
Nietzsche, Friedrich 27
Nordio, Umberto 103, *130*
Novello, Alpago A. 36, 99

Ojetti, Ugo 53, 96, 100, 101, 110

Pagano, Giuseppe *61*, 78, 79, 82, 88, 93, 96, 100, 103–105, 108, 109, *123*, *127*, *134*, 138
Papini, Giovanni 27
Patetta, Luciano 99, 164
Pellegrini, Giovanni 99
Persico, Edoardo 82, 138
Peruzzi, Osvaldo *21*
Piacentini, Marcello 10, 23, 30–33, 35, 36, 40, 52, 53, *58*, 73, 75–77, 80, 81, 85, 93, 96, 99–101, 103–105, 109, 110, *123*, *124*, *127*, *134*, 138, *143*, 149
Pica, Agnoldomenico 103
Piccinato, Luigi 74, 88, 99, 103, 109, *117*, *134*
Pifferi, Emilio *130*

Pintonello, A. 139, *144*
Piranesi, Giovanni Battista 102
Pollini, Gino 13, 74, 76, 82, 88, 96, 102, *113*, *128*, *138*, *142*, 164,
Ponti, Gio 36, 76, 100, 103, 105, *127*, *131*, 138
Portaluppi, Piero 94, *124*
Prampolini, Enrico 24, 53, *70*
Pucci, Mario 45, 94

Rava, Carlo Enrico 13, 74, 99, 164
Ridolfi, Mario 74, 103, 107, *166*
Rietveld, Gerrit Thomas 38, 48, 82, 176
Rossi, Aldo 140, *145*, *146*
Rossi, Ettore 92, 109, 140, *134*, *145*
Roth, Alfred 48

Sabbatini, Innocenzo 33, 73
Saliva, E. *129*
Samonà, Giuseppe 76, 103, 107, *125*, *130*, *132*, 138
Sant'Elia, Antonio 24–27, 37, *55*, *56*, 94
Sartoris, Alberto 8, 52–54, 70, 73, 74, 88, 94, *112*, 138
Scalpelli, A. 88, *117*
Sillani, Tomaso 164
Silone, Ignazio 106
Soffici, Ardengo 27
Sottsass, Ettore (sr.) 92, 93, *122*, *123*
Stam, Mart 82

Tafuri, Manfredo 147
Tedesco Rocca 103
Terragni, Giuseppe 9, 10, 13, *21*, 24, 33, 41–47, 49, 54, *55*, *64*, *65*, *67*, *69*, 73, 74, 76, 82, 83, 85, 88, 94, 95, 102, 108, 110, 111, *112–116*, *124*, *129*, *135*, *137*, 138, 140, 147, 164

Umberto I (König von Italien) 37
Uslenghi, Renato 45, 94

Vaccaro, Giuseppe 92
Valle, C. 88, 138
van der Vlugt, L. C. 82
van de Velde, Henry 84
van Doesburg, Theo 38, 82, 176
van Eesteren, Cornelis 38, 82, 176
van Tijen, W. 82
Vesnin, Alexander u. Viktor 48, 176
Vietti, Luigi 74, 109, *129*, *134*
Vitellozzi, A. 139, *144*
Vitruv 26, 42, 74, 101

Weiss, Peter 7

Zanini, Gigiotti 36, *61*, 73
Zanini, Pietro 92, *122*
Zevi, Bruno 23, 25

Bauwelt Fundamente

1 Ulrich Conrads (Hrsg.), Programme und Manifeste zur Architektur des 20. Jahrhunderts
2 Le Corbusier, 1922 – Ausblick auf eine Architektur
3 Werner Hegemann, 1930 – Das steinerne Berlin
4 Jane Jacobs, Tod und Leben großer amerikanischer Städte*
5 Sherman Paul, Louis H. Sullivan*
6 L. Hilberseimer, Entfaltung einer Planungsidee*
7 H. L. C. Jaffé, De Stijl 1917–1931*
8 Bruno Taut, Frühlicht 1920–1922*
9 Jürgen Pahl, Die Stadt im Aufbruch der perspektivischen Welt*
10 Adolf Behne, 1923 – Der moderne Zweckbau*
11 Julius Posener, Anfänge des Funktionalismus*
12 Le Corbusier, 1929 – Feststellungen
13 Hermann Mattern, Gras darf nicht mehr wachsen*
14 El Lissitzky, 1929 – Rußland: Architektur für eine Weltrevolution
15 Christian Norberg-Schulz, Logik der Baukunst
16 Kevin Lynch, Das Bild der Stadt
17 Günter Günschel, Große Konstrukteure 1
18 nicht erschienen
19 Anna Teut, Architektur im Dritten Reich 1933–1945*
20 Erich Schild, Zwischen Glaspalast und Palais des Illusions
21 Ebenezer Howard, Gartenstädte von morgen
22 Cornelius Gurlitt, Zur Befreiung der Baukunst*
23 James M. Fitch, Vier Jahrhunderte Bauen in USA*
24 Felix Schwarz und Frank Gloor (Hrsg.), „Die Form" – Stimme des Deutschen Werkbundes 1925–1934
25 Frank Lloyd Wright, Humane Architektur*
26 Herbert J. Gans, Die Levittowner. Soziographie einer »Schlafstadt«
27 Günter Hillmann (Hrsg.), Engels: Über die Umwelt der arbeitenden Klasse
28 Philippe Boudon, Die Siedlung Pessac – 40 Jahre*
29 Leonardo Benevolo, Die sozialen Ursprünge des modernen Städtebaus*

30 Erving Goffman, Verhalten in sozialen Strukturen*
31 John V. Lindsay, Städte brauchen mehr als Geld*
32 Mechthild Schumpp, Stadtbau-Utopien und Gesellschaft*
33 Renato De Fusco, Architektur als Massenmedium*
34 Gerhard Fehl, Mark Fester und Nikolaus Kuhnert (Hrsg.), Planung und Information*
35 David V. Canter (Hrsg.), Architekturpsychologie
36 John K. Friend und W. Neil Jessop (Hrsg.), Entscheidungsstrategie in Stadtplanung und Verwaltung
37 Josef Esser, Frieder Naschold und Werner Väth (Hrsg.), Gesellschaftsplanung in kapitalistischen und sozialistischen Systemen*
38 Rolf-Richard Grauhan (Hrsg.), Großstadt-Politik*
39 Alexander Tzonis, Das verbaute Leben
40 Bernd Hamm, Betrifft: Nachbarschaft
41 Aldo Rossi, Die Architektur der Stadt*
42 Alexander Schwab, Das Buch vom Bauen
43 Michael Trieb, Stadtgestaltung*
44 Martina Schneider (Hrsg.), Information über Gestalt
45 Jörn Barnbrock, Materialien zur Ökonomie der Stadtplanung*
46 Gerd Albers, Entwicklungslinien im Städtebau*
47 Werner Durth, Die Inszenierung der Alltagswelt
48 Thilo Hilpert, Die Funktionelle Stadt*
49 Fritz Schumacher (Hrsg.), Lesebuch für Baumeister
50 Robert Venturi, Komplexität und Widerspruch in der Architektur
51 Rudolf Schwarz, Wegweisung der Technik und andere Schriften zum Neuen Bauen 1926-1961
52 Gerald R. Blomeyer und Barbara Tietze, In Opposition zur Moderne
53 Robert Venturi, Denise Scott Brown und Steven Izenour, Lernen von Las Vegas
54/55 Julius Posener, Aufsätze und Vorträge 1931-1980
56 Thilo Hilpert (Hrsg.), Le Corbusiers „Charta von Athen". Texte und Dokumente. Kritische Neuausgabe
57 Max Onsell, Ausdruck und Wirklichkeit
58 Heinz Quitzsch, Gottfried Semper - Praktische Ästhetik und politischer Kampf
59 Gert Kähler, Architektur als Symbolverfall
60 Bernard Stoloff, Die Affaire Ledoux

61 Heinrich Tessenow, Geschriebenes
62 Giorgio Piccinato, Die Entstehung des Städtebaus
63 John Summerson, Die klassische Sprache der Architektur
64 F. Fischer, L. Fromm, R. Gruber, G. Kähler und K.-D. Weiß, Abschied von der Postmoderne
65 William Hubbard, Architektur und Konvention
66 Philippe Panerai, Jean Castex und Jean-Charles Depaule, Vom Block zur Zeile
67 Gilles Barbey, WohnHaft
68 Christoph Hackelsberger, Plädoyer für eine Befreiung des Wohnens aus den Zwängen sinnloser Perfektion
69 Giulio Carlo Argan, Gropius und das Bauhaus*
70 Henry-Russell Hitchcock und Philip Johnson, Der Internationale Stil – 1932
71 Lars Lerup, Das Unfertige bauen
72 Alexander Tzonis und Liane Lefaivre, Das Klassische in der Architektur
73 Elisabeth Blum, Le Corbusiers Wege
74 Walter Schönwandt, Denkfallen beim Planen
75 Robert Seitz und Heinz Zucker (Hrsg.), Um uns die Stadt
76 Walter Ehlers, Gernot Feldhusen und Carl Steckeweh (Hrsg.), CAD: Architektur automatisch?
77 Jan Turnovský, Die Poetik eines Mauervorsprungs
78 Dieter Hoffmann-Axthelm, Wie kommt die Geschichte ins Entwerfen?
79 Christoph Hackelsberger, Beton: Stein der Weisen?
80 Georg Dehio und Alois Riegl, Konservieren, nicht restaurieren, Herausgegeben von Marion Wohlleben und Georg Mörsch
81 Stefan Polónyi, ... mit zaghafter Konsequenz
82 Klaus Jan Philipp, Revolutionsarchitektur (in Vorbereitung)
83 Christoph Feldtkeller, Der architektonische Raum: eine Fiktion
84 Wilhelm Kücker, Die verlorene Unschuld der Architektur
85 Ueli Pfammatter, Moderne und Macht
86 Christian Kühn, Das Schöne, das Wahre und das Richtige
87 Georges Teyssot, Die Krankheit des Domizils
88 Leopold Ziegler, Florentinische Introduktion
89 Reyner Banham, Die Revolution der Architektur

---

*vergriffen

Barbara Miller Lane

Architektur und Politik in Deutschland 1918–1945

(Schriften des Deutschen Architekturmuseums
zur Architekturgeschichte und Architekturtheorie)

(Aus dem Amerikanischen von Monika und Klaus-Dieter Weiß)
1986. 250 Seiten mit 109 Abbildungen. 17,3 x 24,6 cm.
Gebunden mit Schutzumschlag

ARCHITEKTUR ■ BEI VIEWEG

Werner Durth
Deutsche Architekten
Biographische Verflechtungen 1900–1970

Herausgegeben von Heinrich Klotz
im Auftrag des Dezernats Kultur und Freizeit der Stadt Frankfurt am Main
(Schriften des Deutschen Architekturmuseums
zur Architekturgeschichte und Architekturtheorie)

Zweite, durchgesehene Auflage 1987
450 Seiten mit 120 Abbildungen. 17,3 x 24,6 cm.
Gebunden mit Schutzumschlag

ARCHITEKTUR ■ BEI VIEWEG

Bei Fragen zur Produktsicherheit wenden Sie sich bitte an:
If you have any questions regarding product safety,
please contact:

Birkhäuser Verlag GmbH
Im Westfeld 8
4055 Basel, Schweiz
productsafety@degruyterbrill.com